인터넷 쇼핑몰 창업론

인터넷 쇼핑몰 창업론

황윤정 지음

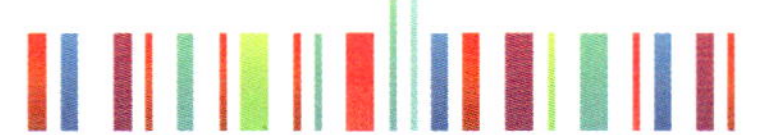

이담 Books

1996년 국내 첫 인터넷 쇼핑몰인 인터파크가 탄생한 이후 약 15년이란 시간이 흘렀다. 인터파크가 온라인 쇼핑몰을 오픈할 당시인 1996년에는 731만 명 수준이던 인터넷 사용인구가 15년 만에 3천7백만명 수준으로 늘었고, 1996년 100억 원 미만이던 사이버 쇼핑거래액 시장규모가 현재 30조원 대에 진입을 눈앞에 두고 있는 형국이다. 이러한 규모는 국내 소매유통채널 중에서 백화점을 제치고 대형마트의 매출규모를 바짝 뒤쫓는 형국으로 이미 일반 소비자에게 인터넷 쇼핑이 얼마나 큰 구매선호 채널인가를 보여준다.

인터넷 쇼핑몰시장의 성장은 개인 창업자에게도 많은 비전과 희망을 불어넣어주었다. 1,000만 원이 안 되는 소자본으로 인터넷 쇼핑몰 창업시장에 뛰어들어 연매출 100억 원이 넘는 성공을 일군 쇼핑몰에 대한 이야기가 심심치 않게 매체를 통해 보도된다. 이러한 창업 붐과 함께 2011년 한 해만 해도 국내 쇼핑몰 호스팅 시장 70% 이상을 차지하는 카페24와 메이크샵에서 인터넷몰을 창업한 사람은 16만 명이 넘는다.

개인적으로는 2001년 야후 사이트 내에 소호쇼핑서비스가 첫 런칭되던 시기의 기억이 떠오른다. 한 주부가 인터넷에 가상 상점을 차려 성공할 수 있다는 소식에 솔깃했었다. 나도 한번 쇼핑몰로 창업해볼까 하는 호기심에서 출발한 것이 2002년 『나, 인터넷에 가게 차렸어』책으로 연결이 되었고 인생의 전환점이 되었다. 당시 『나, 인터넷에 가게 차렸어』는 개인이 소자본으로 인터넷 쇼핑몰을 창업할 수 있다는 방법론을 적은 최초의 책이었다. 책이 베스트셀러가 되고 책을 통해 창업을 시도했던 쇼핑몰이 어느 정도 순탄하게 운영되면서 어느새 국내 1호 쇼핑몰 창업컨설턴트로 이름을 알리게 되었다. 일반 창업시장에서 성인을 대상으로 다양한 저술, 강의 등의 활동을 통해 유명 컨설턴트로 자리매김 할 수 있었다. 그러다 2006년부터는 대학과 인연을 맺고 사회 초년생인 대학생들에게 대학수업으로 쇼핑몰 창업 강의를 시작하게 되었다. 숙명여자대학교를 시작으로 한양여자대학교, 동양미래대학 등에서 'e커머스 창업', '인터넷창업의 이해', '전자상거래 실무', '인터넷 마케팅' 등의 과목을 가르쳤고 현재는 열린사이버대학교 창업학과 학과장으로 재직하면서 '인터넷쇼핑몰창업', '쇼핑몰 기획실무' 등의 수업을 지도하고 있다.

이렇게 10여 년이 넘는 시간 동안 쇼핑몰창업전도사로 정보전달자 역할을 해왔지만 항상 아쉬움이 남는 부분이 있다. 대학에서 '인터넷쇼핑몰창업'을 가르칠 때 적당한 교재를 선택하는 데 어려움이 있었다. 일반 성인을 대상으로 하는 단기교육에 적합한 실무형 책자는 많았지만 한 학기 동안 대학에서 충분히 인터넷쇼핑몰창업의 기초 개념부터 운영ㆍ실무에 이르기까지 자세하게 이론 중심의 수업을 할 만한 교재를 찾기는 어려웠다.

이제는 대학에서도 젊은이들에게 창업자의 기업가정신을 고취시키고 시대를 앞서가는 창업자를 길러내기 위해 일반 창업이론 교육의 필요성이 점점 중요하게 부각되고 있다. 창업학이란 학문이 역사가 그리 깊지 않고 실무형 중심의 교육을 기반으로 하고 있기에 일반 참고문헌이 많은 대학교재와 같은 책자를 만들어 내는 것이 용이한 일은 아니다. 그럼에도 반드시 단기교육에서 벗어나 대학에서 사용할 수 있는 현장 중심의 이론을 담은 이론교재가 절실히 필요하다고 느꼈다. 특히 그동안 대학에서 인터넷쇼핑몰창업분야를 가르쳐온 교수로서 이 분야의 발전과 체계적인 교육을 위해 대학교재가 만들어져야 한다고 판단된다.

이에 본 교재는 대학에서 체계적인 창업교육을 위해 인터넷 쇼핑몰 창업분야의 이론수업 설계에 도움을 주는 책으로 기획·제작되었다. 대학에서 1학기 수업으로 인터넷쇼핑몰 창업을 진행할 때 통상 16주 수업을 진행한다고 하면 중간고사와 기말고사 기간을 제외하고 CEO특강 주차를 포함하는 것으로 고려해 총 13파트의 이론적 목차를 구성하게 되었다.

이 책은 2006년 『G마켓에서 10억 벌기』 출간 이후 독자분들에게 오랜만에 인사드리는 책이다. 10여 년 동안 쇼핑몰 창업분야에 4권의 도서를 출간하였고 이 책들의 판매부수를 모두 합하면 총 10만 부 이상 판매가 되었다. 이 책도 많은 독자에게 유익

한 도서가 되길 기대한다.

　인터넷 쇼핑몰은 지금도 그리고 앞으로도 소매채널로서의 높은 인기를 견인할 매체이며 성실성과 기획력을 갖춘 개인 소자본 창업가에게 적은 자본으로도 꿈을 실현시켜 주는 오아시스 같은 땅이 될 것이다. 나는 언제나 원고를 쓰면서 기회의 땅에 독자와 함께 있음으로써 영광인 그런 저자의 꿈을 그려본다.

　끝으로 언제나 곁을 든든히 지켜주는 가족에게 지면을 빌려 고마움을 전한다.

2012년 7월

황 윤 정

/Contents/

PART **04**

창업아이템은 상권분석 후 결정하라／72

PART **05**
매출로 이어지는 키워드 서치 전략 비법을 찾아라／94

PART **08**
나만의 컨셉으로 쇼핑몰을 완성하자 / 154

PART **11**

고객을 끌어들이는 인터넷 광고와 홍보 전략을 세워라 / 244

창업 컨설팅 이모저모 목차;

PART 01

인터넷 쇼핑몰 창업 흐름도를 그려보자

1. 이것이 인터넷 쇼핑몰 창업의 인기 비결이다

2. 인터넷 창업의 매력에 빠진 소호족

3. 인터넷 창업의 쓴맛은 미리 알수록 달다

구체적인 쇼핑몰 창업을 계획하기 전에 먼저 창업자의 입장에서 인터넷 쇼핑몰이 가지고 있는 특징들을 다각도로 이해하는 것이 필요하다. 첫 장에서는 전체적으로 인터넷 쇼핑몰 창업에 대한 전반적인 흐름도를 그려보고 창업 시에 무엇을 준비해야 하는지 미리 가이드라인을 세워 보자.

인터넷 쇼핑몰 창업 흐름도(순서도)

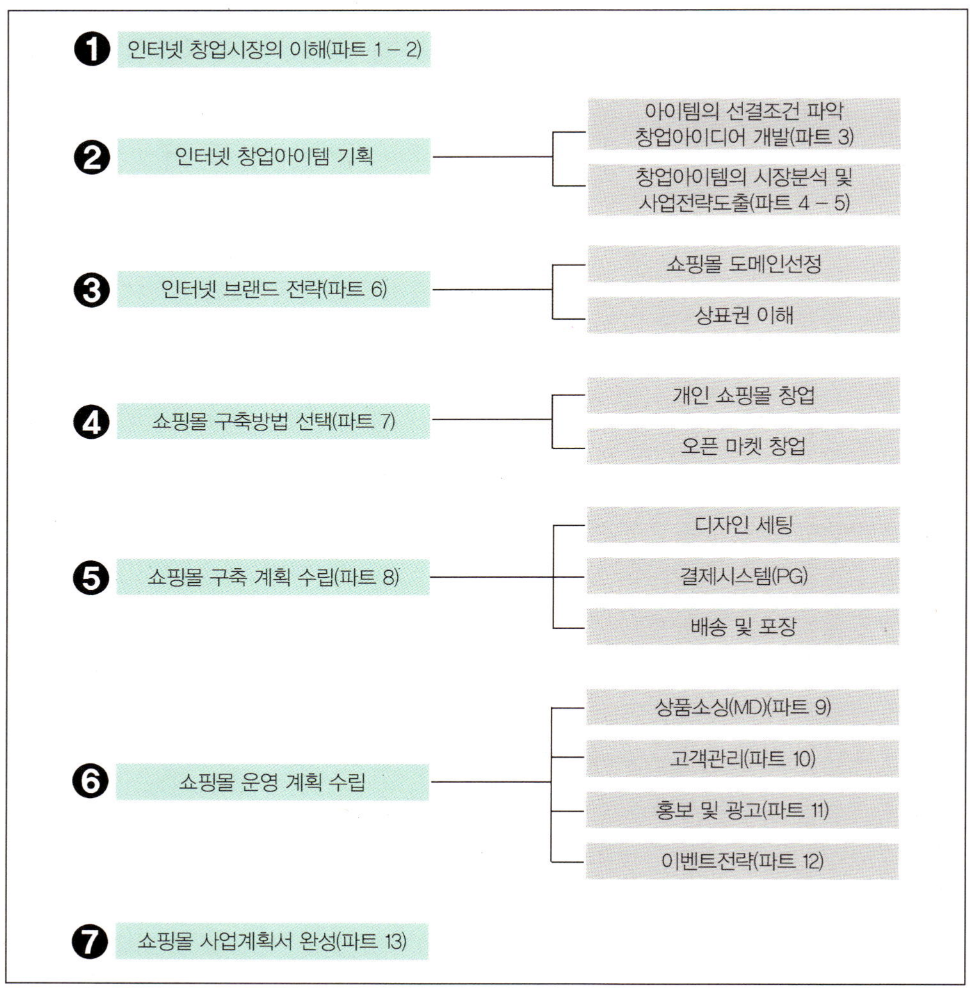

1. 이것이 인터넷 쇼핑몰 창업의 인기 비결이다

인터넷 쇼핑몰은 창업자에게 매우 인기가 높은 편이다. 창업을 하고자 마음을 먹은 이들에게는 크게 두 가지 창업의 형태를 들 수 있는데 오프라인 창업과 온라인 창업이다. 오프라인 창업은 다시 기술 창업과 점포 창업으로 나눌 수 있으며, 소자본으로 창업 가능한 형태는 점포 창업이 일반적이다. 물론 점포 창업에 있어서도 백화점이나 할인점은 개인 창업 범주에서 벗어나므로 일반적으로 음식점이나 소형 매장 창업을 일컫는다.

이런 오프라인 창업은 아무리 소자본으로 이루어진다 해도 기본적으로 지역 상권을 위주로 하기 때문에 상권과 매장 규모, 보증금과 권리비용, 추가 인테리어 시설비용 등을 감안해야 하는 부담감이 따른다.

반면, 온라인 창업은 인터넷 환경이 가지는 특수함으로 인해 창업자에게 매우 인기가 높은 편이며, 소자본 창업의 대표 모델로 부각되고 있다. 그 이유에 대해 구체적으로 살펴보고자 한다.

1) 일명 '소호족'들에게 안성맞춤 창업

소호족이란 1인에서 3인 정도의 작은 규모로 대게 집에서 재택근무를 하거나 인터넷 등을 통해 소규모 사업을 하는 사람들을 일컫는다. 최근에는 1인 기업가에 대한 사회적 이슈도 커져서 네트워크를 기반으로 조직이나 사무실 같은 규모를 갖추지 않고 자유롭게 자신의 사업을 영위하는 이들이 주목을 받고 있다. 특히 인터넷 환경에서 자라난 젊은이들은 기존의 수직적인 조직 문화를 탈피, 자유분방하고 자신만의 일에 대한 개성을 표출할 수 있는 인터넷 창업을 선호하고 있다.

인터넷 쇼핑몰 창업은 인터넷에 가상 상점을 차려 운영하는 것이기 때문에 집에서 재택근무로 충분히 시작할 수 있고, 큰 부담 없이 소규모로 운영하기에 가장 적합하다. 물론 작은 규모로 시작하기 때문에 성공하기 어려운 부분이 많지만 사업 경험이 적은 창업자들에게 창업의 기회를 제공하면서 실패에 대한 부담을 최소한으로 줄여주는 방안이 되어준다.

2) 미래의 디지털 시대를 대표하는 창업

지금의 시대를 디지털 시대, 네트워크 시대라는 말로 대변할 수 있는데 아날로그가 아닌 디지털 영상과 기기에 익숙해진 소비자들은 점점 더 디지털 세상에서 모든 거래를 하게 될 것이다. 현재도 국민의 80%가 인터넷을 사용하고 있으며 인터넷 쇼핑의 생활화가 이루어지고 있다. 미래에는 더욱더 각종 첨단 기기들을 사용해 인터넷에 자유롭게 언제나 접속을 하게 되고 인터넷 구매를 활발히 하게 될 것이다. 인터넷 쇼핑몰 창업은 이 시대에 편승하는, 시대를 앞서가는, 창업의 대표적인 형태라고 볼 수 있다.

2. 인터넷 창업의 매력에 빠진 소호족

✚ **그림 1_** 쇼핑몰 창업의 장점

1) 초기 창업비용이 적다

인터넷 쇼핑몰의 최대 장점은 창업비용이 적은 편이라는 것이다. 오프라인 창업의 경우, 상권에 따라 임대료, 보증금, 인테리어 비용 등 고가의 비용이 들어가는 반면에 온라인 쇼핑몰의 창업은 가상 상점이기 때문에 위에 열거한 비용들이 들어가지 않는다.

물론 쇼핑몰을 알리는 데 드는 마케팅 비용이 점차 시장의 과열화로 인해 다소 많이 들어가게 되는 사례가 있지만 기본적으로 창업비용에 있어서는 오프라인 창업과는 차이가 많다.

소호형 쇼핑몰 창업의 경우, 쇼핑몰 구축에 들어가는 일반적인 비용은 통상 200~300만 원 정도의 비용을 들이는 경우가 많다.

2) 실패했을 때 리스크가 적다

창업의 경험이 없는 예비창업자의 경우, 창업을 해보려는 의욕도 앞서지만 한편으로는 사업이 잘되지 않았을 경우를 걱정할 수 밖에 없다. 창업의 계획을 세울 때는 반드시 최악의 시나리오까지도 고민해보는 것이 필요하다.

그런 면에서 쇼핑몰 창업은 창업비용이 적게 들어가기 때문에 실패한다 해도 리스크가 그만큼 크지 않다. 인터넷 쇼핑몰 창업의 90% 정도가 실패한다는 얘기도 있는데 실패해도 계속 생겨나는 이유는 그만큼 부담이 적다는 얘기로 통한다고 할 수 있다.

3) 재고 부담이 적다

아이템마다 조금 상황이 차이가 나긴 하지만 온라인 쇼핑몰의 최대 장점 중 하나가 재고에 대한 부담을 덜 수 있다는 점이다.

오프라인 창업의 경우, 점포 창업을 한다면 미리 판매할 상품을 전시해 놓아야 한다. 온라인 쇼핑몰의 경우는 제품의 이미지만 마련되면 바로 판매가 시작되고 실제 상품의 재고가 없어도 운영을 할 수 있다. 주문이 일어난 후 상품을 매입, 배송하는 '선 주문 후 배송' 시스템이기 때문에 재고 부담이 상대적으로 적다.

4) 시 · 공간의 제약이 없다

인터넷의 기본 특징인 24시간 운영, 국경의 제한이 없다는 점이 온라인 쇼핑몰이 상점으로써 가지는 또 하나의 큰 장점이다. 오프라인 상점에서 24시간을 운영하려면 인건비를 비롯해 많은 추가비용이 들어가고 사업장의 영위를 위한 많은 고민이 수반되어야 한다.

이에 비해 온라인 상점은 24시간 자동으로 운영되는 시스템이기에 전혀 부담이 없다. 부담이 있다면 밤새 올라오는 고객들의 글과 문의에 답변을 해야 하는 부분이다.

소위 올빼미 족이 늘어가면서 새벽에 서핑을 하며 구매하는 고객도 늘어 온라인 쇼핑몰 운영과 매출에는 도움이 되고 있다. 인터넷 쇼핑의 가장 큰 매력은 원하는 시간에 원하는 장소에서 편리하게 구매가 가능하다는 점이다.

실제 쇼핑몰을 운영하다 보면 제주도에서도 주문이 일어나고 해외 유학생에게도 주문이 일어난다. 국경을 초월해 외국 쇼핑몰에 쉽게 접속, 직접 해외 물건을 구매할 수 있는 방법도 쉬워지는 것이 온라인 세상이다. 또한 공간에도 제약이 없어 상품의 판매 개수도 500개에서 1,000개로 늘려 판다고 가정해도 실제 매장의 규모를 늘리지 않고 컴퓨터의 하드용량만 늘리면 되기 때문에 온라인 쇼핑몰에 큰 부담은 없다.

5) 시스템으로 자동 돌아간다

온라인 쇼핑몰은 기본적으로 웹상에서 항상 존재하는 형태이기 때문에 운영자가 무엇인가를 하지 않아도 소비자들은 주소만 입력하견 언제든지 들어오고 가게는 자동으로 돌아가게 된다. 처음 창업을 하면서 프로그램을 세팅하는 단계에서 정해진 룰만 등록을 하면 그 모습 그대로 자동으로 돌아가는 것이다. 고객이 쇼핑몰을 찾는 과정부터 쇼핑몰에 방문해서 주문에 이르기까지 일견의 고정 동안 고객과의 부딪힘 없이 고객 스스로 모든 과정을 마치게 된다.

쇼핑몰 관리에 있어서도 프로그램을 이용, 주문 처리, 회원 관리 등이 용이하게 시스템적으로 운영이 되기 때문에 관리가 편리하다.

6) 고객 데이터가 남는다

쇼핑몰에서는 고객이 보이지도 않고 직접 만날 수도 없는 가상 상점이기에 고객 만족도 조사를 하기가 어렵다. 그러나 인터넷상의 고객관리는 '**로그**'라는 **파일을 통해 도움**을 받는다.

이 파일은 쇼핑몰에 방문한 고객들이 언제, 어디서 접속을 했고 어떤 상품과 페이

지들을 클릭해보고 나갔는지 등을 상세히 알려준다. 고객 패턴을 알려주는 로그파일
은 온라인 가상 상점에 있는 특별한 자료이다. 이는 쇼핑몰 마케팅 활동에 매우 중요
한 자료가 된다.

3. 인터넷 창업의 쓴맛은 미리 알수록 달다

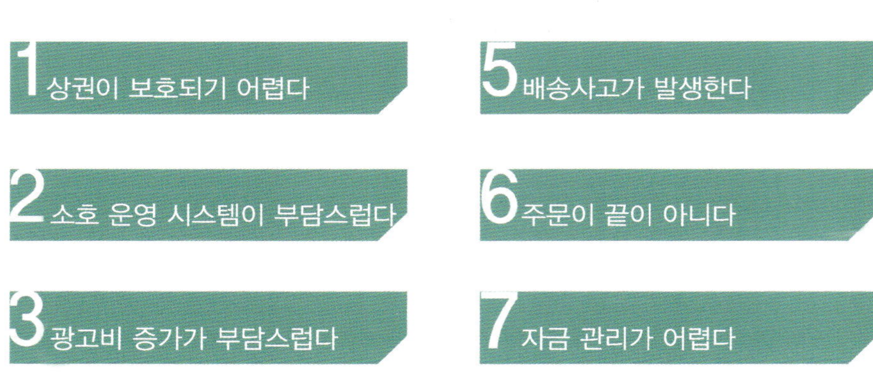

✚ **그림 2_** 쇼핑몰 창업의 단점

1) 상권이 보호되기 어렵다

사업을 하면서 창업자가 갖는 가장 큰 바람이 있다면 아마도 자신이 운영하는 상
점의 상권이 변화하지 않기를 바라는 마음일 것이다. 그러나 상권은 신규 경쟁자의
진입, 소비자 니즈의 변화 등 많은 변수가 있다.

온라인 쇼핑몰의 경우, 진입장벽이 낮아 창업이 쉽게 이루어지고 벤치마킹의 대상이 되기 때문에 경쟁이 오프라인에 비해 더욱 심화되는 경향이 있다. 가격비교가 너무 쉬운 웹의 특징도 상권보호에 악영향을 미친다.

상권을 선점한 창업자라고 해도 조금만 여유를 부려 운영을 잘못하면 어느새 다른 경쟁자에게 선점의 지위를 내놓게 되는 것이다. 경쟁자가 많아질수록 원가경쟁부터 신규시장을 지속적으로 창출해 나가야 하는 부담 등이 운영자에게 더해지게 된다.

2) 소호 운영 시스템이 부담스럽다

앞서 재고 부담의 감소를 장점으로 들었지만 재고가 적을 경우, 쇼핑몰을 운영 하는 데는 애로사항이 생긴다. 즉, 주문이 늘어갈수록 주문건수에 맞춰 매일매일 새로운 상품을 삽입해야 하는 부담이 생기기 때문이다.

사업의 초기에는 재고 부담을 **최소한**으로 해서 운영을 하는 것이 좋지만, 어느 정도 사업이 일정 궤도에 이르게 되면 적정한 수준에서의 **재고 관리 전략**을 세워야 한다.

또한, 상품을 그대로 진열하기만 하면 되는 것이 아니라 사진촬영을 해야 하고 설명 페이지 제작을 별도로 해야 하는 쇼핑몰만의 특징이 많은 운영상의 애로사항이 된다.

특히 신상품을 자주 업데이트해야 하는 패션 아이템의 경우는 제품 삽입과 제품촬영, 상품설명페이지 제작, 고객 상담 등의 쇼핑몰 관련 업무들이 상당히 부담으로 다가오게 된다.

3) 광고비 증가가 부담스럽다

온라인 쇼핑몰은 가상공간에 떠 있는 형태이기 대문에 정확한 상점의 자리가 없다. 고객들은 반드시 쇼핑몰의 주소를 찾아서 클릭을 하고 들어올 수 있는 형태이다. 그렇기 때문에 쇼핑몰 주소를 고객들에게 알리는 일이 무엇보다도 중요하다.

이는 홍보와 광고의 역할로 볼 수 있는데 일반적으로 대부분의 쇼핑몰은 사람들이 가장 많이 모이는 포털사이트에 홍보 및 광고를 한다. 이때는 마케팅 비용이 들기 마련인데 이 비용들이 점차 쇼핑몰 운영에 부담을 줄 정도로 큰 부분을 차지하고 있다.

통상 대부분의 쇼핑몰들이 매출액의 10% 정도나 혹은 그 이상으로 광고비를 지출하고 있다. 경쟁이 치열한 아이템 시장일수록 광고비는 더욱더 높아져서 **고스란히 운영의 부담**으로 다가온다.

4) 가상 고객 응대가 어렵다

쇼핑몰은 가상 상점이기 때문에 고객 응대를 하는 데 있어서 많은 어려움이 있다. 고객과 만나서 상품을 직접 보여주고 설명한다면 상품의 특징을 전달하기가 쉽지만 사진과 글로 설명을 하는 방식으로는 오감을 만족시키지 못하는 한계가 생긴다. 특히 과일이나 반찬 등의 식품의 경우, 맛을 전달할 수 없어 더욱 어렵다.

고객 상담의 경우에도 유선상이나 게시판에서 글로 대화를 나누게 되는데 이때도 역시 말의 전달이 용이하지 않을 수 있다. 간접적인 전달방식의 한계이다. 창업자 중에는 전화 상담이나 글로 상담하는 것을 매우 부담스러워 하는 경우도 있다. 이 같은 온라인 상점의 **고객 응대 방법에 대해 나름의 노하우**가 필요하다.

5) 배송사고가 발생한다

온라인 상점은 제품을 배송하는 시스템이기 때문에 주로 택배를 이용한다. 택배는 택배기사를 통해 전국으로 배달되기 때문에 배송사고가 생길 수 있다. 기념일을 지켜야 하는데 배송이 늦어지는 경우도 있고, 포장을 잘 해서 보냈는데 배송 중 파손이 되는 경우도 있고, 심지어 물건이 분실되는 경우까지 다양한 사고들이 생긴다. 고객 신뢰를 우선으로 하는 쇼핑몰은 **배송사고에 대처하는 노하우**가 필요하다.

6) 주문이 끝이 아니다(반품 혹은 수리건)

주문이 일어나고 제품을 배송하고 나면 모든 과정이 마무리된 것처럼 보이지만 실상은 그렇지 않다. 제품을 받고 나서 맘에 들지 않으면 교환 및 반품이 이루어지기도 하고 구매 후 1년이 지나고 나서 수리 건이 발생되기도 하기 때문이다.

이때 제품의 하자문제나 배송비의 추가결제 부분: 수리비 청구 등 다양한 부분에 있어 **운영자가 생각해야 할 운영정책이 필요**하게 된다. 고객과 분쟁이 일어나지 않도록 세심하게 신경 써야 하는 부분이다.

7) 자금 관리가 어렵다

자금 흐름을 원활히 하기 위한 고민도 필요하다. 온라인 상점의 경우, 카드결제의 정산주기가 길수 있고 에스크로제 등 소비자 구매 보호시스템이 마련되어 있기 때문에 바로바로 고객의 결제대금이 회사의 계좌로 들어오는 것이 아니다. 주문에 맞춰 미리 사입을 해야 하는 경우에 **상품 구입비 명목의 자금**을 마련을 해야 한다.

대게 쇼핑몰 창업자들은 소자본 창업을 계획하기 때문에 사업이 잘 될 경우에 사무실을 넓히거나 추가로 신규 상품을 제작하는 등의 여유 운영자금을 고려하지 않는 경우가 많다. 사업의 초기에 들어갈 자금에 대해서도 항목을 면밀히 살펴 자금이 새어나가지 않도록 관리가 되어야 한다.

운영을 하는 중간에도 실제의 매출과 수익을 잘 체크해두고 지출되는 비용 항목의 영수증 처리 등 자금 관리에 있어서는 **가정 내 가계부를 적듯이 체계적으로 접근**을 해야 한다. 자금 관리를 잘 하지 못하면 결국 사업이 실패하게 된다.

인터넷 쇼핑몰 창업 전에 실제 쇼핑몰 시장 규모가 얼마나 되는지, 소비자들의 구매 형태는 어떠한지, 경쟁 창업자들의 현황은 어떠한지에 대해 철저히 분석할 필요가 있다. 바로 외부환경을 정확히 인지해야 각각의 현황에 따라 창업 운영 방법 및 자금계획 등을 현실적으로 세울 수 있기 때문이다. 이 장에서는 현실적인 창업 계획을 세울 수 있도록 각 통계자료를 가지고 인터넷 소비자의 규모, 이용 현황, 현재 창업자의 현황 추세 등 환경을 분석해보고자 한다.

1. 쇼핑몰 시장 현황 파악, 돌다리도 두들겨보라

　인터넷 쇼핑몰의 규모는 어떻게 될까? 가장 기본적으로 인식해야 할 것은 국내 어떤 소매채널보다도 인터넷 쇼핑몰은 성장세를 지속하고 있다는 점이다. 국내에서 전자상거래 시장이 형성된 이래 10여 년에 걸쳐 매년 최소한 15% 이상 성장해왔으며 아직도 그 수치대로 계속 성장을 이어가고 있다. 인터넷 쇼핑몰 시장의 현황 자료를 정리해본다.

1) 사이버 쇼핑몰 전망은? 총 거래액증가비율을 체크해보자

　통계청에서는 사이버 쇼핑몰을 통해서만 거래된 전자상거래 규모를 따로 통계자료로 뽑아 제시하고 있는데 이 부분이 실질적으로 일반 소비자가 온라인 쇼핑몰을 이용하는 부분의 규모이다. 2010년 연간 사이버 쇼핑 거래액은 25조 1,550억 원으로 통계작성 이래('01년) 가장 큰 규모이며 전년도에 비해 21.9% 증가한 수치로 조사되었다. 수치가 큰 폭으로 증가하고 있다는 것만으로도 시장의 전망은 매우 밝다고 할 수 있다. 앞으로 당분간은 인터넷 쇼핑몰 시장은 거래규모가 지속적으로 성장할 것이다.

(단위: 십억 원)

	'05년	'06년	'07년	'08년	'09년	'10년ᴾ
사이버 쇼핑 거래액 (전년비: 9%)	10,676 (37.4)	13,460 (26.1)	15,766 (17.1)	18,146 (15.1)	20,643 (13.8)	25,155 (21.9)

＋ **표 2-1** 사이버 쇼핑 총 거래액

(단위: 십억 원, %)

구분	2009년	구성비	2010년^F	구성비	거래액(전년대비) 증감액	증감률
총 거래액	20,643	100.0	25,155	100.0	4,512	21.9
−B2C	12,046	58.4	15,957	63.4	3,911	32.5
C2C 등*	8,597	41.6	9,198	36.6	601	7.0

* 사이버 쇼핑에서 발생한 일부 B2B, B2G 포함.

✚ **표 2-2** 사이버 쇼핑 총 거래액

부분별 거래액을 보면 C2C 시장의 거래액이 9조 198억 원으로 전체 사이버 쇼핑몰 시장에서 36.6%를 차지한다고 볼 수 있는데 이 데이터는 바로 오픈마켓 시장에 대한 규모이다.

많은 창업자가 소위 오픈마켓이라고 불리는 C2C 시장에서 온라인 창업을 하고 있고 소비자들 또한 종합쇼핑몰이나 개인쇼핑몰보다 오픈마켓에서 쉽게 물건을 사고 있기 때문에 특별히 별도로 영역을 구분해 데이터를 이해하는 것이 필요하다.

국내 오픈마켓 시장은 2강1중1약이라는 우스갯소리가 있을 정도로 옥션·G마켓이 최대 강자로 자리매김을 하고 있고 뒤를 이어 11번가가 맹추격을 하고 있고 종합쇼핑몰이었던 인터파크가 오픈마켓으로 변하면서 나름의 자리매김을 하고 있는 형국이다.

이들 대표적인 업체들의 규모가 거의 9조에 육박한다는 것이다. 오픈마켓 시장 규모를 2004년 1조 4,800억 원으로 자료 조사된 부분이 있었는데 매우 비약적인 발전이라 볼 수 있다(발췌: 한국온라인쇼핑협회).

오픈마켓의 시장 확대 요인은 소비자들이 다양한 제품을 선택할 수 있다는 장점과 함께 저렴한 가격을 찾는 구매심리가 작용하고 있기 때문으로 파악된다. 오픈마켓 회원 수 증가도 인터넷 쇼핑몰 거래액 추월을 돕고 있다. 지난 2003년 809만 명이었던 옥션의 회원 수는 이미 2천만 명을 넘어서 평균 2배 이상의 성장을 하고 있고, G

마켓도 2004년 238만 명과 비교해 2008년 1,500만 명을 넘어 6배 넘게 성장을 이어가고 있다. 앞으로도 저렴한 가격대의 상품을 찾는 소비자의 발길은 계속 이어질 것으로 보여 오픈마켓 이용자 수가 지속적으로 늘어갈 것이다.

다만, 최근 들어서 오픈마켓의 자정능력을 요구하는 목소리가 높다. 신뢰하지 못할 셀러들이 상대적으로 많아지고 구매 물품의 반품이나 교환이 까다로운 점 등 소비자들의 높아진 니즈를 충족시키지 못하면 시장의 추이는 언제든지 달라질 수 있다.

2) 판매 아이템 선택에 참고하라! 상품군별 거래액 분석

사이버 쇼핑의 규모에서 주요 상품군별 거래액 비중 추이를 보면 인기아이템과 비인기아이템을 구분해볼 수 있다. 의류, 패션 및 관련 상품이나 생활 및 자동차용품, 스포츠, 레저용품, 여행예약 서비스 등은 지속적으로 고성장을 하고 있으나 전통적으로 강세였던 컴퓨터, 주변기기 및 가전제품류, 서적 등은 크게 늘지 않은 모습을 보이고 있다. 이들 아이템은 초창기에 오히려 폭발적으로 사용자층이 늘어 이제는 성숙기에 있기 때문에 크게 신규사용자가 늘어나는 추세는 아니라고 이해할 수 있다.

사이버 쇼핑몰에서 전체 취급되고 있는 아이템 중 가장 규모가 큰 아이템은 역시 의류 및 패션잡화 시장이다. 위 아이템은 소호형 창업자들이 가장 선호하는 창업아이템이기도 하다. 항상 경쟁이 치열해서 포화상태인 것으로 비치고 있지만 가장 거래규모가 큰 시장이기에 창업전략을 잘 세운다면 크게 성장할 수도 있는 분야이기도 하다.

연도별로 자리 이동이 상위로 옮겨진 아이템을 보면, 음식료품과 아동용품이 점점 더 커질 수 있는 가능성을 보여주고 있는데 음·식료품분야는 대형 쇼핑몰들의 마트 시장의 진입 및 시스템 안정으로 소비자들이 음식료품 구입을 온라인으로 하는 것에 대해 부담이 없어지는 것으로 보인다.

아동용품도 출산율이 줄고 있다고는 하나, 고급화가 이루어져 새로운 신규 시장이 형성되는 것으로 해석된다. 주요 제품군의 성장 추이를 보고 아이템을 선정하는 데 참고한다.

○ 연도별 상승추세 상품군

	'01년	'05년	'10년
– 의류 · 패션 및 관련상품:	5.3	14.8	16.9
– 생활 · 자동차용품:	6.9	9.9	10.2
– 스포츠 · 레저용품:	2.6	3.7	4.3
– 여행 및 예약서비스:	6.4	15.0	13.5

○ 연도별 하락추세 상품군

	'01년	'05년	'10년
– 컴퓨터 및 주변기기:	25.4	9.6	9.5
– 가전 · 전자 · 통신기기:	21.1	16.7	12.4
– 서적:	5.5	4.6	4.6

✚ **표 2-3** 주요 상품군별 거래액 비중 추이

(단위: %)

	2001년	2005년	2010년
1	컴퓨터 및 주변기기 (25.4)	가전 · 전자 · 통신기기 (16.7)	의류 · 패션 및 관련상품 (16.9)
2	가전 · 전자 · 통신기기 (21.1)	여행 및 예약서비스 (15.0)	여행 및 예약서비스 (13.5)
3	생활 · 자동차용품 (6.9)	의류 · 패션 및 관련상품 (14.8)	가전 · 전자 · 통신기기 (12.4)
4	여행 및 예약서비스 (6.4)	생활 · 자동차용품 (9.9)	생활 · 자동차용품 (10.2)
5	서적 (5.5)	컴퓨터 및 주변기기 (9.6)	컴퓨터 및 주변기기 (9.5)
6	의류 · 패션 및 관련상품 (5.3)	화장품 (5.5)	음 · 식료품 (6.5)
7	농수산물 (3.0)	음 · 식료품 (5.0)	아동 · 유아용품 (6.0)
8	아동 · 유아용품 (2.6)	서적 (4.6)	화장품 (5.6)
9	스포츠 · 레저용품 (2.6)	아동 · 유아용품 (3.8)	서적 (4.6)
10	화장품 (2.4)	스포츠 · 레저용품 (3.7)	스포츠 · 레저용품 (4.3)

✚ **표 2-4** 연도별 주요 상품군별 거래액 비중

(단위: 십억 원, %)

구 분	2009년	구성비	2010년ᴾ	구성비	거래액(전년대비) 증감액	증감률
○ 총 거래액	20,643	100.0	25,155	100.0	4,512	21.9
- 의류 · 패션 및 관련상품	3,524	17.1	4,248	16.9	724	20.6
- 가전 · 전자 · 통신기기	2,683	13.0	3,117	12.4	434	16.2
- 여행 및 예약서비스	2,670	12.9	3,397	13.5	727	27.2
- 컴퓨터 및 주변기기	2,035	9.9	2,388	9.5	353	17.3
- 생활 · 자동차용품	1,959	9.5	2,572	10.2	613	31.3
- 음 · 식료품	1,352	6.6	1,642	6.5	290	21.4
- 아동 · 유아용품	1,247	6.0	1,512	6.0	265	21.3
- 화장품	1,104	5.3	1,414	5.6	310	28.1
- 서 적	1,030	5.0	1,169	4.6	139	13.5
- 스포츠 · 레저용품	844	4.1	1,076	4.3	232	27.5
- 농수산물	588	2.8	681	2.7	93	15.9
- 사무 · 문구	298	1.4	340	1.4	42	13.9
- 음반 · 비디오 · 악기	136	0.7	154	0.6	18	13.6
- 소프트웨어	130	0.6	132	0.5	2	1.6
- 각종서비스	69	0.3	81	0.3	12	16.9
- 꽃	60	0.3	54	0.2	−6	−10.3
- 기타	915	4.5	1,179	4.7	264	28.9

✚ **표 2-5** 상품군별 거래액 동향

2. 고객의 인터넷 이용 현황을 알면 타깃 결정이 쉬워진다

1) 인터넷 이용률은 80%대

한국인터넷진흥원에서는 매해마다 인터넷이용실태조사를 한다. 인터넷 이용 현황에 대한 전반적인 자료를 얻을 수 있는데 재미난 것은 조사되는 이용자층이 만 3세부터 시작된다는 점이다. 실제 만 3세에서 5세까지의 인터넷 이용률이 61.8%로 4살만 되어도 인터넷을 사용하고 있다는 결과는 흥미롭다.

2009년을 중점으로 현재 만 3세 이상 국민의 인터넷 이용률 77.2%, 이용자 수 3,658만 명에 달하고 있다. 또한 인터넷 이용자의 72.3%가 "일상생활에서 인터넷은 중요하다"고 인식하고 있다. 전반적으로 연령이 낮을수록(12~19세 82.2%, 20대 84.0%, 30대 73.7%, 40대 63.1% 등) 인터넷의 중요도를 높게 평가하였다.

특히, 인터넷 이용률이 100%에 달하는 학생(99.9%)의 경우에는 81.1%가 '학업에서 인터넷이 중요하다'고 생각하는 것으로 나타나, 직장인이 '직장업무에서 인터넷이 중요하다'고 응답한 경우보다 상대적으로 많았다. 우리 실생활에서 인터넷의 활용이 더욱 두드러지고 있다는 증거이다.

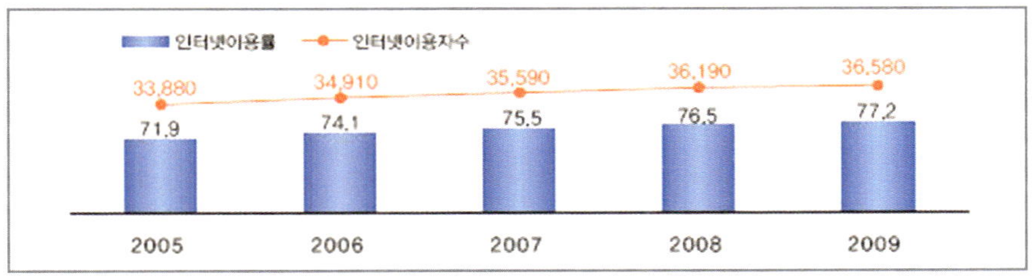

✚ **그림 1_** 인터넷 이용률

남성의 인터넷 이용률은 82.4%, 여성은 71.9%이며, 연령별로는 10~30대 젊은층 (10대 99.9%, 20대 99.7%, 30대 98.8%)의 대부분이 인터넷 이용자이고, 3~9세 및 40 대의 이용률도 각각 85.4%, 84.3%로 나타났다. 특히, 50대(52.3%)의 경우 인터넷 이 용률이 2008년 대비 3.4%p 증가하며 처음으로 50%대를 넘어섰다. 50대 장년층의 반수가 이용자가 된 것은 전 세대에 걸쳐 인터넷 활용이 더욱 커지면서 앞으로 실버 시장의 전망도 밝아질 것으로 전망된다.

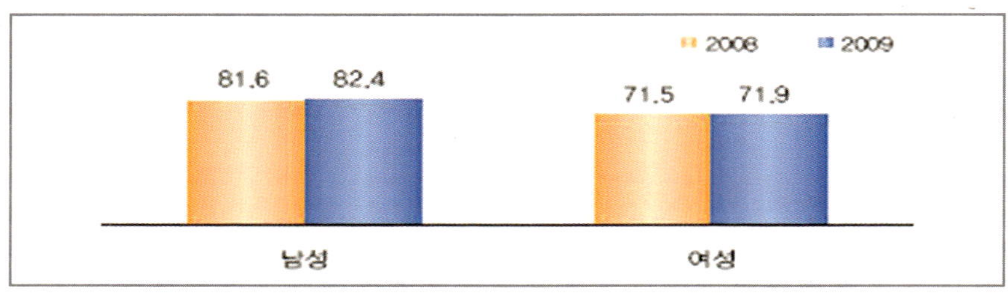

➕ **그림 2_** 성별 인터넷 이용률

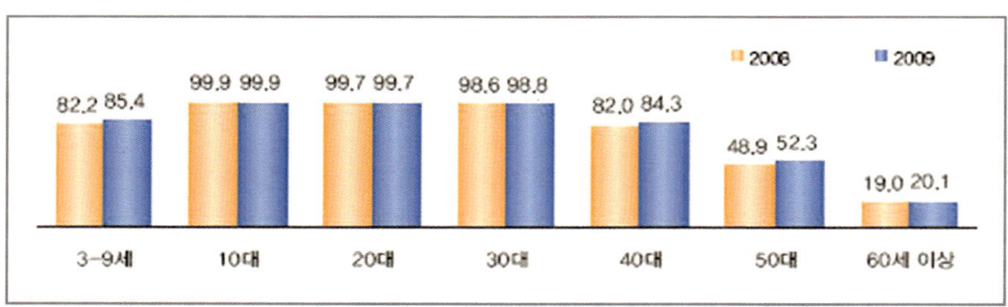

➕ **그림 3_** 연령별 인터넷 이용률

직종별로는 학생, 전문직, 사무직의 거의 대부분이 인터넷을 사용하고 있으며 서 비스/판매직과 주부도 인터넷 활용률이 각각 80.4%, 65.8%로 나타났다. 서비스/판 매직과 주부의 경우 작년대비 많이 오른 것이다. 학력별 이용률에 있어서도 학생들 은 거의 99%가 인터넷을 이용하고 있는데 학력이 높을수록 인터넷 이용률이 높은 것 으로 나타났다. 고졸 이상 인터넷 이용률은 80% 이상이다.

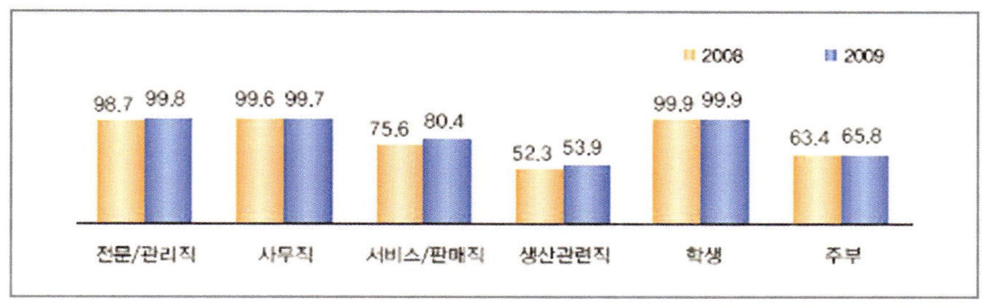

✚ **그림 4_** 직종별 인터넷 이용률

소매업 전체에서 인터넷 쇼핑몰이 고성장을 하고 있는 이유가 소비자층이 지속적으로 늘고 있다는 사실이다. 거의 전 국민이 모두 사용하고 있는 것 같지만 실상은 아직 80%대가 아니다. 새로 태어나는 유아들의 데이터가 늘어나고 고령층의 유입이 지속적으로 늘어갈 것이다.

주 고객이 20~30대가 아닌 더 어린층과 실버층을 대상으로 쇼핑몰을 창업할 경우 신규 시장을 찾는 경우가 될 수 있다.

더불어 20~30대라고 할지라도 1인 가구의 증가, 맞벌이 부부의 증가 같은 인구의 주거 형태도 눈여겨볼 사항이다. 세대별, 직종별 인터넷 사용률을 단순히 보지 말고 내가 타깃으로 하는 쇼핑몰 고객의 연령층과 연결 지어 생각해보자.

2) 인터넷 구매 및 판매를 위한 접속 50%대

인터넷 이용 빈도와 시간에 대해서는 인터넷 이용자 대부분이 하루 1회 이상 사용하는 것으로 나타났다. 주를 기준으로 평균 사용시간도 14시간 이상인 비율이 48.3%에 달하고 있는 것으로 나타났다.

인터넷 서비스 이용목적을 살펴보면, 자료획득이나 여가활동, 커뮤니케이션 활동을 하기 위해 인터넷을 이용하는 비율이 높았지만 인터넷 구매 및 판매를 위해 인터넷을 활용하는 경우도 56.4%로 높았다. 대체로 블로그 운영이나 홈페이지 운영도 50%대를 기록하면서 커뮤니티에 동참하는 이들도 많은 것으로 조사되었다.

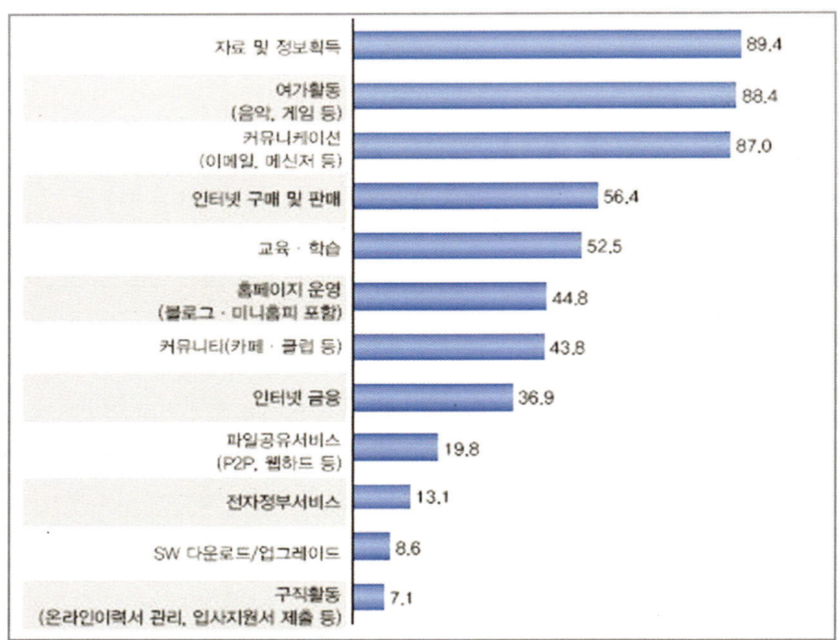

✚ **그림 5_** 인터넷 이용 목적

이번 조사결과 인터넷은 우리 사회에서 보편화되어 있는 물리적 환경일 뿐만 아니라 이용자들의 학업, 직장업무, 쇼핑 등의 일상생활에서도 중요한 역할을 하고 있는 것으로 나타났다.

인터넷 이용행태의 조사 자료들을 보아도 쇼핑몰 이용이 보다 많이 늘 것으로 짐작해볼 수 있다. 오프라인 구매에 비해 온라인 쇼핑몰이 가지는 장점을 십분 살려 고객들의 시선을 사로잡아야 한다.

이미 온라인 쇼핑에 익숙해진 고객들은 온라인 쇼핑을 계속 늘려나갈 확률이 매우 크다. 이제 익숙해졌기 때문이다.

3. 쇼퍼들의 쇼핑행태, 흔적을 밟아라

1) 인터넷 쇼핑 이용률 60%대

만 12세 이상 인터넷 이용자의 62.3%가 최근 1년 이내 인터넷을 통해 상품이나 서비스를 구매한 인터넷 쇼핑 이용자로 나타났다.

여성의 인터넷 쇼핑 이용률은 70.3%로 남성(55.6%)보다 높았으며 연령별로는 20대 이용률이 88.6%로 가장 높았고 그다음으로는 30대, 12~19세, 40대 등의 순이었다.

이미 인터넷 쇼핑 시장의 구매 파워층으로 떠오른 10대의 쇼핑 이용률이 68%를 기록하면서 거의 70% 이상 인터넷 쇼핑을 이용하고 있는 결과가 나타났으며 40대의 인터넷 쇼핑 이용도 44%대여서 곧 50%를 넘을 전망으로 전 세대에 걸쳐 인터넷 쇼핑 이용은 활발히 진행되고 있다. 10대와 40대 수요층을 공략해보는 것도 틈새시장이 될 수 있다는 얘기다.

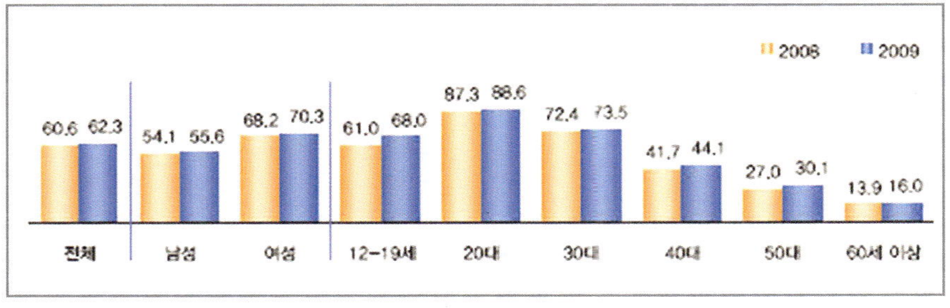

＋ **그림 6_** 인터넷 쇼핑 이용률

2) 인터넷 쇼핑 주 이용 품목은 의류, 신발, 스포츠용품, 액세서리

인터넷 쇼핑을 통해 '의류, 신발, 스포츠용품, 액세서리'를 구매하는 경우가 63.7%로 가장 많았다. 그래프상에서 아랫부분에 있는 품목들은 아직은 시장규모가 크지 않으나 향후 성장이 더 될 수 있는 부분으로 볼 수 있다.

비교적 아직 성장이 덜된 아이템, 다시 말해 그래프에서 하단 부분에 있는 아이템도 눈여겨볼 필요가 있다. 인터넷 쇼핑 이용이 늘어갈수록 전에는 인터넷으로 구입하지 않았던 품목을 인터넷으로 찾아 구입을 할 확률이 높아질 것이기 때문이다.

하단에 있는 아이템들이 상단의 아이템만큼이나 시간이 지날수록 성장 가능성이 보일 것이다.

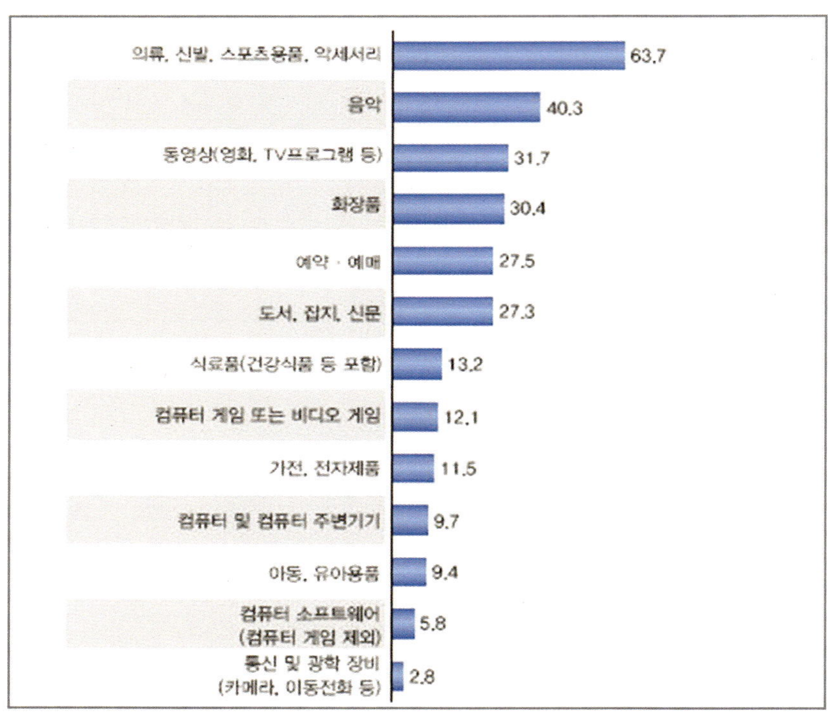

✚ **그림 7_** 인터넷 쇼핑 이용품목

3) 인터넷 쇼핑의 구매 비용 월 5만 원

인터넷 쇼핑 구매비용은 월평균 5만 원 가까이 지출하는 것으로 나타났는데 주요하게는 3만 원에서 5만 원 사이의 지출이 32% 이상으로 비교적 많은 금액대였다. 주목할 만한 수치는 5만 원 이상이면서 30만 원이 넘는 구매액까지도 지출하는 비중이 30% 정도 해당된다는 것이다. 인터넷 쇼핑이 주로 저가대 아이템들이 주류를 이루는 것으로 여겨져 있지만, 점점 고가의 제품군에 대해서도 소비가 이루어지고 있음을 확인할 수 있다.

고가의 아이템을 선정하는 것에 두려워할 필요는 없다. 오히려 성공 창업자 중에는 저가보다 고가 위주의 아이템이 많다. 많은 대중들을 상대하기보다 특색을 갖추고 단골을 만드는 것이 소호의 성공을 견인하기 때문에 신뢰만 보여줄 수 있다면 고가의 상품을 파는 것이 조금 팔아도 수익을 남길 수 있는 전략적 기회가 된다.

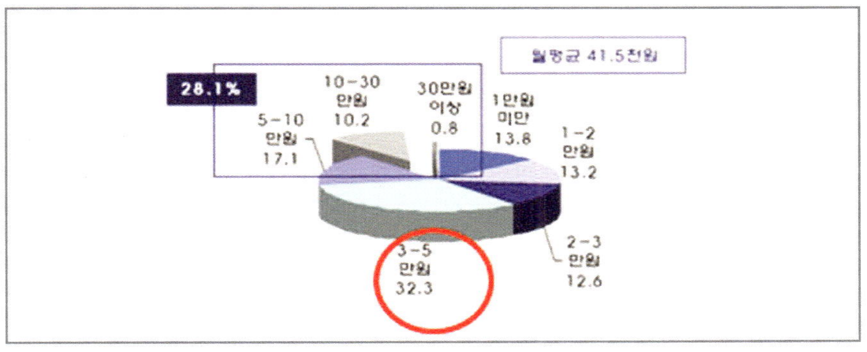

그림 8_ 인터넷 쇼핑 구매비용

4) 주 인터넷 쇼핑은 오픈마켓을 이용

인터넷 소비자는 인터넷 쇼핑을 할 때 주로 어떤 이동경로를 보일까? 한국진흥원의 자료에 의하면 오픈마켓을 통한 인터넷 쇼핑의 이용이 가장 비중이 높은 것으로 나타났다. 그 뒤를 이어 종합쇼핑몰에서의 구매가 많았고 포털사이트를 통한 인터넷 쇼핑도 25% 이상 나타났다. 상품별 전문 쇼핑몰의 구매는 10%가 채 안 되는 것으로 나타나 아직은 개인 사이트의 구매는 전체 시장에서 그리 크지 않음을 알 수 있다. 작은 사이트지만 브랜드를 갖춰야 하는 숙제가 엿보인다.

카페나 개인 홈페이지 등을 통한 개인 간 직거래 시장도 있어서 커뮤니티를 이루면 그 안에서 물건을 팔 수 있는 시장이 자연스럽게 연결되는 것으로 보인다.

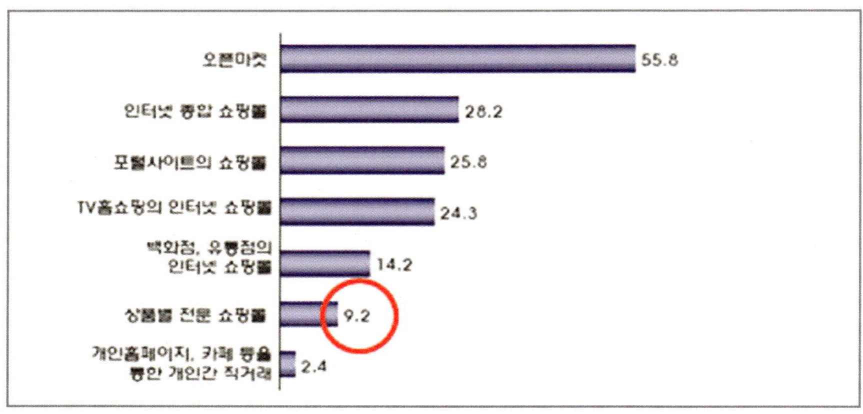

✚ **그림 9_** 인터넷 쇼핑 이용경로

5) 인터넷 쇼핑 시 불편사항 1위 배송지연

인터넷 쇼핑 시에 일어날 수 있는 불편함에 대해서도 조사를 했다. 내용을 보면 배송지연에 대한 불편함이 가장 큰 것으로 조사되었다. 배송에 대한 불만도 다양하게 조사되었는데 배송문제는 인터넷 쇼핑몰 업체로서는 가장 큰 난제로 꼽힌다. 점차 국내 물류시스템이 발전하고 안정화되면 불만이 줄어들 것으로 보인다. 업체 입장에서는 보다 정확하고 안전한 배송을 위해 포장이나 물류관리를 철저히 하고 발생하는 고객들의 클레임에 대해서도 즉각 대응하고 처리할 수 있는 시스템을 갖추도록 해야 한다.

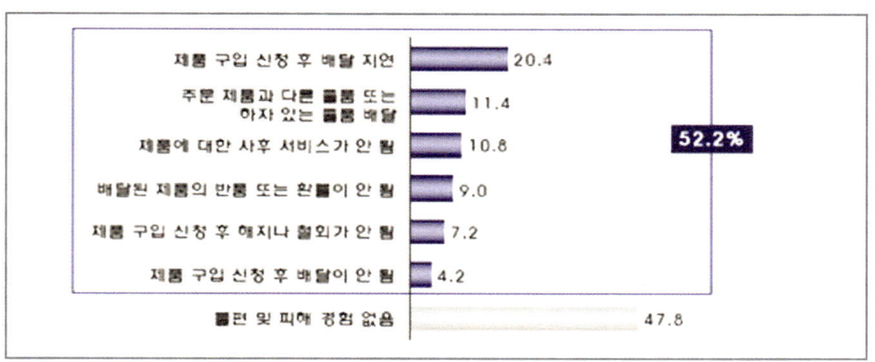

✚ **그림 10_** 인터넷 쇼핑 시 불편사항

6) 인터넷 쇼핑 이용 시 가격비교 필수

인터넷 쇼핑을 할 때 소비자가 하는 행동을 분류해본 내용이다. 오프라인 매장에서 반드시 제품을 확인한 후 가격이 저렴한 인터넷 쇼핑을 하는 사람 46.8% 정도가 보통 그런 행동을 한다고 답했으며, 가격비교사이트를 통해 비교를 해본 후 구매하는 소비자도 47%가 되었다. 최종 구매 결정 시 다른 사람들의 평가나 이용후기에 영향을 받는다는 이들도 40%가 넘었다. 가격이 맘에 들어 인터넷 쇼핑을 이용한다는 소비자가 많다는 조사 결과도 있는데, 이를 볼 때 오감을 만족시킬 수 없는 인터넷 환경에서 가격대비 합리적인 소비를 하고자 많은 노력을 하고 있음을 알 수 있다.

판매자 입장에서는 소비자의 선택을 얻기 위해서는 가격의 합리성을 구현하면서 다른 구매 소비자의 후기와 같은 콘텐츠로 더욱 신뢰를 주어야 함을 인지할 수 있다.

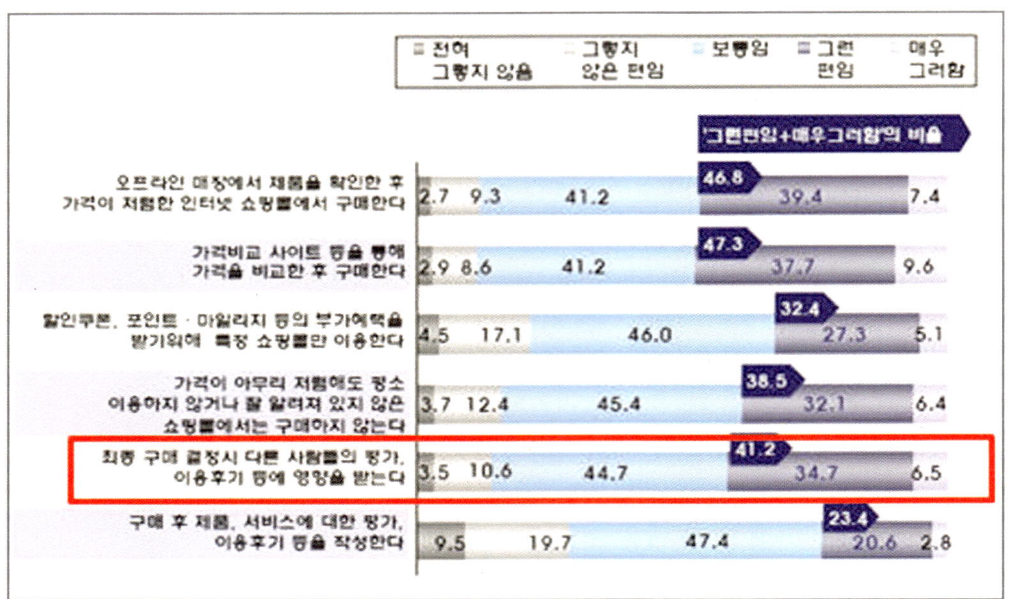

✚ **그림 11_** 인터넷 쇼핑 이용 행동의 인식

4. 나의 경쟁자 수, 항상 인지하라

지금까지 인터넷을 이용하는 소비자에 대한 조사를 했다. 인터넷 쇼핑 부분만 따로 떼어내어 인터넷 쇼핑의 이용행태로 살펴보았는데 전반적으로 인터넷 쇼핑의 시장은 계속 성장할 것이라는 것을 짐작할 수 있다.

다만, 많은 쇼핑몰 창업자가 힘들어하는 것은 시장의 성장에 비례해 경쟁자의 수도 많아지기 때문이다. 아직까지 창업자의 수에 대한 구체적인 자료는 없지만 G마켓, 옥션과 같은 오픈마켓에서 물건을 파는 딜러 중 실제 활동 중인 딜러가 10만을 훌쩍 넘은 지 오래되었고, 메이크샵, 카페24와 같은 대중적인 쇼핑몰 솔루션을 이용하는 사업자도 10만이 넘기 때문에 창업자의 수는 대략 20~30만을 넘을 것으로 본다.

쇼핑몰 솔루션 카페24(www.cafe24.com)를 운영하는 심플렉스인터넷에 따르면 2010년 쇼핑몰 신규 창업자는 10만 2,120명이나 되었고 이는 2009년에 비해 27.2% 증가한 수치라고 한다. 한 쇼핑몰 솔루션 업체에서만 무려 10만 명이 쇼핑몰을 개설했다는 얘기이다.

카페24에서 창업한 창업자들의 선호 아이템은 여전히 의류(36.2%)가 압도적인 1위, 뒤를 이어 패션잡화(11.8%), 유ㆍ아동 관련 상품(8.7%), 식품(7.4%), 생활가전 및 가구(6.9%), 레저(취미) 관련 용품(5.6%) 등의 순으로 조사되었다고 한다. 이 중 의류 분야에서는 '빅사이즈 의류몰'이, 식품 분야에서는 '건강식품 전문몰'이 각각 113%와 79% 증가해 세분화되거나 전문화된 아이템을 공략하는 창업자들이 많아진 것으로 분석됐다.

나아가 그동안 쇼핑몰 창업하면 여성창업자가 반수 이상을 차지했었다면 2010년이 지나면서 전 연령층으로 보다 창업이 확대되고 30~40대의 남성 창업자가 2009년보다 2010년에는 30% 늘어 확실한 창업의 한 형태로 자리 잡은 것으로 파악되었고 50대 이상의 시니어창업도 더욱 활발해지는 것으로 조사되었다.

수치적으로는 2008년 5,912명, 2009년 7,032명, 그리고 2010년 상반기에만 3,969명으로 증가했다고 한다(출처: 카페24). 10대 및 20대의 경우는 반대로 여성창업자가 대게 절반이 넘는 것으로 알려져 있다.

'창업아이템'의 경우, 젊은 창업자들은 의류나 패션잡화 등 자신의 연령대가 선호하는 아이템 군에 집중하는 반면 시니어층에서는 생활가전, 가구, 식품 등의 다양한 아이템으로 창업을 하는 것으로 나타났다고 한다. 인터넷에 익숙한 중ㆍ장년층이 늘고 있기에 창업에 시도를 하게 되고 아이템은 오프라인 시장과 직장생활의 경험, 노하우 등을 바탕으로 창업을 준비하기 때문에 그 폭이 넓은 것으로 이해가 된다.

인터넷 쇼핑몰 창업은 진입장벽이 낮아 누구나 창업을 쉽게 할 수 있으나 경쟁의 높은 장벽을 뚫지 못하면 오래가지 않아 실패하게 된다. 성공률을 한 자릿수로 얘기하기 때문에 더욱 준비과정에서부터 철저히 해야 한다.

소비자의 니즈를 잘 읽고 빠르게 대처하는 쇼핑몰만이 살아남는 것이다. 이에 모든 쇼핑몰 창업자는 사업을 계획하기 전 철저한 시장조사와 준비를 해야 하고 운영을 시작해서도 소비자의 흐름을 놓치지 않기 위해 많은 노력을 해야 한다.

[창업 컨설팅 이모저모] 인터넷 쇼핑몰 통계지표 사이트

인터넷에서 인터넷 쇼핑몰 관련한 시장조사 자료를 살펴볼 수 있는 곳을 소개한다.

통계청-KOSIS 국가 통계 포털(http://www.kosis.kr)
국내통계로 들어가서 '도소매 서비스'를 클릭하면 사이버 쇼핑동향조사라는 메뉴가 보이고 이를 다시 세부적으로 들어가 보면 '전자상거래 동향조사' 자료를 볼 수 있다.

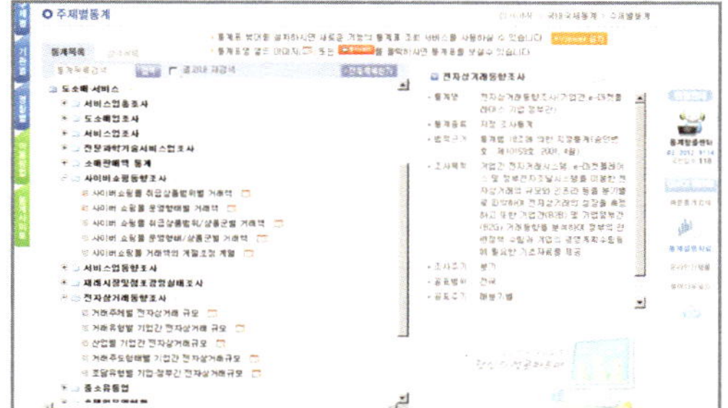

kosis 화면

▶ 이용 메뉴: 국내통계→도소매서비스 클릭→사이버쇼핑동향조사→전자상거래동향조사

한국인터넷 진흥원-ISIS 인터넷 통계 정보 시스템(http://isis.nida.or.kr)
한국 인터넷 진흥원은 인터넷 가입자 수와 초고속 인터넷 이용자 수, 국내 도메인관리 등 전반적인 인터넷 자원에 대해 다양한 자료를 제공한다.
한국인터넷 진흥원에서 제공하는 ISIS 시스템에 '인터넷 통계보고서' 메뉴가 있는데 해당 메뉴에서 '인터넷 이용실태 보고서'를 살펴볼 수 있다. 이 보고서에서는 세대별 인터넷 이용률을 비롯하여 세대별 인터넷 쇼핑몰 이용률도 조사해 보고하고 있으며 인터넷 쇼핑의 패턴도 자세하게 살펴볼 수 있다.

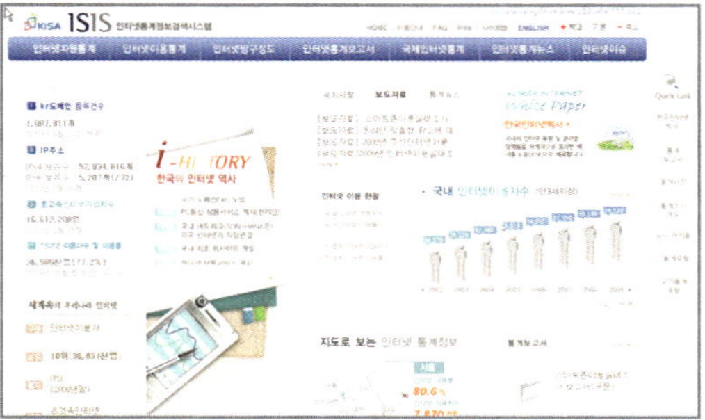

ISIS 시스템 화면

▶ 이용 메뉴 안내: 한국인터넷진흥원→인터넷 통계보고서→인터넷 이용실태조사 보고서

PART 03

창업아이템 선정의 기본 원칙을 지켜라

이제, 본격적으로 인터넷 쇼핑몰 창업의 첫 단계를 시작해본다. 창업하기 위해 필수적으로 필요한 구성요소는 무엇인지를 살펴보고 어떤 마음자세로 창업에 임해야 할지 되뇌어보자.

창업을 하기 위해 가장 먼저 갖춰져야 할 요소로 창업아이템을 들 수 있는데 창업의 아이디어는 어디로부터 찾을 수 있으며 인터넷 쇼핑몰과 맞는 창업아이템은 어떤 조건을 갖추어야 하는지를 다각도로 살펴보자.

1. 창업의 기본 요소를 이해하라

1) 창업의 개념을 정확히 알자

창업이란 새롭게 기업을 설립하는 것이다. 창업의 정의는 다음과 같다.

"설정된 기업 목적을 달성하기 위해 인적·물적 자원을 적절히 결합하여 상품이나 서비스를 조달, 생산, 판매하거나 이에 수반되는 활동을 수행하는 것"

"개인 또는 집단이 자신의 책임하에 돈과 사람을 동원하여 사업 활동을 개시하는 것"

창업은 새로운 것을 창조하는 것으로 다른 사람이 만들어주는 것이 아닌 창업자가 자신만의 비즈니스를 만드는 것이다. 본질적으로 이는 결코 간단하거나 만만한 작업이 아니다. 철저한 준비와 온 힘을 쏟아 부을 수 있는 열정이 있어야 한다. 어느 성공한 쇼핑몰 CEO도 9시에 출근해 6시에 퇴근하고 있지 않다.

창업을 한다는 것은 창업자 혼자만을 위한 업을 세우는 것이 아니다. 고용 창출을 하는 원대한 임무가 있다. 사업이 궤도에 오르고 확장을 해나가기 위해서는 분업화·조직화가 되어야 한다. 혼자 할 수 없고 인사관리, 조직관리가 필요하다.

흔히 사장의 마인드와 종업원의 마인드는 본질적으로 차이가 난다고 한다. 사장은 종업원의 미래, 종업원 가족의 생계까지도 관리의 범위에 들어가게 된다. 맡겨지는 일만 하는 것이 아니라 늘 진취적으로 일을 만들어 나가는 기획자의 역할을 잘 해야 한다.

창업자에게 있어서 창업의 의미를 되새기는 것은 창업에 임하는 자세를 가다듬는 과정으로 바라볼 수 있다. 창업이 본질적으로 같은 개념을 바로 알고 도전하자.

2) 창업의 기본 요소 3가지는 창업자, 아이디어, 자본

창업은 새로운 기업을 설립하는 것이기 때문에 창업을 하기 위해서는 갖추어져야 할 기본 구성요소가 있다. 바로 창업자, 창업 아이디어, 창업 자본 3가지이다.

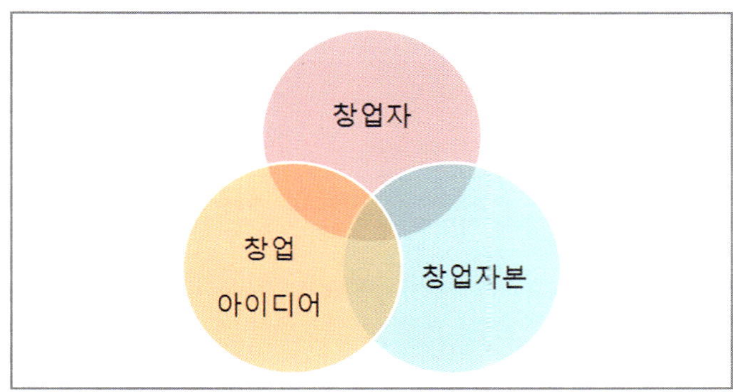

① 인적 요소: 창업자

첫 번째 창업의 기본 요소로 창업자를 들 수 있다. 창업자는 아무나 할 수 있는 것이 아니다. 창업자는 불확실한 상황에서 기꺼이 위험을 감수하며 자신의 아이디어를 실현하려고 하는 사람으로 정의된다. 여기서 불확실한 상황이라는 것, 기꺼이 위험을 감수할 수 있는 정신을 가져야 한다는 것, 실현 가능한 아이디어를 가지고 있어야 한다는 세 가지 조건을 다시 한 번 되뇌어볼 필요가 있다.

창업을 한다는 것은 무에서 유를 만들어내는 과정이 된다. 창업을 하고 나서 정말 창업 전 생각했던 계획들이 그대로 실현될지는 그 누구도 장담을 할 수가 없는 것이다. 창업자 스스로가 그 부담을 짊어져야 한다.

창업자는 사업의 시작인 아이디어(아이템) 사업성 분석, 사업계획의 수립이나 실행과정 전반에 있어 주도적인 역할을 수행한다. 아이디어의 실현을 위해 기업설립에 필요한 모든 재정적 자원을 동원하고 기업의 목적을 이루기 위해 조직을 관리하는 일도 해야 한다.

창업자에게 요구되는 일반적인 자질은 다음과 같다.

- 사회적으로 추앙받고 관계자들로부터 신뢰받을 만한 교양과 인간성
- 미래의 불완전한 경영환경을 극복해나갈 수 있는 통찰력과 판단력
- 장기적인 목표를 세우고 회사의 비전을 제시할 수 있는 능력
- 새로운 사업을 성공시키기 위한 창의력과 추진력
- 개인의 영리 추구에서 나아가 경영 전반에 대한 사회적 책임을 수행하는 사람

② 제품 요소: 창업 아이디어

창업 아이디어는 사업을 통해 기업이 무엇을 어떻게 제공할 것인가를 계획하는 것을 의미하는 것이다. 즉, 창업 아이디어는 제품요소라고 볼 수 있는데 창업자는 경쟁력 있는 제품, 아이디어를 가지고 있어야 한다.

창업 아이디어는 여러 상황에서 만들어질 수 있는데 대부분 우연한 기회로 얻어지기보다는 창업자의 경험과 전문성을 바탕으로 한 노력과 타당성 분석 작업 등을 통해 최종적으로 결정되는 과정이 필요하게 된다.

③ 물적 요소: 자본

자본이라 하면 기업을 설립, 운영하는 데 필요한 사람, 돈, 설비, 원재료 등의 경영자원을 운용하는 데 필요한 자금을 의미한다.

자본은 자기자본과 타인자본으로 나눠볼 수 있는데 창업초기에는 자기자본에 대한 의존도가 큰 것이 일반적이다. 그러나 타인 자본에 대한 의존율이 높을 경우 자칫하면 자생력을 약화시켜 사업이 도태될 우려가 크다. 창업 시에는 자기자본의 비율을 어느 정도 갖추는 것이 필요하다.

아무리 좋은 아이디어라 하더라도 자본이 없다면 사업의 추진이 불가능하므로 성공적인 창업자본 구조를 유지하기 위해서는 창업 초기 비용뿐만 아니라 사업을 운영하기 위한 운영자금도 여유롭게 확보하는 것이 중요하다.

자금을 확보하기 위해 정부나 관계 기관의 창업지원제도 등을 알아두는 것도 참고할 만한 일이다.

[창업 컨설팅 이모저모] 창업에 대한 자금 부담, 정부 지원 혜택으로 줄여보자

창업자금 마련에 대한 부담을 가진 창업자에게 정부산하 공인기 관에서 지원받을 수 있는 다양한 창업자금 대출제도를 소개하고자 한다.

1. 대표적으로 자금대출 지원 가능한 소상공인진흥원(www.sbdc.or.kr. 문의: 1588-5302)

소상공인 입장에서는 가장 다양한 창업지원 사업을 하고 있는 기관이기에 반드시 알아두어야 할 곳이다. 우선 이곳에서는 소상공인 창업 및 경영개선 자금을 운용하고 있는데 유흥 향락 업종, 전문 업종, 주점업, 학원업 등을 제외한 모든 5인 미만의 영세 사업장에도 자금 대출을 연계해주고 있다.

대출한도는 최대 5천만 원 내에서 사업장의 규모와 신용도를 보고 대출금을 정해주게 된다. 신청은 전국의 75개 지역별 소상공인지원센터를 방문해 상담을 1차적으로 받아보면 된다.

이율은 변동 폭이 있지만 4%대의 이자율을 적용해 지원을 받으며 1년 거치 5년 분할 상환 방식으로 이루어진다.

소상공인진흥원에서는 '성공창업패키지교육'이란 명칭으로 80시간 창업교육지원을 하고 있는데 심사를 통과한 여러 교육기관에서 진행하는 성공창업패키지교육을 이수하면 교육이수자가 자금수혜자로서 자격을 부여받는 '우선지원자금'을 특별 운영하고 있다. 절차는 소상공인진흥원 산하 전국의 소상공인지원센터의 상담사를 통해 신용보증재단의 심사를 거쳐 자금의 규모와 가능성을 검증받게 된다.

2. 장기실업자, 실직여성 가장, 고령자에게 좋은 근로복지공단(www.workdream.net)

장기실업자나 실직여성 가장, 실직고령자의 경우라면 근로복지공단의 신용보증지원 중 창업지원제도를 이용해볼 수 있다. 장기실업자의 조건은 고용보험 피보험자였던 이가 자가 실직하여 6개월 이상 실직에 있었고 이후 창업훈련 과정을 이수하거나 국가기술자격증 분야에 창업을 희망하는 경우에 해당된다. 실직여성 가장은 경제부양 능력이 없는 가족을 부양하고 있는 여성이 해당되며 실직 고령자는 실직한 55세 이상인 사람을 대상으로 하는 지원제도이다.

점포형 창업에 지원을 하며 7,000만 원의 점포비를 무담보, 무보증으로 지원한다. 1~2년 단위로 계약하며, 최장 6년까지 연장할 수 있고 매월 3%의 이자를 월납하는 것이 조건이다.

다만, 지원받는 시기가 정해져 있으므로 미리 공고 내용을 확인하고 절차를 밟는 것이 필요하다.

3. 여성들이 이용하기 좋은 여성경제인협회(www.womanbiz.or.kr)

여성의 경우에는 더욱 다양한 기관에서 사업자금을 받을 수가 있다. 여성경제인협회와 여성가족부 등의 기관을 이용하면 된다. 여성경제인협회는 가구당 월 소득 204만 원 이하, 재산규모 1억 이하의 저소득 여성 가장을 대상으로 1인당 최고 3천만 원의 점포임대보증금을 지원한다. 융자기간은 2년이며 1회에 한해 2년 연장이 가능하다. 금리는 연리 3% 고정이다.

4. 저소득층, 취약계층의 창업을 지원하는 사회연대은행(www.bss.or.kr)

저소득층이나 취약계층의 창업을 금전적으로도 시스템적으로도 지원하는 소위 마이크로크레디트 기관인 사회연대은행(www.bss.or.kr)이란 곳도 알아두면 좋다. 여러 유명 대기업에서 취약계층에게 기금을 대여해주는 형태로 운영되고 있는데 이곳의 특징은 자금만 빌려주는 것이 아니라 일정한 기간 동안 전문가가 컨설팅 및 사후관리를 어느 정도 책임을 지고 해주는 시스템이라는 점이다. 또한 대출이자도 연 2%의 저리라는 점도 장점이다.

특이하게 사업을 아직 시작하지 않은 일반 예비창업자들을 위한 창업자금대출제도도 있다. 바로 정부에서 지원하는 일정 시간 이상의 창업교육을 이수한, 소위 교육 이수자들에게 창업자금을 대출해주는 방식이다.

*** 서울산업통상진흥원(www.sba.seoul.kr)**

서울산업통상진흥원에서 주관하는 '하이 서울창업스쿨' 교육도 해당 교육을 이수한 교육 이수자들에게는 정부자금대출을 연계해주고 있다.

이러한 창업교육을 연계한 자금지원은 사실 서울신용보증재단(www.seoulshinbo.co.kr)과 연동되어 운영된다. 이곳은 서울시 거주 자영업자와 예비창업자 중 일정 교육을 이수한 경우 최고 5,000만 원까지 창업자금을 대출해준다. 이곳 또한 취약계층을 위한 다양한 자금기금을 운용하는데 대체로 연 이자가 1.0%로 최저 수준이니 한번 들려보자.

이 외에도 한국장애인고용촉진공단(www.kead.or.kr)은 창업을 희망하는 모든 장애인에게 최고 5,000만 원까지 대출해주는 제도를 운용하고 있다.

아는 것이 힘이라는 말처럼 정부지원제도를 잘만 찾아 이용하면 창업자금의 부담을 어느 정도는 가볍게 할 수 있을 것이다. 그러나 유념해야 할 것은 대출이라는 것은 결국엔 빚이라는 점이다.

창업자금계획은 창업자에게 매우 부담스러운 부분인 만큼 매우 신중에게 보수적으로 계획을 잡는 것이 좋다. 돈이란 것은 쓰긴 쉬워도 벌긴 어렵다. 스스로 책임질 수 있는 한도 내에서 대출 계획을 잡는 것이 바람직하다.

〈창업대출자금을 받을 수 있는 주요 정부기관목록〉

자금대출 기관	홈페이지
소상공인진흥원	www.sbdc.or.kr
근로복지공단	www.workdream.net
여성경제인협회	www.womanbiz.or.kr
사회연대은행	www.bss.or.kr
서울산업통상진흥원	www.sba.seoul.kr
서울신용보증재단	www.seoulshinbo.co.kr
한국장애인고용촉진공단	www.kead.or.kr

2. 창업 아이디어가 나올 수 있는 원천

창업의 아이디어는 어떻게 찾아낼 수 있을까? 모든 창업자가 고민하는 질문일 것이다. 실제 예비창업자들을 만나보면 가장 먼저 하는 질문이 어떤 아이템을 결정해야 할지 어렵다는 것이다.

성공한 창업자들의 아이템 구하기에 관한 얘기를 들을 때마다 '나는 과연 사업 아이디어를 어디서 얻을 수 있을 것인가?'에 대한 니즈가 점점 더 커져만 간다. 창업아이디어의 원천이 될 수 있는 방안을 찾아보자.

1) 경험을 통해 전문성을 가진 아이템을 찾을 수 있다

첫 번째로 소개할 수 있는 창업 아이디어의 원천은 경험이다. 분명 자신의 경험 속에 아이템이 있다. 실제로 많은 창업자의 사례를 통해보면 자신이 잘 아는 아이템을 선택한 것이 성공의 주요인이었다.

일례로 된장골(http://www.dyenjang.com) 쇼핑몰은 전국의 재래방식으로 만들어진 된장류를 판매한다. 대표가 된장이라는 아이템을

그림 2_ 된장골
http://www.dyenjang.com

선택하게 된 이유는 본인의 경험에서 나온 것으로 딕신기에 입덧이 심해 음식을 먹기가 힘들었는데 된장을 먹으면서 그 시기를 보냈다고 한다. 된장이 얼마나 몸에 좋은가를 몸소 체험하고 다양한 된장에 대한 호기심이 생기면서 이 아이템을 살펴보게 되었다고 한다.

창업자는 경험을 통해 전문성을 기르고 이를 바탕으로 새로운 사업 가능성을 찾거나 차별화를 기함으로써 성공에 보다 다가설 수 있다.

2) 좋아하는 취미로 아이템을 결정하라

+ 그림 3_ 꼬매기닷컴
http://www.kkomegii.com

대부분의 소호 창업자들 중에서는 자신의 취미를 살려 창업에 도전하는 경우가 많다. 먼저 창업을 하고자 결심한 다음 아이템을 찾으러 나선 경우보다는 오랫동안 해오던 취미에서 아이템을 자연스럽게 선택하는 경우가 많다. 이것은 자신이 좋아하는 아이템을 선택해야 장기적으로 즐거운 마음으로 사업을 키워나갈 수 있다는 아이템의 성공요소와도 부합된다. 즉, 취미를 사업화하면 성공할 확률이 높아진다. 특히 여성창업자들의 경우, 십자수, 인테리어용품, 리폼, 인형 만들기 등 취미에서 출발한 다양한 아이템의 창업사례를 볼 수 있다. 취미의 최대 강점은 너무나 좋아하는 일을 사업으로 하고 있다는 점이다.

꼬매기닷컴(http://www.kkomegii.com)의 경우는 예쁜 소품형 인형 만들기 사이트이다. 처음 사업을 시작했을 때 사업이라는 생각도 하지 않고 단순히 자신이 만들기 좋아하는 인형의 사진을 찍어 올리는 것에서 출발이 된 케이스이다. 사진을 보고 다른 네티즌이 만들어보고 싶다거나 구입하고 싶다거나 하는 의향을 보내면서 주문을 받게 되고 결국 쇼핑몰을 오픈하게 된 것이다.

초기에는 완제품만을 팔다가 시간이 지나면서 제작량과 주문량 사이에 갈등하다 DIY 키드를 판매하는 방향으로 사업의 가닥을 잡고 사업을 키워가고 있다.

3) 자신만의 아이디어로 신상품을 만들어라

창업자는 기존에는 없던 상품을 만들어
서 창업할 수 있다. 생활 속의 아이디어 상
품 개발로 성공한 사업자가 많다는 것은
이미 잘 알려진 사실이다. 발 냄새가 나지
않는 양말이나 수납부와 등판이 분리되는
기능성 가방, 빨래 널기와 건조를 효과적
으로 해주는 신빨래건조대 등 많은 사례가
있다. 이 경우, 시장에서 경쟁자가 없는 새
로운 아이템의 시장을 여는 것이기 때문에

그림 4_ 바이인벤션
http://www.buyinvention.com

선점의 효과와 기술력의 우위에서 사업을 만들어 나갈 수 있다. 물론 새롭게 개발된
아이템이 시장성이 있을 경우이다.

새로운 트렌드에 맞춰 신규 제품을 사업화하는 것은 차별화 요소 중에서도 매우 중
요한 부분으로 볼 수 있다. 많은 기술력을 가진 제조업체에서 자신만의 개발 제품을 가
지고 얼마든지 론칭할 수 있다.

한국발명협회에서 운영하는 바이인벤션(http://www.buyinvention.com) 사이트에
가보면, 수많은 발명가들이 발명한 제품들을 한자리에서 구경할 수 있다.

4) 우연하지만 통찰력으로 아이템을 발견할 수 있다

기존의 경험이나 전문성이 부족한 경우라도 아주 우연한 기회에 사업아이디어를
얻는 경우가 있다. 창업자들 중에서는 경험이 부족하고 마땅한 취미도 없다고 얘기
할 수 있지만 그렇다고 해서 창업 아이디어를 못 찾는 것은 아니다. 의외의 곳에서
'이거다' 싶은 아이디어를 얻는 경우가 있다. 단, 이 경우는 창업자가 평소 호기심이
많고 통찰력이 있는 경우에 이루어진다.

트렌드에 민감하고 새롭게 시장에 소개되는 아이템들을 눈여겨보다 보면 선두 주자는 아니더라도 최소한 2인자로서 시장을 개척해 나갈 수도 있다.

한 아동복 쇼핑몰은 특이하게 20대 남성 대표 두 사람이 주부들의 창업아이템 영역이었던 아동복 시장에 도전장을 내밀어 성공했다. 성공요인은 엄마들이 운영하는 기존 아동복 쇼핑몰의 부족함을 캐치, 20대 남성의류의 컨셉을 사이즈만 줄여 선보이는 차별화된 전략이 있었다. 즉, 어른들의 패션코드를 반영한 아동복 컨셉이다. 이들은 엄마들이 선호하는 아동복 스타일이나 색상 등을 파악하기 위해 서울 남대문, 동대문시장을 발로 뛰며 설문조사를 실시하는 등 시장조사를 철저히 했다고 한다. 젊은 엄마들 사이에서 입소문을 타고 시장의 주도권을 만들어 나가고 있다.

3. 쇼핑몰 창업아이템의 선결 조건을 파악하라

이제 쇼핑몰 창업아이템이 갖춰야 할 조건에 대해서 알아보자. 그 전에 사업 아이템 선정 시 기본 원칙이라고 볼 수 있는 전제조건이 있다. 바로 사업 아이템을 선정하는 데 있어 기본적으로 고려해야 할 원칙사항이다.

즉, 자신의 경험이나 장점을 활용할 수 있는지, 시장 수요가 충분하고 성정가능성은 있는지, 대기업 참여가 어려운 분야인지, 자기자본 규모에 적합한지, 투자대비 수익성은 어떠한지, 일시적 유행에 해당되어 실패위험성이 높지는 않은지 등을 기본적으로 고민해야 한다.

그다음으로 쇼핑몰 창업아이템으로서 갖춰야 할 조건들을 다시 대입해 최종적으로 아이템을 결정한다.

1) 차별화가 가능한 아이템이어야 한다

인터넷이라는 환경은 많은 창업자들이 언제든지 쉽게 창업이 가능한 시장이다. 게다가 가격비교 사이트 같은 인터넷 소비자의 쇼핑 편의를 위한 지원시스템이 잘 마련되어 있어 쇼핑몰 아이템의 자체 경쟁력이 있지 않으면 시장에서 성공하기 어렵다.

타 쇼핑몰의 운영전략도 쉽게 벤치마킹되는 환경이기 때문에 차별화에 대한 전략을 더욱 고민하고 이에 대한 해결방안이 고안될 수 있을 때 쇼핑몰 창업아이템이 선정되었다고 볼 수 있다.

2) 부가가치 창출이 가능한 아이템이어야 한다

인터넷에서는 많은 쇼핑몰들이 단 몇백 원 차이에도 고객의 선택이 달라지는 등의 심한 가격 경쟁을 겪고 있다. 운영자들은 지나친 가격경쟁에서 자유로워지고자 하는 생각을 많이 하게 되는데 본질적으로 가격경쟁을 피하기 위한 조건으로 부가가치 창출이 가능한 아이템이어야 한다는 조건을 충족시켜야 한다.

한 사례를 들어보자. 촛불이벤트 전문몰로 성공한 러브하니 쇼핑몰은 사업의 초기에는

그림 5_ 러브하니
http://www.lovehani.com

고전을 면치 못했다. 티라이트라 불리는 납작한 이벤트용 초를 판매하는 것으로 시작했는데 제조공장을 통해 나오는 기본 제품은 위 티라이트 100개 피스가 한 박스로 소비자 가격 1만 원이 안 되는 가격에 판매를 시작했다. 매우 저렴한 가격을 승부수로 해서 초기에는 어느 정도 매출이 되었으나 얼마 지나지 않아 경쟁 업체가 더욱 단가를 낮춰 올리는 바람에 수익이 너무 없어 사업을 접어야 되나라는 고민까지 했었다고 한다.

지금의 러브하니 쇼핑몰은 단순히 티라이트 초를 파는 사이트가 아니라 초를 가지고 각종 기념일 날 사랑하는 연인이나 가족에게 이벤트를 제공할 수 있게 하는 촛불 이벤트 쇼핑몰로 포지셔닝 되었다. 초기 주력 아이템이었던 단순 제품이 갖는 가격경쟁에서 탈피해 소비자의 감성경험을 제품화하는 데 성공, 부가가치를 창출한 성공업체가 된 것이다.

러브하니의 모든 제품의 설명을 담당하는 사진들은 모두 실제 이벤트를 진행한 고객에게 얻어진 것들로 지금의 다양한 이벤트 상품들이 만들어질 수 있었던 것도 고객들의 경험을 다양한 가격대의 제품으로 승화시킨 것이다.

3) 소호일수록 공급업체가 가까운 아이템이 좋다

이는 다른 말로 공급이 용이한 아이템이어야 한다는 의미로도 해석할 수 있다. 당연히 사업의 아이템을 선정할 때는 제품의 수급이 안정적으로 운영이 가능해야 할 것이다. 다만 인터넷 쇼핑몰의 경우에는 제품수급의 안정성을 조금 다른 측면에서 생각도 해봐야 한다. 즉, 공급처와의 거리가 될 수 있다.

소호 인터넷 쇼핑몰일수록 초기 아이템의 재고를 소량으로 운영하는 경우가 많은데 원거리에 있는 공급처인 경우, 물건을 사입하고 배송하는 과정이 번거롭게 된다. 길거리에 버리는 시간이 많아지면 실제 쇼핑몰 운영에 투자할 시간적 여력이 부족하게 되는 것이다.

쇼핑몰의 경우는 공급처가 비교적 사업장 사무실이나 매장과 근거리에 있는 것이 좋다. 물론 일부 쇼핑몰의 경우에는 원거리에 있는 거래처라고 해도 해당 거래처에서 직접 물건의 배송을 처리해주는 것일 경우는 상관이 없다.

그러나 대부분의 성공한 쇼핑몰을 보면 고객의 만족도를 높이기 차원에서 타지에서 제품이 배송되는 형태보다는 실제 쇼핑몰 운영자가 직접 물건을 고르고 배송하는 체계가 많다. 어떤 물건이 어떤 상태로 배송을 하게 되었는지에 대해 고객과 대화가 되어야 고객의 질문에 원활히 대응할 수 있기 때문이다.

실상 제품을 사입하기 위해 2시간 이상의 시간이 소요되는 거래처는 운영자의 입장에서는 시간을 많이 소비하고 체력적인 한계에도 부딪히면서 사업을 지속하기가 힘들어질 수 있다.

4) 마진율이 높은 아이템을 선택하자

쇼핑몰의 수익성을 담보하기 위해서는 반드시 제품의 마진이 높아야 한다. 대부분의 유통 제품들이 평균 30% 정도의 마진을 가진다고 한다. 이는 운영제반비용을 제하고 나면 수익률은 10%가 채 안 되는 경우가 많다는 것으로도 해석될 수 있다.

본 저자의 쇼핑몰 운영 경험에 비추어볼 때 마케팅 비용이 많이 들고 실제로 방문한 고객이 구매율로 이어지는 비율이 낮기 때문에 제품의 마진이 적어도 50% 정도는 되어야 수익을 만들고 사업으로 영위할 수 있게 된다.

인터넷 쇼핑몰 시장에서 가장 큰 매출을 일으키는 의류 및 패션잡화의 경우에도 제품의 마진율에 있어서는 위 마진율을 상위하는 것으로 나타나고 있다.

5) 재구매율이 높은 아이템이 좋다

인터넷 쇼핑몰의 최대 난점은 자신의 쇼핑몰을 고객들에게 알리기가 매우 어렵다는 것이다. 힘들게 큰 비용을 들여 홍보를 해도 정작 쇼핑몰에 방문한 고객이 제품을 구입하는 비율이 매우 낮은 것이 문제이다.

그렇기 때문에 고객 한 명을 만들어 한 번의 구매에 그치게 하는 것이 아니라 최대한 재구매를 이끌어내고 단골 고객이 되도록 많은 노력을 기울여야 한다. 이때 사업의 아이템 자체의 성격이 단발성으로 그치는 성향이 있다면 쇼핑몰 운영자 입장에서는 신규 고객을 지속적으로 만들어야 하는 어려움에 봉착하는 것이다. 꽃 배달 서비스나 혼수용품 같은 아이템의 경우 1회 단발성 구매로 끝날 확률이 높다. 입소문 전략으로 지인의 재추천이 이루어질 수도 있지만 이도 쉬운 일이 아니다.

본질적으로 아이템이 가령 식품류처럼 지속적으로 재구매되는, 재구매 주기가 짧은 아이템이 소호 아이템으로 적합하다.

6) 배송이 용이한 상품이 좋다

인터넷 쇼핑몰은 고객이 매장을 방문해 제품을 직접 사입해 가는 시스템이 아닌 배송을 통해 전달이 되기에 배송문제는 늘 중요한 핫이슈이다. 아무래도 배송이 변질의 위험성이 크거나 파손의 위험이 있는 상품의 경우, 늘 어려움을 겪을 수 있다. 크기도 작고 파손의 위험도 없는 제품이 적합하다.

4. 진정한 인터넷 쇼핑몰 아이디어는 자신에게서 찾아라

창업아이템은 사업의 성패를 가름하는 중대한 요소이다. 창업자 누구나 진지하게 고민하지만 솔직히 누구에게도 답을 얻기 힘들다. 간혹 어떤 창업자는 다른 사람에게서 답을 구하려고 하는 경우가 있는데 이는 올바른 행동이 아니다.

답은 창업자 스스로에게서 경쟁력 있는 아이템의 아이디어가 나와야 한다. 남이 좋다고 추천하는 아이템은 당장은 성공할 수 있을지 몰라도 장기적으로 바라보면 뒷심이 부족해지는 경우가 많기 때문이다. 쇼핑몰 창업 아이디어를 어디서부터 시작해서 무엇을 봐야 하고 무엇을 얻을 수 있을지 살펴보도록 하자.

1) 무엇을 좋아하는지 스스로를 탐색하라

가장 경쟁력 있는 창업아이템은 자신의 열정을 불태울 수 있는 아이템이다. 창업자 스스로가 애정을 가지고 몰두할 수 있는 아이템이어야 한다는 것이다.

성공한 기업인을 다루는 TV프로그램을 잘 보자. 어떤 프로그램이든지 성공한 창업자에게는 공통점이 있다. 그것은 바로 창업자가 사업의 아이디어를 찾아내고 열정적으로 매달렸다는 사실이다.

① 아이디어가 하루아침에 생기는 것이 아니듯이 너무 급한 마음으로 접근하지 말고 이제부터라도 자신의 생활을 자세히 관찰해보자.
② 평소 잘 구입하고 모으는 취미가 있는 물건은 무엇인지, 다른 사람들이 센스 있다고 좋아해주는 아이템이 있는지 살펴보자.
③ 혹은 지인들 중 상품의 소싱과 관련해서 일을 하고 있는 사람이나 도움을 줄 수 있을 것 같은 이들을 리스트업해서 사전 미팅과 함께 업계 얘기를 들어보자.

창업자가 잘 알고 좋아하는 상품이라면 괜찮은 제품의 구입처를 알아내는 일이나 같은 입장의 소비자들의 눈높이를 맞추는 일이나 모두 잘할 수 있을 것이다.

2) 트렌드(Trend)를 읽어라

사업을 성공적으로 이끄는 데는 3가지 요소를 충족시켜야 한다. 그 첫 번째는 고객을 아는 것, 두 번째는 경쟁사를 아는 것, 세 번째는 바로 트렌드를 따르는 것이다.

사업의 성공에 있어 첫 번째를 고객, 바로 소비자를 아는 것이라 했음으로 창업자가 사업의 아이템을 결정하는 데 있어 진정 소비자가 원하는 상품이 무엇인지를 캐내는 일은 매우 중요한 일이다.

이를 위해서 반드시 최신의 유행 트렌드를 놓치지 않고 따라가야 한다. 스마트폰이나 모바일 기기와 같은 첨단 기기들이 연일 새로운 상품으로 시장에 나오고 있고 트위터, 페이스북과 같이 현재에 소비자들이 어떤 방식으로 의사소통을 하고 커뮤니티를 형성해 가는지 등도 놓치지 않고 그 흐름을 따라가야 한다.

인터넷 쇼핑몰은 인터넷이라는 가상 네트워크상에서 상점이 개설되고 운영되는 것이기에 이러한 가상 네트워크가 그 참여자인 소비자들에 의해 어떻게 변화되어 가는지를 알아야 하는 것이다.

더불어 패션, 인테리어 등과 같이 유행에 민감한 아이템들은 트렌드 변화에 따라 소비자들의 라이프스타일이 바뀌게 되고, 이에 따라 새로운 시장이 생기고 없어지게 되기 때문에 늘 창업자는 이러한 흐름에 눈과 귀를 떠야 한다.

언제나 뉴스나 신문기사를 열심히 읽고 생활 속에서 주변 지인들이 무엇을 원하는지를 잘 캐치해내자.

3) 시장을 세분화시켜 본다

경영의 오랜 전략기법 중 STP라는 것이 있다. 첫 번째 단계인 S는 Segmentation의 약자로 사업 시장이나 규모, 타깃을 세분화시키라는 것이다. 세분화시키고 세분화시킨 시장에서 T(Target)를 선정하고 타깃의 뇌리 속에 P(Positioning)시켜야 사업이 성공한다는 전략이다.

대체로 창업자는 아이디어 단계에서는 더욱 취급하고자 하는 상품의 큰 카테고리만을 생각하기 쉽다. 상담을 하다 보면 "화장품 쇼핑몰을 하고 싶은데요", "의류 쇼핑몰을 생각 중입니다", "수입을 해보려고요." 등등 막연하게 아이템의 대상이 너무 넓은 경우가 대부분이다.

이 상태를 창업아이템을 선정했다고 보기는 어렵다. 전문 컨설턴트가 상담을 하기에도 뚜렷한 답을 줄 수 없는 그야말로 애매모호한 상태이다.

'세분화'라는 말을 반드시 기억하자. 화장품 가게를 한다면 모든 화장품을 취급할 것인지, 아니면 타깃을 나눠 특정 화장품만 판매를 할 것인지 등을 고민해야 한다. 네이버와 같은 검색엔진에 화장품 카테고리만 봐도 매우 세분화되어 있다는 것을 알 수 있다.

버리는 것인 줄만 알았던 화장품 샘플만 가지고 사업에 성공한 쇼핑몰도 있고, 남성용 화장품만을 전문으로 하는 쇼핑몰도 있으니 화장품 안에서도 전혀 다른 컨셉의 쇼핑몰을 기획할 수 있음을 알 수 있다.

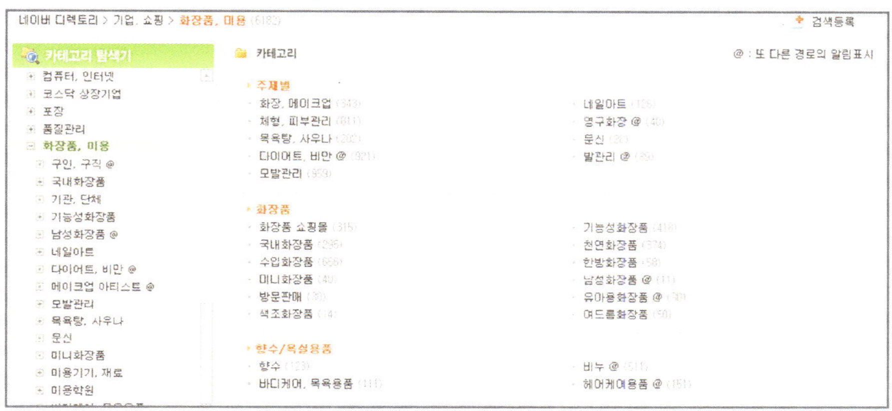

✚ **그림 6_** 네이버 화장품/미용 카테고리

또한 경쟁 몰을 살펴보면서 같은 물건을 취급하는 몰들과 어떤 면에서 경쟁을 할 수 있을지도 고려해야 한다. 소호 창업에 있어 틈새란 해당 카테고리 안에서 보다 전문화되고 세분화된 카테고리를 찾아내는 것이라는 것을 명심하자.

예를 들어, "활발하고 놀기 좋아하는 개성 넘치는 20대 여성들을 타깃으로 내가 좋아하는 힙합스타일의 의류들을 선보여야지"와 같이 생각하는 것이 틈새이면서 세분화된 개념이다.

4) 검색엔진 키워드(keyword)에서 찾아라

✚ **그림 7_** 네이버 추천 키워드

인터넷의 최대 장점은 바로 소비자들의 니즈를 데이터로 얻을 수 있다는 것이다. 소비자의 행동은 눈에 잘 띄지 않지만, 인터넷에서 그들의 소비구매 행동은 데이터로 남는다. 바로 그 데이터를 바탕으로 소비자의 유행 심리나 트렌드를 분석해본다.

그중에서 소비자들이 옥션이나 종합쇼핑몰에서 찾는 상품군 키워드나 네이버, 다음과 같은 검색엔진에서 찾는 검색어(키워드)들이 틈새아이템을 찾는 데 주요한 역할을 해준다.

몇 해 전 얘기지만 G마켓에서 소비자들이 많이 찾는 키워드 중 "모카신"이란 단어가 있었는데 그 당시 일반인들에게는 조금 생소한 단어였다. 모카신을 검색해 봐도 상품들이 별로 없었다. 그런데 일주일이 채 가지 않아 경쟁 상품도 많이 생기고 시장이 형성되는 것이었다.

미리 검색의 움직임을 조금 빨리 캐치한 창업자라면 해당 아이템을 먼저 올려 대박을 낼 수도 있는 일이다. 즉, 소비자들이 찾는 단어를 창업자가 앞서서 먼저 찾아보고 해당 키워드의 조회 수 추이 및 변화, 동향을 찾아보는 것도 창업아이템을 찾는 한 방법일 수 있다. 검색엔진에서 제공하는 실시간 검색어나 주간 인기/추천 키워드 등도 참고가 될 수 있으며, 특정 분야의 단어들을 월별로 흐름을 파악해보는 것도 좋다.

[창업 컨설팅 이모저모] 소비자를 인물로 그려보자

내가 팔고자 하는 아이템의 소비자를 타깃화하고자 할 때, 이용할 수 있는 방법으로 추천한다. 소비자를 한 사람 그려놓고 그 사람의 일상의 특징을 새겨놓는 방법이다.
예를 들면, 한 증권사의 CMA광고를 살펴보자. CMA는 어느 증권사나 다 취급하고 있는 대표 금융상품이기에 특정 회사의 CMA를 소비자들에게 어필하기 위해 특정 소비자를 선정, 광고를 한다.

우리투자증권 옥토CMA 가정주부 편

우리투자증권 옥토CMA 스타일남녀 편

이러한 방법처럼 '우리 쇼핑몰의 고객은…… 이러이러한 스타일의 손님이다'라는 것을 그림으로 형상화시키는 것이다. 나이대, 쇼핑스타일, 특징, 구매 포인트 등을 나열해서 말이다.

창업아이템은 상권분석 후 결정하라

1. 제대로 된 사업전략 방법으로 뼈대를 튼튼히 하라

2. 내 아이템의 온라인 상권분석을 실시하라

3. 적군의 동태를 파악한 후 작전을 세워라

인터넷 쇼핑몰 창업 준비 시 아이템을 최종 결정하기 위해서는 기본적으로 사전에 타당성 분석과 판매하려는 아이템에 대한 오프라인 유통시장분석을 해야 한다. 이번 장에서는 창업아이템 시장 진입에 있어 사업전략적 사고를 통해 시장 진입전략을 세우는 방법을 알아보고 온라인상에서 창업하고자 하는 아이템의 수요(소비자) 및 공급(경쟁 몰) 시장을 분석하는 방법도 알아보자.

1. 제대로 된 사업전략으로 뼈대를 튼튼히 하라

사업의 전략을 세우는 것은 경쟁이라는 보이지 않는 전쟁터에서 총알을 점검하는 일과 같다. 아이디어를 찾고 아이템을 단순히 결정하는 것만으로 모든 채비가 갖추어진 것이 아니다. 아이템이 총알이라면 그 총알을 어떻게, 어떤 때 효과적으로 사용할지에 대한 구체적인 사전 실전 계획을 세워야 한다. 그것이 바로 전략이다. 그러므로 사업의 아이템과 초기 기획단계에서 사업전략의 기초적 개념을 알고 준비를 하자.

1) 사업전략은 과학이다

전략이란 원래 군사용어로 군사적 행위를 계획하고 통제하는 과학을 의미하는 단어였으나 점차 사회경제적 환경이 급변하면서 변화에 대응하기 위해 기업경영에 응용되기 시작했다.

쇼핑몰 창업을 계획할 때도 진출하고자 하는 아이템시장에 대해 아이템이 가지는 매력도와 이를 바탕으로 한 수익성, 그리고 타사에 비해 경쟁적 지위를 갖기 위해 어떤 노력을 해야 할 것인지를 사전에 전략적으로 사고해야 한다. 예를 들어, 의류 패션 아이템이 발 빠른 트렌드에 맞춘 신상품기획에 의해 성공이 좌우된다면 창업자는 이 부분에 대한 전략을 세워야 하고 가전제품처럼 가격경쟁력이 우선시되는 아이템시장이라면 가격경쟁력의 전략을 더욱 고민해야 할 것이다.

전통적으로 사업전략은 환경 분석을 하는 것으로부터 시작된다. 먼저 기업의 목표를 설정하고 목표를 이루기 위해 기업의 환경 즉, 외부 환경 분석과 내부자원 분석을 한다. 외부 환경 분석은 기업의 기회(O)와 위협(T) 요인을 분석하는 것이고, 내부자원 분석은 기업의 강점(S)과 약점(W)을 분석하는 것으로 설명된다. 이러한 개발 단계를 거쳐 궁극적으로는 바람직한 전략을 도출해야 하는데 위협요인의 발생 가능성을 줄여 그 파급효과를 최소화하고, 기회요인이 제공하는 효과를 최대한 활용하여 사업의 강점을 최대한 살릴 수 있게 하는 것이다.

2) 제1전략기법: SWOT 분석의 의미와 사례

SWOT는 자신의 능력을 구분하여 환경변화에 대응하기 위한 전략사고 방식으로 대표적인 경영마케팅 전략기법이다. 앞서 설명된 것처럼 기업 내부의 강점과 약점을, 기업 외부의 기회와 위협을 대응시켜 기업의 목표를 달성하는 데 역점을 둔다.

1차적으로 4개의 독립 파트, 강점, 약점, 기회, 위협 매트릭스를 각 영역의 내용을 채워본다. 그다음으로는 좀 더 복합적으로 강점이면서 기회가 되는 요인, 강점이면서 위협이 되는 요인, 서로 크로스되는 영역을 그려 놓아 본다.

창업아이템에 대한 자신의 장점과 약점을, 창업아이템의 시장이 가진 기회와 위협요인을 스스로 생각해보고 정리해본다.

① SO전략(강점-기회전략): 시장의 기회를 활용하기 위해 강점을 적극 활용하는 전략

② ST전략(강점-위협전략): 시장의 위협을 회피하기 위해 강점을 사용하는 전략

③ WO전략(약점-기회전략): 약점을 극복하거나 제거함으로써 시장의 기회를 활용하는 전략

④ WT전략(약점-위협전략): 시장의 위협을 회피하고 약점을 최소화하거나 없애는 전략

내적요소 외적요소	강점(S)	약점(W)
기회(O)	SO전략	WO전략
위협(T)	ST전략	WT전략

✚ **표 1_** SWOT 매트릭스

3) 제2전략기법: STP 분석의 의미와 사례

STP 전략은 기업이 시장침투를 계획할 때 가장 일반적으로 많이 쓰는 전략기법으로 고객에 대한 시장세분화(S), 목표고객설정(T), 시장을 공략할 제품(서비스)을 통해 목표시장에서 효율적인 위치를 찾는 것(P)을 의미한다. 보통은 먼저 SWOT 분석을 한 뒤 구체적으로 STP 분석에 들어간다.

① Segmentation: 시장세분화

동일한 상품이라도 소비자 욕구는 다양하다. 이들 중 유사한 욕구를 가진 소비자층을 세분화하는 것이 시장을 보다 명확히 하는 첫 번째 작업이다. 바로 고객 니즈와 트렌드를 고려하여 고객을 그룹화시키는 작업이라고 할 수 있다.

세분화 변수로는 지역, 기후 등과 같은 지리적 변수, 나이, 성별, 소득, 직업, 세대 등의 인구통계적 변수, 개성, 충성도 수준, 제품에 대한 태도, 혜택의 민감성 등과 같은 행동적 변수 등이 해당될 수 있다.

② Targeting: 표적시장 설정

세분화된 시장으로 나눠진 섹션에서 규모, 성장성, 수익성, 경쟁상황 등 고려해 하나의 표적시장을 설정한다. 최종 고객층을 결정하는 과정으로 반드시 선행되어야 한다.

③ Positioning: 포지셔닝

결정된 세분화된 시장에서 결정된 고객을 대상으로 한 경쟁시장은 언제나 치열할 것이다. 이에 치열해지는 경쟁시장에 상대적 우위를 확보하기 위한 방법을 고민하고 고객에게 자사의 브랜드나 제품을 강력한 것으로 각인될 수 있도록 노력해야 할 것이다. 그 방법을 고민하는 것이다. 이는 차별화 즉, 경쟁자로부터 분리시킬 수 있는 포인트를 찾는 것이라고 생각하면 된다.

4) 제3전략기법: 4P 분석의 의미와 사례

흔히 마케팅 믹스 전략이라고 불리는 이른바 4P는 SWOT 환경 분석, STP 전략 등을 토대로 유기적 시너지를 내주는 구체적인 제품의 방법론을 세우는 전략이다. 목표 시장 내에 강력한 포지션을 구축하는 데 활용되는 전술적 도구인 셈이다. 4P란 제품(Product), 가격(Price), 유통(Place), 프로모션(Promotion)을 의미한다.

① 제품(서비스): 품목의 다양성, 품질, 디자인, 브랜드명, 패키지디자인 등 결정
② 가격: 최초 판매 가격, 가격 할인정책 등 결정
③ 채널(유통): 판매경로 결정, 제품 구색, 재고 관리, 배송수단의 결정
④ 프로모션: 광고, 인적판매, 판촉 수단의 결정

이러한 4P에 대해서는 시장을 구매자의 관점이 아니라 판매자의 관점에서 본다는 비판적인 주장도 있지만 기업의 입장에서 소비자에게 어떤 제품을, 어떤 가격전략으로, 어떤 유통경로로 어떤 프로모션을 통해 전달할 것인가를 고민해보는 것은 중요한 일이다.

먼저 단순히 어느 아이템을 판매할 것이라는 수준이 아닌 보다 구체적으로 판매할 제품에 대한 경쟁력을 만들어야 한다. 소비자에게 어필할 수 있는 제품을 기획하는 일은 마케팅전략의 첫 시발단계이므로 품목을 얼마나 다양하게 정할 것인지, 제품의 이름은 무엇으로 할 것인지, 포장은 어떻게 차별화시킬 것인지 등을 전략적으로 결정해야 한다. 또한 인터넷에서는 가격우위가 매우 중요하므로 가격부분에 어떤 전략을 가져갈 것인지를 고민하는 것이 중요하다. 경쟁사와의 비교를 통해서 소비자의 심리적 가격을 고려한 전략을 세워야 한다.

제품을 어느 채널로 판매를 시작할 것인지에 대한 전략도 세워야 한다. 많은 쇼핑몰들이 자사의 몰도 운영하면서 오픈마켓 같은 입점 방식도 선호하고 있다. 인터넷 쇼핑몰은 중간 단계 없이 소비자를 바로 만날 수 있기 때문에 기존의 유통방식하고

는 다른 비즈니스모델을 세울 수 있다. 가령, 해외 구매대행서비스 같은 것들도 인터넷에서 생긴 새로운 비즈니스의 형태이다.

프로모션에 있어서도 오프라인 홍보와 온라인 홍보를 병행할 수도 있고 온라인 홍보도 채널에 따라 가령 블로그, 카페, 미니홈피 활용 시 다른 전략을 세울 수 있으며 다양한 이벤트, 캠페인을 벌임으로써 초기에 고객에게 이미지를 알릴 수 있을 것이다. 이와 같은 4P 영역에 있어서 실행 계획을 미리 세워야 한다.

참고로 이 책의 모든 파트에서 쇼핑몰 창업아이템이라고 하면 쉽게 만질 수 있고 배송이 가능한 물리적 상품을 일컫는 것이지만, 사실 쇼핑몰 아이템이 반드시 물리적 상품이어야만 하는 것은 아니다. 비즈니스 모델에 따라 무형의 디지털 제품도 아이템이 될 수 있다. 영어번역대행서비스, 자동번역서비스 같은 서비스 영역도 아이템이 될 수 있다. 제품의 영역을 서비스영역까지도 확대해 생각해보고 아이템의 유형의 차이에 따라 기존 4P 전략을 더 세분화할 수 있다는 점을 알아두자.

[창업 컨설팅 이모저모] 여성의류몰 헤르츠블루의 SWOT 분석

헤르츠블루(http://www.hzblue.tv)는 '영화 속 주인공처럼'이란 타이틀로 여성의류를 단순히 제품을 판다는 느낌보다는 여성의 감성터치를 하고 있는 곳이다. 옷을 입은 모델이 영화 속의 주인공처럼 동영상화면 속에 아름답게 연출되어 보인다. 감성적 분위기 연출로 입소문이 나 단골고객이 많다. 그런데 특이한 것은 헤르츠블루의 운영자는 남자. 남자가 여성의류를 판다? 남성이라는 한계를 이겨내고 성공에 이르렀는데 위 쇼핑몰의 SWOT 분석을 간략히 가상으로 만들어본다.

- 1차 -
- 강점: 동영상촬영에 자신이 있다. 웹프로그래머 경력으로 웹기술 사용에 능숙하다.
- 약점: 남자이기 때문에 여성의류 소싱에 한계가 있다. 스타일코디 능력이 부족하다.
- 기회: 여성의류는 소호에게 기회가 많음. 뉴 트렌트가 성공할 수 있는 시장.
  영화 속 주인공처럼 보이도록 동영상으로 차별화를 꾀할 수 있다.
- 위협: 이미 포화상태라고 생각될 정도로 경쟁력 있는 여성의류몰이 너무 많다.

- 2차 -
- SO전략: 최대한 상품이미지를 멋진 동영상으로 제공한다.
- ST전략: 동영상제공뿐만 아니라 웹기술도 연출, 인터랙티브한 콘텐츠를 제공한다.
- WO전략: 계약직으로 스타일리스트를 고용한다. 여성의류 사입도 함께 한다.
- WT전략: 전문영역은 전문가에 맡겨 최대한 운영의 효율성을 키운다.

[창업 컨설팅 이모저모] 세분화의 전제 조건을 알아보자

세분화라는 단어는 창업자의 뇌리 속에 강하게 그려져야 하는 개념이다. 앞서 창업아이템을 기획할 때 시장의 세분화를 통한 타깃의 선정이 얼마나 중요한 포인트긴가를 설명했다. 다만 지나친 세분화를 했을 때의 병폐도 있다.

한 창업자의 일화이다. 과거 술안주닷컴이라는 사이트의 초기 오픈 때의 얘기이다. '술안주'라는 핵심 아이템 키워드를 찾아내고 창업자는 바로 창업에 도전을 했다. 술안주 키워드를 검색엔진에 입력을 해보니 해당 키워드에 광고하거나 노출되는 경쟁쇼핑몰이 한 군데도 없었기 때문이었다(현재는 많음^^;).

하지만 결과는 참패! 경쟁 몰이 없기 때문에 시장 성공을 예감하고 바로 창업을 했지만 6개월이 지나도록 매출이 없어 고전을 했다고 한다. 왜일까? 술안주 키워드를 주요 시장으로 파악하고 공략했지만 경쟁 몰이 없다는 것은 그만큼 수요도 적다는 것을 의미하는 것이었던 것이다.

업계에서는 단일 키워드 하나로 소비자를 만나는 길목을 구상하면 절대 실패라는 통설이 있다. 아무리 해당 키워드가 수요자가 많이 찾는 대표키워드라 해도 고객을 쇼핑몰로 모집하는 데 한계가 있고 큰 업체들과 경쟁해 경쟁력을 갖는 데 많은 애로가 있기 때문이다.

그런데 앞서의 경우, 술안주 키워드의 조회 수가 지나치게 미미 한 데다 단일 키워드 공략을 시장진입의 출구로 삼았기 때문에 운영초기에 어려움에 직면한 것이다. 물론 6개월 운영 후에는 다른 전략으로 잘 운영을 해오고 있는 곳이긴 하지만 말이다.

이렇듯 시장의 세분화를 지나치게 고민해 하다 보면 실제 시장이 적정 규모가 아닌데 창업을 하게 되어 투자대비 수익이 안 날 수가 있다. 그러므로 반드시 세분화를 고려할 땐 다음의 두 가지를 명심하자.

첫 번째, 측정이 가능한 시장인지를 확인(측정가능성)

두 번째, 그 시장의 규모가 적정한지를 점검(규모의 적정성)

[창업 컨설팅 이모저모] 아침에 과일쇼핑몰에 대한 4P 분석

아침에 과일쇼핑몰(http://www.achime.co.kr)은 도매처어서 직접 소매채널을 열어 도매로 들어오는 그날그날의 과일을 소비자에게 직배송하는 쇼핑몰이다. 과일의 신선도, 품질과 가격 등에서 우위전략을 설정하고 있는데 간단히 4P 분석을 가상으로 정리해본다.

① 제품: 유명 산지와의 과일공급계약으로 수급의 안정성과 전문성 확브. 맛, 당도가 높은 유명 농장주 계약. 매일매일 새로 도매에 입고되는 신선 과일을 바로바로 배송, 대형 수입상과의 관계를 돈독히 가져 제품의 퀄리티, 수량 확보(체리, 오렌지 등), 과일수급은 지방산지의 농협과 거래, 필요하다면 경매로 과일 수급함. 도매처에서 관리하고 있지 않은 소량 품목은 도매시장 내 타 거래처와 협력, 제철과일 위주로 상품구성을 하며 차별화를 위해 오프라인에서 쉽게, 싸게 먹기 힘든 과일을 집중 마케팅함.
② 가격: 도매시세를 반영, 최대한 소매가를 낮추어 시장 진입 시 가격경쟁력을 가지고 감, 도매처에서 직접 관리하는 이미지로 마트보다 저렴한 가격 경쟁력을 보여줌.
③ 유통: 개인몰로 오픈, 차후 오픈마켓입점과 대형 쇼핑몰 입점을 고려함.
④ 프로모션: 온라인 키워드 광고를 본격적으로 진행하며 생과일주스쥼이나 커피전문점 같은 작은 매장을 포함해 기업 내 담당자에게 과일선물세트 등을 홍보할 계획 수립함.

2. 내 아이템의
온라인 상권분석을
실시하라

이제 본격적으로 온라인상에서 창업아이템의 상권을 분석해보기로 하자. 창업하고자 하는 아이템을 구입해줄 소비자의 규모는 어떠한지, 실제 쇼핑몰의 방문자는 어느 정도 될지, 쇼핑몰 유지비용이나 마케팅비용은 얼마나 들지 등 가상의 상권분석 시뮬레이션을 돌려 보는 것이다.

1) 고객의 검색키워드로 점쳐보는 시장분석

소비자가 쇼핑몰을 방문하게 되는 경로는 어떻게 될까? 소비자 취향에 따라 다르겠지만 이미 즐겨 찾는 대형 쇼핑몰이 있거나 가격비교를 통해 가장 저렴한 쇼핑몰을 바로 찾아 방문하거나 하는 것이 일반적일 것이다. 그러나 아직도 대부분의 소비자들은 인터넷에서 원하는 상품을 찾기 위해 포털사이트에서 키워드 검색을 통해 서치를 한다. 바로 쇼핑몰은 쇼핑몰에 방문할 가능성 있는 소비자가 검색하는 키워드로 고객을 만나야 한다.

<u>팔고 있는 상품을 구매할 여력이 있는 소비자의 검색키워드!</u> 이것이 온라인상에서 시장분석을 하는 데 가장 핵심이 되는 개념이다. 쇼핑몰 창업자는 소비자의 검색키워드 중 자신의 상품과 매치가 되는 검색키워드를 골라내고 이를 적극적으로 분석해 온라인에서 소비자와의 접점이 되는 영역을 넓혀 나가야 한다.

막연히 소비자의 검색키워드를 생각하면 언뜻 생각이 잘 안 떠오를 것이다. 이미 포털에서는 소비자의 검색키워드를 한눈에 검색해볼 수 있도록 도와주는 기능들을 제공하므로 이를 적극 활용한다.

① 네이버 및 주요 포털 검색엔진의 '자동 검색어 완성' 기능 이용

+ 그림 1_ 자동 완성어 기능

② 네이버 및 주요 포털 검색엔진의 '추천 비즈니스키워드' 기능 이용

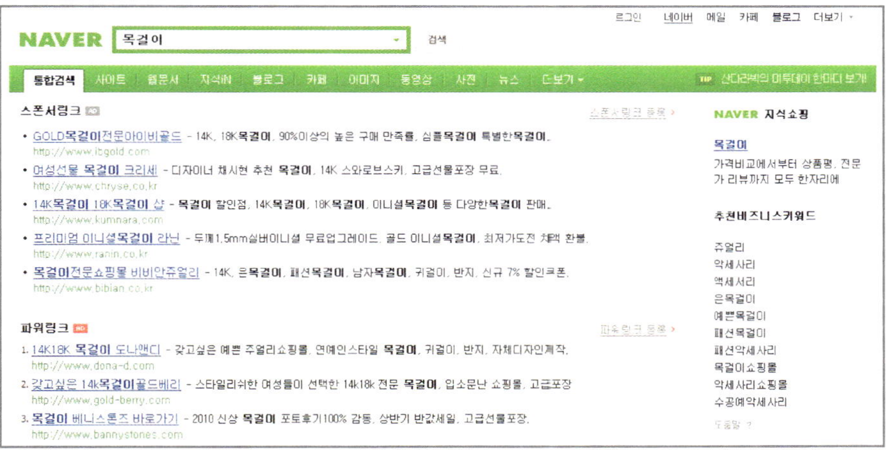

+ 그림 2_ 추천 비즈니스 키워드

③ 네이버 광고 섹션의 키워드 스테이션 http://searchad.naver.com

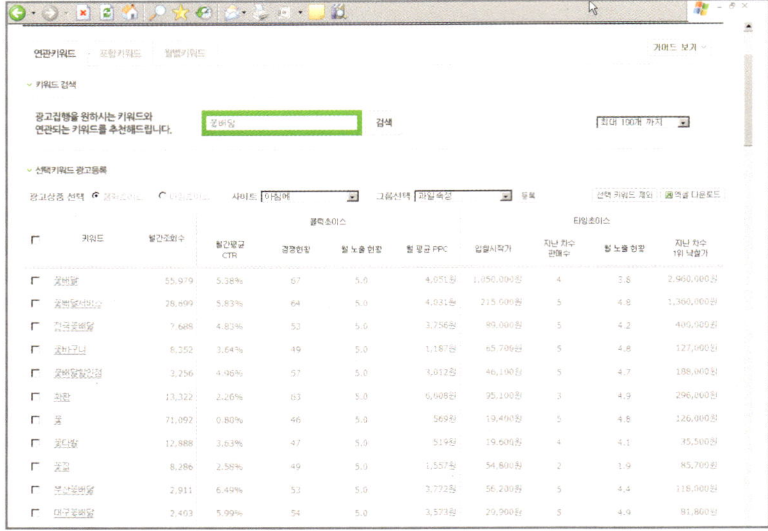

✚ **그림 3_** 네이버 키워드스테이션

④ 오버추어의 키워드 팩 서비스 http://www.myoverture.kr

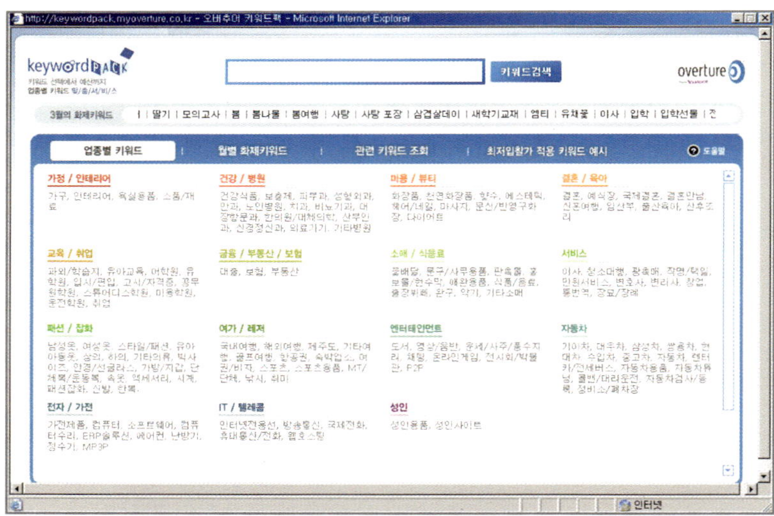

* 참고: 오버추어사는 외국계 키워드 광고회사로 국내에서는 여러 포털사와 제휴를 맺어 검색결과
의 최상단인 '스폰서 링크'라는 섹션의 검색광고를 진행.

✚ **그림 4_** 오버추어 키워드 팩

PART 04

포털들이 제공하는 검색키워드 서치툴들은 네이터나 오버추어 같은 대형 키워드 광고 회사들이 자사의 광고주들을 위해 소비자들이 주로 검색하는 단어들을 조회 수별로 상업용 키워드의 등급별로 정리를 해서 소비자를 공략할 수 있도록 도움을 주는 역할을 한다.

이런 기능들을 이용하면 키워드 입력 후 연관성 있게 소비자들이 그다음으로 입력한 단어들을 자동으로 알 수 있고 조회 수도 월별, 혹은 연별로 알 수 있어 각 키워드의 동향을 어느 정도 파악할 수 있다. 또한 소비자들이 즐겨 찾는 키워드의 성향을 파악할 수 있어 내 쇼핑몰 고객에게 맞는 키워드를 선별해 내는 데 도움을 받을 수 있다.

가령, 목걸이 쇼핑몰을 기획하고 있다고 하자. 검색 상단에 '목걸이'라고 입력하는 소비자를 일단 1차 고객으로 선별해볼 수 있을 것이고, 2차로는 목걸이라는 키워드를 확장해 진주목걸이, 금목걸이, 체인목걸이, 14k 목걸이 등 보다 구체적으로 찾고자 하는 목걸이의 종류를 어느 정도 규모로 소비자들이 검색하고 있는지를 한눈에 볼 수 있다. 자세한 데이터는 실제 검색을 해보면 알 수 있지만 그림에서 볼 수 있듯이 목걸이라는 단어가 들어가 있으면서 확장되어 소비자들이 많이 찾는 목걸이 연관 키워드들을 월별 조회 수별로 증감률도 알 수 있게 서비스 해주고 있다.

키워드	월간 조회 수	네이버 클릭초이스					
		월평균 CTR	경쟁 현황	월 노출 현황	월평균 PPC	월평균 클릭 수	월평균 예상 비용
목걸이	21,652	7.12	70	10	549	1513	830,637
14K 목걸이	12,363	12.65	39	10	746	1539.4	1,148,392
금목걸이	9,326	10.38	27	10	255	958.5	244,417
18K 목걸이	6,453	12.68	24	10	332	785.8	260,885
14K 귀걸이	11,553	15.19	38	10	475	1721.1	817,522
14K 반지	9,827	14.21	33	10	460	1377.7	633,742
여자 목걸이	3,595	9.24	49	10	499	320.6	159,979

* 참고: 클릭초이스는 네이버 검색결과의 상단 파워링크영역, CTR(Click Through Rate)은 클릭률 표시. PPC(Price Per Click)는 클릭당 광고비.

✚ **표 2_** 네이버 키워드 광고에서 '목걸이' 검색−2011년 12월 결과

2) 온라인 상권분석 6단계 프로세스

앞서 예를 든 '목걸이' 키워드 검색결과를 보면, 연관검색어가 수백 개 이상 나열이 되기 때문에 창업자는 '아, 소비자들이 이런 목걸이들을 주로 찾고 있구나'라는 것을 짐작할 수 있다. 그리고 키워드 옆에 적혀 있는 키워드 조회 수를 통해 어느 키워드가 더 자주 빈번하게 검색되는지를 가늠할 수 있다.

조금 더 관련성 있는 키워드들을 확장하여 가령 펜던트, 체인, 14k, 18k, 귀걸이, 액세서리 등 여러 키워드를 중심으로 시장 검색을 할 수 있다.

단순히 검색만 해보아도 온라인에서의 목걸이 상권에 대해 이해를 할 수 있다. 이 것만으로도 위의 다양한 툴들을 계속 서치해보는 것은 의미가 크다고 할 수 있다. 그 러나 이에 그치지 않고 한걸음 더 나아가 검색된 키워드의 상황을 놓고 보다 구체적 인 온라인 상권분석을 시행해봄으로써 전략을 도출해낼 수 있다.

다시금 목걸이라는 키워드의 시장 수요를 예상하고 나아가 쇼핑몰의 매출액까지 가상 시뮬레이션을 그려본다고 하자. 실제 앞의 표의 결과를 가지고 상권분석 프로 세스를 따라가 보자.

키워드	월간 조회 수	네이버 클릭초이스					
		월평균 CTR	경쟁 현황	월 노출 현황	월평균 PPC	월평균 클릭 수	월평균 예상 비용
목걸이	21,652	7.12	70	10	549	1,513	830,637

✚ **표 3_** 네이버 키워드 광고에서 '목걸이' 검색−2011년 12월 결과

위 표는 네이버 키워드 추천기능을 통해 네이버 파워링크에 키워드 광고를 집행 시 지불될 예상비용과 그 효과를 전월기준으로 보여주는 예시이다.

목걸이의 월간 조회 수(2011.12)는 21,652회이고 클릭초이스 영역에 광고를 하면 월평균 클릭률(CTR)이 7.12%가 평균적으로 나오며 월평균 클릭당 비용은 549원으

로 제시되고 있다.

이 데이터의 의미는 목걸이를 찾는 수요자에게 창업자의 쇼핑몰이 노출을 하기 위해 광고를 하게 될 경우, 검색결과로 통상 10개 쇼핑몰 안에 노출이 된다면 클릭당 549원 정도를 평균적으로 지불하며 총 21,652명의 수요자 중 약 7.12% 정도인 1,513명 정도가 방문을 한다는 예상치를 보여주고 있으며 1,513명이 방문하게 되는 경우, 한 달 평균 광고비는 약 83만 원 정도가 들어가게 되는 상권임을 아주 명쾌히 설명해 주고 있는 셈이다.

상권분석 프로세스
키워드→조회 수→예상 클릭률→예상 방문자 수→예상 구매율→매출액

목걸이 상권분석
목걸이→21,652회→7.12%→1,513명→예상 구매율→매출액

여기서 제대로 온라인 상권분석을 마무리 지으려면 예상 구매율을 알아야 한다. 그런데 구매율은 쇼핑몰을 오픈도 하지 않은 상태에서 알 수가 없다. 그래서 차선책으로 통상 일반 개인 쇼핑몰의 평균 구매율을 대입해본다. 물론 그 수치도 정확하지 않고 정확하게 낼 수도 없는 데이터이긴 하지만 편의상 평균적인 쇼핑몰의 구매율을 대입해 예상을 해보는 작업이다.

대부분의 쇼핑몰 솔루션 사에서 관리하고 있는 개인 쇼핑몰의 평균 구매율을 알아보면 대게 0.5%에서 1%가 채 되지 않는 것으로 알려져 있다. 물론 더 구매율이 높게 나오는 대박 쇼핑몰이 있기도 하고 반대로 500명의 고객이 하루에 방문을 해도 1건도 구매가 일어나지 않는 쪽박(?) 쇼핑몰이 있다.

대략 평균치가 1% 미만이라고 알려져 있다.

여기서도 창업한 목걸이몰의 예상구매율을 편의상 1%로 감안해 본다면 1,513명 방문에 약 1%인 15명 정도가 구매를 한다는 가정을 해볼 수 있다. 월 기준이다.

그리고 창업자의 목걸이의 평균 판매 단가가 5만 원이라고 계산한다면 매출액은 15×50,000원=75만 원이 나올 것이라고 생각해볼 수 있다. 그렇다면, 이러한 온라인 상권분석 프로세스에 의해 목걸이 상권은 투자대비 수익성면에서 어떠한 곳이라고 결론지을 수 있겠는가?

결론적으로 다시 가상 프로세스를 총 정리, 완성해보면 다음과 같다.

<u>목걸이 상권분석</u>

목걸이 상권→21,652명 유동인구→7.12% 평균 방문율→1,513명 방문자 예상→1% 구매율→객단가 5만 원 예상 시 75만 원 매출 예상(83만 원 광고비 지출)

창업자는 결론적으로 위에서의 대략 계산된 매출액 대비 광고비용을 가정할 때, 원가와 수익률 계산을 해보고 과연 목걸이 키워드로 네이버에서 클릭초이스 영역에 광고를 하는 것이 얼마나 적절한 것인가를 결정해야 한다. 광고비를 내는 것이 부담스럽다면 목걸이 상권에는 진입이 어려울 것으로 판단하고 다른 진입전략을 세워야 할 것이다.

단, 추가적으로 판매단가가 높을수록 구매율은 더욱 떨어질 수 있다는 것은 염두에 두자. 아무래도 고가의 물건은 소비자가 지갑을 여는 데 어려울 수 있다.

3) 온라인 상권분석의 2가지 중요 포인트

온라인 상권분석을 하면서 유념해야 할 2가지 포인트를 살펴보고자 한다.

① 실제 아이템의 상권을 분석하기 위해서는 더 많은 키워드가 필요하다

고객을 공략할 수 있다고 생각되는 구매력 있는 키워드는 많을수록 시장의 규모는 커지는 것이고 향후 확대할 수 있는 확장 가능성이 커지는 것이다. 수요를 만날 수 있는 길목이 되는 키워드를 한 개나 두 개 정도의 작은 규모로 줄여 놓으면 쇼핑몰을 오픈한다 해도 방문할 수 있는 고객의 수는 극히 미약해진다. 대부분의 키워드가 조회수 대비 클릭률이 10%를 넘지 않는 것으로 고려해놓 때 얼마나 방문자가 생길지 상상해볼 수 있다.

통상 월 매출액이 몇 천만 원에 이르는 쇼핑몰은 마케팅하는 키워드가 수백 개에 이르고 있고 심지어 개인 쇼핑몰 중에는 만 개 이상의 키워드를 마케팅하는 경우도 꽤 있다.

② 수익성 있는 상권을 찾기 위해 노력해야 한다

예상 매출액을 비교해보면서 키워드마다의 상권의 수익성을 반드시 체크해봐야 한다. 그리고 이 단계에서 분석된 키워드는 아직 아이템의 기획단계이긴 하지만 실제 창업 후 마케팅하는 단계에서 함께 쓰일 키워드들이 된다. 키워드의 비용대비 효과를 분석하면서 우수한 키워드와 우수하지 않은 키워드를 골라낸다.

이들 키워드 중에서 어떤 키워드가 실제 광고비용이 적지 들어가면서 클릭이 높고 구매율 또한 높을 것인지를 고민하는 과정이다. 이 과정에 대해서는 다음 장에서 좀 더 자세히 다루도록 하고 이번 장에서는 위와 같은 여러 기능으로 창업자의 아이템을 구입해줄 수 있는 소비자들의 구매 키워드들을 추려낼 수 있다는 것을 배운다.

그리고 분석이 나왔을 때, 저조한 예측이 나온다고 해서 바로 포기하는 것은 옳지 않다. 가상의 데이터를 바탕으로 미리 진입할 상권에 대한 1차 분석을 해보는 것이기 때문에 좀 더 나은 창업 환경을 만들려면 어떤 전략을 세워야 할지를 고민해보는 것이 필요하다.

가령, 고객을 만날 수 있는 다른 키워드를 찾아보고 지출되는 비용대비 효과가 우수한 키워드 상권을 찾아야 한다. 또한 클릭률을 높이기 위해 더 상위 광고를 기획하거나 같은 자리라 해도 눈에 띄는 광고 문구를 넣어 소비자의 시선을 유도하는 등의 전략을 세울 수 있다.

나아가 실제 쇼핑몰에 소비자가 방문했을 때 예상 구매율을 1%가 아닌 2%를 만들기 위해 상품의 구성력이나 상품 가격, 이벤트, 고객 서비스 등 다양한 운영 전략을 세우는 등의 철저한 준비를 기획해야 한다. 그렇기 때문에 보다 세분화된 시장에서 타깃 고객을 명확히 하며 그들을 위한 차별화된 쇼핑몰 컨셉을 기획하는 것이 매우 중요한 것이다.

3. 적군의 동태를 파악한 후 작전을 세워라

이제부터는 경쟁 몰을 분석해봐야 한다. 앞서서의 온라인 상권분석은 쇼핑몰이 위치한 상권의 경쟁 몰에 의해 얼마든지 변화할 수 있는 것이다. 경쟁 몰을 어떤 방식으로 찾고 어떻게 분석을 해내느냐에 따라 시장진입의 결과는 또 달라질 것이다.

1) 온라인 경쟁 몰을 제대로 찾아라

먼저 해야 할 일은 제대로 된 경쟁 몰을 찾는 것으로 일반적으로 4가지 정도의 방법을 들 수 있다.

① 포털의 디렉터리(사이트) 영역 조사

포털사이트의 디렉터리(사이트) 검색을 활용해볼 수 있다. 쇼핑몰이 창업을 하게 되면 가장 먼저 하는 일이 국내 포털사이트의 디렉터리에 사이트 등록을 하는 것이다.

예를 들어 내 아이템이 속할 네이버 디렉터리를 찾아 경쟁 몰을 비교해볼 수 있다. 전체 몇 개의 쇼핑몰들이 등록되어 있으며 세분화된 카테고리 배열은 어떻게 되어 있는지 등을 살펴본다.

등록된 사이트들을 등록순, 인기도순 등으로 자체 재검색해볼 수 있어 경쟁 몰을 찾아볼 수 있다.

특히 인기도순으로는 반드시 재검색해 상위에 있는 쇼핑몰들을 살펴보는 것을 추천한다.

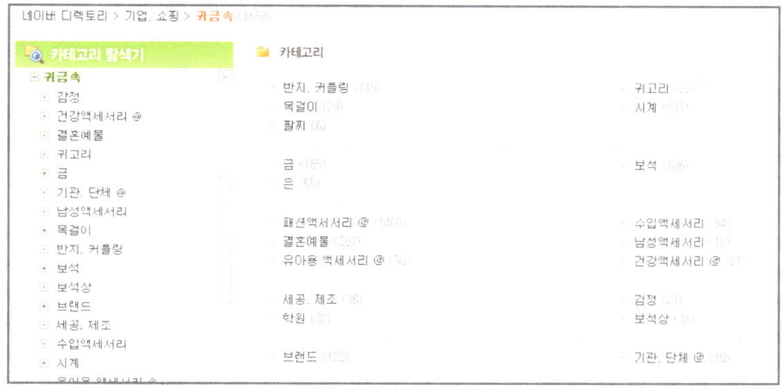

✛ **그림 5_** 네이버 디렉터리 http://dir.naver.com 내 '귀금속' 영역

✛ **그림 6_** 네이버 귀금속 카테고리 인기도순 검색

② 키워드별 온라인 광고 쇼핑몰 업체 조사

공략하고자 하는 키워드를 입력하고 검색결과 상단에 노출되는 쇼핑몰들을 경쟁 몰로 조사한다. 앞서의 디렉터리 검색 내 쇼핑몰들은 오픈은 되어 있으나 운영이 활발하지 않은 쇼핑몰도 다수 있다.

목걸이 쇼핑몰이라면 목걸이 키워드상에 광고를 하고 있는 업체가 일단은 오픈 후 맞바로 부딪쳐야 할 경쟁 몰이 된다. 키워드별로 검색을 해보고 리스트에 나와 있는 업체들을 하나도 빠짐없이 들어가 보고 비교해보자.

✚ 그림 7_ 목걸이 키워드 경쟁 몰

③ 쇼핑몰 순위 사이트 조사

랭키닷컴과 같은 쇼핑몰 카테고리별로 방문자 수를 기준으로 순위를 매겨 서비스 해주는 사이트를 통해 경쟁 몰을 조사할 수 있다. 인터넷에서는 특정 웹사이트를 대상으로 방문자 수나 페이지뷰 등 해당 사이트의 점유율을 자체 시스템에 의해 점수

✛ **그림 8_** 랭키닷컴 랭킹 존

화하고 이를 알리는 조사기관들이 여러 군데 있다.

그중 랭키닷컴(www.rankey.com)에 접속하면 중소형 쇼핑몰을 대상으로 카테고리별로 방문자 순위를 매겨 보여주는 서비스를 볼 수 있다. 랭킹 존 내 쇼핑 카테고리를 찾아 클릭하면 다시 세분화된 여러 쇼핑 카테고리별로 쇼핑몰 순위를 알 수 있다. 적어도 10위 안에 있는 사이트들을 모두 검색해보며 왜 이들 사이트가 랭킹 우위에 있는지를 비교 조사해보자.

✛ **그림 9_** 랭키닷컴 내 유아용품 카테고리 순위

참고로 랭키닷컴에서의 순위가 100% 현실을 반영한 결과라고 볼 수는 없다. 패널이 가진 한계가 있기 때문이다.

④ 오픈마켓의 파워딜러 조사

판매 시장에서 경쟁 몰을 동종의 아이템 쇼핑몰만을 대상으로 하면 안 된다. 온라인상에서의 경쟁 몰은 넓게 보면 오프라인상의 경쟁 몰들도 폭넓게 시장조사를 해야 한다.

다만, 이 장에서의 경쟁 몰은 온라인상에서라고 국한지어 볼 때 온라인상에서 개인 쇼핑몰 창업자들도 오픈마켓의 파워딜러들을 반드시 비교 분석해봐야 한다. 고객들이 상품을 선택할 때 같은 비교대상이 되기 때문이다. 어떤 소비자는 개인 쇼핑몰에서 패션 코디정보를 얻고 실제 구입은 오픈마켓에서 비슷한 옷이나 똑같은 옷을 찾아 구매를 한다고 한다.

오픈마켓 내의 베스트셀러 섹션이나 상품 카테고리로 들어가 가장 메인에 노출이 되고 있는 업체를 조사해보자.

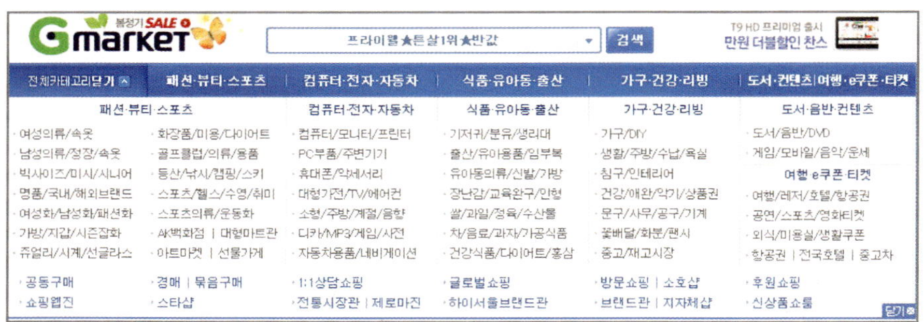

➕ 그림 10_ G마켓 내 상품 카테고리

2) 온라인 경쟁 몰을 제대로 분석하라

경쟁 몰을 어느 정도 찾아 리스트를 만들었다면 경쟁 몰에서 캐치해내어야 하는 요소들은 무엇일까를 생각해보자.

성공한 쇼핑몰 대표들을 만나보면 공통적으로 벤치마킹의 중요성을 역설한다. 실제 한 쇼핑몰 대표는 6개월 동안 꼼꼼히 경쟁업체들을 자세히 살펴보고 장단점을 기록하고 자신이 기획하고자 하는 쇼핑몰의 형태를 그려 나갔더니 어느새 공책 한 권이 넘더라는 얘기를 해준 적이 있다. 그리고 그 노력의 결과로 기획했던 차별화 아이디어를 실현시켰더니 대박이 났다고 했다.

경쟁 몰을 분석할 때 적어도 고민해야 할 요소들은 다음과 같다.

- 경쟁 몰의 아이템 컨셉 및 수(규모)
- 경쟁 몰의 아이템 강점(가격, 상품 사진, 스타일 등등)
- 경쟁 몰의 고객 서비스(게시판 운영 노하우, 답변 스타일 등등)
- 경쟁 몰의 쇼핑몰 레이아웃 분석(디자인 부분)
- 경쟁 몰의 단점(특히 이 부분에서 보완책이 구상되어야 함)

모방은 제2의 창조라는 말이 있듯이 인터넷은 모든 것이 개방되고 오픈되어 있기 때문에 쉽게 벤치마킹해볼 수 있다. 많이 본 사람만이 쇼핑몰을 잘 만들 수 있다.

PART 05

매출로 이어지는 키워드 서치 전략 비법을 찾아라

1. 소비자 유혹의 힘! 키워드를 이해하라

2. 가치 있는 키워드를 선택하라

3. 키워드 추출 과정 3단계를 파악하라

지금까지 온라인 쇼핑몰을 창업하기 전 준비단계로 온라인 상권분석의 중요함을 배웠고 온라인 상권을 분석하는 데 있어 소비자가 찾는 키워드가 매우 중요한 척도임을 알게 되었다.

이번 장에서는 소비자가 검색하는 키워드의 의미를 집중적으로 즈명하고 다양한 기준에 의해 검색키워드를 분류할 수 있음을 이해해보고자 한다. 소비자의 니즈를 담고 있는 키워드 중에서 가장 가치 있는 키워드는 어떻게 선정을 할 수 있는지 그 방법을 배워보고 스스로 키워드 전략을 세워보자.

1. 소비자 유혹의 힘! 키워드를 이해하라

인터넷에서 고객을 만나기 위해서는 필수적으로 검색키워드에 대해 알아야 하고 쇼핑몰 운영에 있어 결정적인 도움을 주는 가치 있는 키워드란 어떤 것인지를 이해해야 한다.

1) 키워드(Keyword)는 소중한 마케팅 데이터

사업의 성공을 위해서는 첫째도 고객, 둘째도 고객, 셋째도 고객을 알아야 한다. 고객을 바로 아는 회사만이 살아남을 수 있기 때문인데 온라인상에서의 고객의 마음은 바로 키워드에 담겨져 있다. 수많은 쇼핑몰 운영자들이 키워드에 울고 웃고 있다. 제대로 된 키워드 마케팅을 통해 대박을 내는 운영자가 있는가 하면 잘못된 키워드를 가지고 공략해서 실패하는 창업자가 부지기수다.

한 포털사의 얘기에 따르면 한 해 동안 소비자가 입력하는 키워드를 수집해봤더니 무려 3억만 개에 이른다고 하고 그 수많은 단어를 가지고 마케팅을 하는 회사 중 가장 많은 키워드를 등록해 운영하는 회사는 6만 개 내외의 키워드를 사용하고 있다고 한다.

아직은 마케팅을 하는 키워드의 수가 미진한 것이고 더 개발되어야 할 시장이 무궁무진하다고 볼 수 있다. 그만큼 키워드의 세계는 너무나 다양하고 깊고 시장의 변화가 빠르면 빠를수록 계속 성장할 수밖에 없다.

고객이 검색창에 입력하는 키워드는 소비자의 Needs(1차적 욕구)와 Wants(2차적 욕구)가 담겨 있는 소중한 마케팅 데이터이다. 소비자의 뇌리 속에 연상되는 단어이기 때문이다. 그래서 쇼핑몰 창업자는 키워드의 속성을 제대로 파악할 줄 알아야 한다. 소비자가 검색한 키워드가 무엇을 찾고자 하는 것인지를 분명히 알 수 있어야 효과를 볼 수 있다.

문제는 수많은 키워드 중에 가치 있는 키워드를 찾아야 한다는 것이다. 가치 있는 키워드란 어떤 것일까? 바로 매출을 올려주는 키워드이다.

2) 키워드 분류기준 1: 제품의 범주

고객이 검색하는 키워드도 일정 기준에 의해 분류가 될 수 있다. 첫 번째로 제품의 범주에 따른 구분으로 Header-General-Brand-Specific로 구분해볼 수 있다. 어떤 시장에서든지 해당 아이템이 속하는 가장 큰 범주와 더 세분화된 범주의 제품 키워드가 있을 수 있다. 이를 순서도로 구성한 것이다.

범주	Header	General	Brand	Specific
의미	제품의 큰 범주, 제품의 전체를 다룸	제품의 작은 범주, 제품의 일부를 다룸	제품 증 브랜드 여부로 범주를 느눔	개별적인 제품의 유형을 다룸
예시	핸드폰, 휴대폰	폴더형 휴대폰 스마트폰	애니콜 스카이, 갤럭시S, 아이폰	아이폰4G, 갤럭시LTE

➕ **표 1_** 키워드 분류 1: 제품의 범주

대표적으로 휴대폰 키워드 시장을 사례로 소비자가 검색하는 키워드를 구분해보면 Header는 휴대폰이나 핸드폰과 같은 키워드르 제품을 다루는 가장 포괄적인 범주이고 General은 폴더형 휴대폰 혹은 스마트폰 같은 키워드로 제품의 일부 범주를 다루는 경우가 해당된다고 볼 수 있다. 스카이, 애니콜, 갤럭시S 등의 제품의 Brand 키워드도 하나의 범주로 꼽힐 수 있으며 갤럭시LTE, 아이폰4G 등의 구체적인 (Specific) 제품 모델명 키워드도 하나의 범주에 해당될 수 있다.

3) 키워드 분류기준 2: 테마별 분류

또 다른 키워드의 분류는 일종의 테마별로 키워드를 구분해보는 개념이다. 개념도
는 아래 그림과 같다.

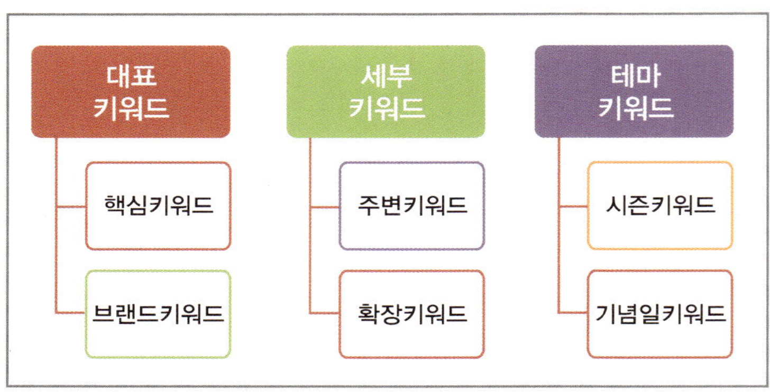

✚ **그림 1_** 키워드 분류 2: 테마별 분류

① 대표 키워드

제품을 구분하는 키워드 중 가장 비중 있는 키워드를 개념적으로 구분한 것이다.
이 대표키워드는 다시 핵심 키워드와 브랜드 키워드로 구분을 한다. 여성의류를 대
상으로 구분을 해본다면 핵심 키워드는 여성의류, 보세의류, 수입의류와 같은 큰 카
테고리에서의 키워드가 해당된다고 볼 수 있고 브랜드 키워드로는 마인, 빈폴, 미샤
등의 여성의류를 대표하는 브랜드를 생각해볼 수 있다. 물론 브랜드 키워드에는 유
명한 쇼핑몰 자체의 브랜드도 해당될 수 있다.

② 세부 키워드

대표성을 띤 키워드를 중심으로 소비자의 키워드를 확장해본 개념이다. 주변 키워
드는 대표 키워드의 좀 더 작은 범주에 해당하는 세부 키워드를 말하고 확장 키워드
는 제품만이 아닌 장소, 매장 등 좀 더 다른 측면으로도 확장된 영역의 키워드를 지칭
한다. 예를 들어 여성의류의 주변 키워드로는 여성 수입보세의류, 여성 보세의류 등

과 같이 조금 더 세분화된 키워드들을 생각해볼 수 있으며 확장 키워드로는 싼 여성 의류 파는 곳, 예쁜 보세의류 쇼핑몰 등과 같이 개념이 넓어진 키워드를 생각해볼 수 있다.

③ 테마 키워드

테마 키워드는 시즌 키워드와 기념일 키워드로 구분해본다. 특별한 시즌에 맞춰, 기념일에 맞춰 생길 수 있는 시장이 대상이 된다. 가령, 시즌키워드로 입학 선물, 어버이날 선물, 설빔 등 시즌에 맞춰서 만들어지는 키워드를, 기념일 키워드는 그야말로 결혼기념일, 프러포즈, 생일 선물 등의 기념일과 연관된 키워드로 볼 수 있다. 이 테마 키워드는 특정하게 의류와 연관이 되는 것은 아니지만 해당 시즌에 의류가 하나의 구입 아이템이 될 수 있기에 고려가 될 수 있는 시장이다.

대표 키워드	핵심 키워드	여성의류, 보세의류, 수입의류, 청바지, 티셔츠 등
	브랜드 키워드	시스템, 시슬리, 엘르, 빈폴, 나이키, 아디다스 등
세부 키워드	주변 키워드	여성 수입보세의류, 여성청바지, 리본블라우스 등
	확장 키워드	싼 여성의류 파는 곳, 예쁜 보세의류 쇼핑몰 등
테마 키워드	시즌 키워드	입학선물, 어버이날 선물, 설빔, 크리스마스 선물 등
	기념일 키워드	결혼기념일, 돌잔치, 생일선물, 프러포즈 등

표 2_ 키워드 분류 2: 테마별 분류–여성의류

4) 키워드 분류기준 3: 사용자 의도

사용자의 의도에 따라서도 키워드를 분류해볼 수 있다. 사용자 의도를 정보 탐색 의도와 구매 의도로 구분해서 쇼핑성 키워드, 다의성 키워드, 정보성 키워드로 구분

해본 개념이다.

① 쇼핑성 키워드

쇼핑성 키워드는 구매의도가 분명한 성향의 키워드로, 예를 들어 구두 쇼핑몰, 꽃 배달 추천, 할인 항공권과 같이 구매할 확률이 높은 키워드를 말한다. 구두 쇼핑몰을 찾는다는 것은 구두를 사고 싶은 니즈가 반영된 것으로 볼 수 있고, 꽃 배달 추천 같은 키워드도 꽃 배달 업체를 곧바로 이용하겠다는 의미이므로 직접적인 구매연관이 크다고 볼 수 있다.

② 다의성 키워드

다의성 키워드는 구매의도와 정보탐색의도가 함께 녹아 있는 경우이다. 예를 들어, 아토피, 보험, 인테리어 등의 키워드로 볼 수 있다. 아토피라고 입력하는 소비자는 아토피에 대한 정보를 찾기 위해서 검색을 하는 것일 수도 있고 아토피 관련 제품이나 파는 쇼핑몰을 찾기 위해 검색을 할 수도 있다.

보험의 경우도 바로 보험을 가입하고자 하는 경우와 단지 비교검색만 해보고자 하는 경우로 나눠볼 수 있다.

③ 정보성 키워드

정보성 키워드는 정보탐색의도가 짙은 성향의 키워드를 말한다. 예를 들면, 가격비교, 성형수술비용, 패션 트렌드와 같은 키워드를 들 수 있는데 구매를 하고자 하는 의도보다는 일단은 정보부터 찾고자 하는 경우이다.

쇼핑몰 운영자 입장에서 보면 직접적으로 매출과 연결이 되는 것은 당연히 쇼핑성 키워드일 것이므로 이러한 성향의 키워드를 집중 공략하는 것이 중요할 것이다. 그리고 다의성 키워드나 정보성 키워드는 카페, 블로그 등의 활동에서 적절히 정보와 연결되어 노출될 수 있도록 활동하는 전략도 함께 필요하다.

이렇게 키워드라는 하나의 영역도 여러 측면에서 세분화된 분류가 가능해진다. 키워드의 분류는 시간이 지날수록 더욱더 세분화될 여지가 있다. 고객이 입력하는 키워드 하나를 여러 성향과 접근 방식에 따라 다양하게 구분해볼 수 있음을 알고 나의 쇼핑몰에 가장 적합한 키워드를 선정하기 위한 전략을 찾아내는 것이 과제이다.

2. 가치 있는 키워드를 선택하라

키워드 선정에 있어 가장 중요한 것은 바로 가치 있는 키워드를 찾는 것이고 이는 구매와 직결되는 키워드라는 얘기를 했다. 그렇다면 대표 키워드와 세부 키워드 중에서 어떤 키워드가 더 구매와 직결이 되는 것일까?

1) 고객의 검색패턴을 이해하라

인터넷 조사기관인 코리안 클릭에서는 모든 상품의 카테고리에서 소비자가 일으키는 검색패턴을 조사한 바 있다. 소비자들은 상품을 구매할 때 반복적으로 검색을 하면서 처음엔 일반적인 검색어 즉, 대표 키워드로 검색을 하다가 검색의 마지막 단계에서는 가의 구체적인 검색어 유형인 세부 키워드로 검색을 마무리 짓는 경우가 많다고 결과를 발표했다(코리안 클릭, 2005).

다음의 자료는 각 카테고리별로 실제 조사된 표이다(키워드의 구분은 키워드 (Keyword)의 분류기준 중 ① 제품의 범주를 따르고 있다).

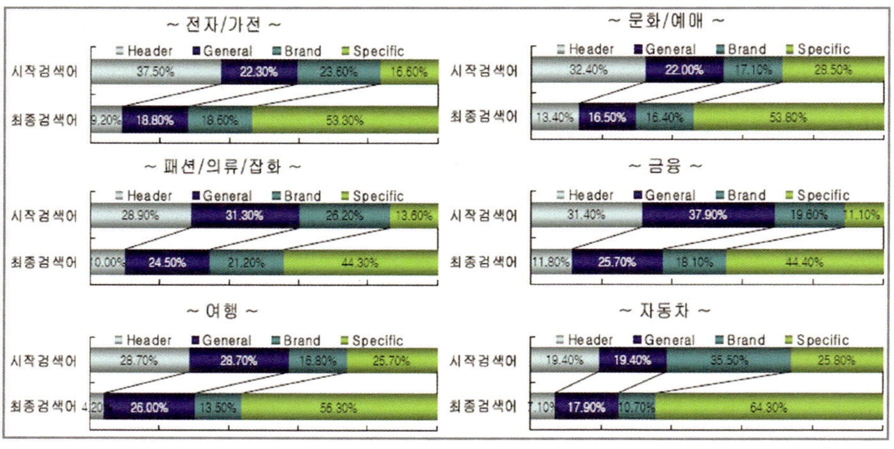

✚ **그림 2_** 키워드(Keyword)의 분류 1: 제품의 범주에 따른 소비자의 검색패턴

최종적인 단계에서의 검색키워드는 Header-General-Brand-Specific에서 Specific 에 해당하는 키워드이기 때문에 쇼핑몰 창업자들이 주 공략을 해야 할 키워드는 Header가 아닌 Specific에 해당하는 키워드라는 점을 말해주고 있다.

2) 가치 있는 키워드=구체적이고 세분화돈 키워드

소비자가 제품을 찾아가는 가상의 시뮬레이션을 통해 쇼핑몰 창업자에게 가치 있는 키워드란 어떤 것인지를 좀 더 설명을 해보자.

만약 한 여성 소비자가 요즘 유행하는 몸에 달라붙는 스키니진을 구입하려 한다고 하자. 일반적으로 이 여성은 먼저 검색창에 청바지라고 입력할 확률이 높다. 그럼 포털사이트에서는 청바지를 취급하고 있는 많은 쇼핑몰들이 화면에 검색이 될 것이다. 청바지라는 키워드에는 구체적으로 성별의 구분이 있지 않다. 찾고 있는 청바지가 여성 청바지인지, 남성 청바지인지, 리바이스 같은 브랜드가 있는 청바지를 찾는 것인지, 일반 보세 청바지를 찾는 것인지 정확하지 않다. 그래서 청바지라고 입력하고 보이는 검색결과에는 여러 다양한 청바지를 취급하는 쇼핑몰들이 다량 노출된다. 이런 검색결과를 보고는 여성 소비자는 쉽게 실망을 할 수 있다. 원하는 제품을 찾기가 어렵기 때문이다.

그래서 다시 한 번 구체적인 키워드로 재검색을 하게 된다. 가령, 여성 청바지로 말이다. 앞서의 결과보다는 보다 여성전문 청바지 쇼핑몰이나 관련 상품페이지들이 검색결과에 나타나서 원하는 제품을 찾을 확률은 높아진다. 그럼에도 불구하고 이 여성이 찾는 청바지는 스키니진이라는 몸에 피트되는 슬림한 스타일의 청바지이므로 뭔가 부족함을 깨닫고 이번엔 최종적으로 여성 스키니진이라고 검색어를 다시 입력할 수 있다. 그제야 여성 스키니진 전문 쇼핑몰들이 화면에 가득 나타나게 될 것이다. 이처럼 몇 번의 검색을 통해 최종 구체적인 키워드를 통해서 비로소 원하는 제품을 찾게 될 확률이 높다.

자, 쇼핑몰 운영자에게 가치 있는 키워드를 매출에 직접적인 연관성을 가지는 키워드라고 하면 구체적인 세분화된 키워드를 공략해야 한다는 결론을 얻게 된다.

[창업 컨설팅 이모저모] 키워드 운영 실패후기: 정확한 타깃과 명확한 니즈를 파악하라

본 저자의 실패했던 키워드 운영후기를 밝히고자 한다. 운영 실패 키워드는 주얼리 쇼핑몰을 할 당시 광고를 진행했던 '남자친구 생일선물'이라는 키워드이다. 위 키워드는 조회 수도 적지 않은 괜찮은 키워드였다. 그런데 왜 실패했을까?

주얼리 쇼핑몰을 하면서 주얼리 제품과 직접적인 니즈가 있는 키워드만 골라서 마케팅을 했었다. 가령, 14k 목걸이, 남자 목걸이, 여자 목걸이 등의 실제 제품과 관련성이 강한 키워드를 대상으로 마케팅을 했었는데 어느 정도 오랫동안 키워드를 운영하다 보니 뭔가 다른 측면에서 수요를 만들어야겠다는 생각이 들었고 결과적으로 찾아낸 키워드가 '남자친구 생일선물' 키워드였다. 운영했던 주얼리 쇼핑몰이 남성용 목걸이가 많았고 구매고객 중에는 남자친구 선물로 목걸이를 구입하는 여성고객이 많았기 때문이었다.

그러나 정작 한 달이 지난 후 구매전환율 데이터를 받아보고 깜짝 놀랄 수밖에 없었다. 분명 방문자 수에는 증가추이가 있었지만 직접적인 매출에는 전혀 해당 키워드의 기여가 없었기 때문이다.

왜 이런 결과가 나왔는지 생각을 해보았는데 짐작건대 하나의 이유는 '남자친구 생일선물' 키워드를 입력하는 고객들은 아직은 목걸이를 선물로 해야겠다는 결심을 하기 전 상태라는 점이었다. 무엇을 선물해줄까를 고민하는 단계의 고객들이어서 지갑 쇼핑몰, 화장품 쇼핑몰, 이벤트 쇼핑몰들이 함께 노출된 상태에서 최종 목걸이 쇼핑몰로 선물을 결정하기까지 시간이 걸리는 것이었다. 방문 후 바로 매출로 연결되는 접점이 약해진 이유라고 생각이 들었다.

또한 주얼리 쇼핑몰에서 판매하고 있는 남자 목걸이가 가격대가 너무 높은 것도 구매결정을 고민하게 했던 것 같다. 처음부터 목걸이를 구입하고자 한 고객이라면 알고 있기 때문에 결정을 할 수 있지만 막연하게 선물을 고르려고 하는 입장에서는 20만 원이 넘는 금목걸이를 구입하기가 쉽지 않았을 거란 생각이다.

결국 처음에 '남자친구 생일선물' 키워드를 생각하고 마케팅을 할 때에는 분명히 시장이 존재하고 효과가 있을 것이라고 운영자가 판단했지만 결과를 보니 방문자는 생겼고 추후 구매효과가 있을지는 모르나 당장 구매에는 전혀 도움이 안 되는 결과를 보인 것이다. 이러한 경험을 토대로 키워드 선정에 있어 운영자의 입장이 아닌 고객의 입장에서 키워드에 담긴 니즈를 제대로 읽는 것이 얼마나 중요한지를 깨닫게 되었다.

또 한 의류 쇼핑몰 대표는 사업의 목표는 동대문 보세의류 쇼핑몰 중 1위가 되는 것이라고 세우고 쇼핑몰 키워드 마케팅을 하면서 제일 먼저 '동대문' 키워드를 생각했다고 한다. 동대문 보세의류 시장에서 제일 큰 쇼핑몰이 되어야 한다는 생각에서 대표 키워드로 동대문을 떠올린 것이다. 그러나 결과는 참담했다. 동대문이라고 입력하는 고객들 입장에서 의류 쇼핑몰로 들어와서 방문하는 계기는 되었지만 의류 구입에 대한 구체적인 니즈가 있는 상태가 아니었기 때문에 구매로의 전환은 약했던 것이었다. 이도 키워드를 고객의 입장에서 니즈를 읽기에 실패한 사례이다.

한 꽃집 쇼핑몰 대표는 주력할 수 있는 대표 키워드인 '꽃 배달' 키워드가 지나치게 광고비가 비싸다 보니 다른 키워드를 고민했었다. 그 타개책으로 나온 키워드가 바로 '장미.' 꽃 배달 되는 꽃의 대부분이 장미였기 때문에 선택해서 키워드 마케팅을 하게 되었다. 그러나 이도 역시 참패. 막상 꽃 배달을 하려고 하는 고객입장에서 '장미' 키워드로의 연관성이 너무 약했던 것이었다. 통상 장미를 입력하는 사람들은 장미 이미지나 장미에 관련한 정보를 찾기 위한 니즈가 많아 꽃 배달 사이트 이용과는 거리가 있었던 것이었다. 이 사례도 고객과의 접점을 제대로 인지하지 못한 결정이었다.

3. 키워드 추출 과정 3단계를 파악하라

이제 중요한 것은 세부 키워드를 어떻게 추출해내느냐는 것이다. 세부 키워드는 기본 검색-확장 검색을 통해 마케팅할 수 있는 키워드 POOL을 구성하고 구성된 키워드 POOL에서 다시 개별 경쟁상황 및 광고비 수준을 살펴보면서 최종적으로 결정하는 과정을 거친다.

1) 1단계 기본 검색을 통한 키워드 POOL 구성

가장 먼저 키워드 POOL을 구성해야 한다. 키워드 POOL은 기본 검색과 확장 검색을 통해 나올 수 있다.

먼저 기본 검색에서는 쇼핑몰 내에 있는 카테고리명이나 실제 상품에 쓰인 상품명, 상품설명페이지에 적혀 있는 키워드들이 대상이 된다. 판매하고 있는 상품과 연결이 되는 트렌드에 관련된 기사 속 핵심 키워드나 지식IN 서비스에 있는 관련 질문들 혹은 카페 글들도 1차 키워드가 될 수 있으며, 경쟁사 사이트에 있는 카테고리 및 상품명 등의 문구 속 키워드도 대상이 될 수 있다.

이 단계에서 키워드를 추출하기 위해 살펴볼 포인트는 대략 다음과 같다.

- 내 쇼핑몰에는 어떤 키워드가 있는가?
- 경쟁사는 어떤 키워드로 광고하고 있는가?
- 어떤 상품이 인기를 끌고 있는가?(트렌드)
- 내 상품(서비스)과 관련된 이달의 이슈는 무엇이 있는가?

2) 2단계 확장 검색을 통한 키워드 POOL 구성

다음으로 기본 검색에서의 키워드를 확장을 해서 키워드 POOL을 만들어야 한다.
확장 검색에서는 크게 5가지 파트를 살펴본다.

- 연관 검색어: 사용자가 첫 키워드를 입력한 다음 이어서 입력할 수 있는 키워드
  들이다. 이는 대체로 검색엔진에서 연관 키워드라는 항목으로 보여주는 기능이
  기도 하다.
- 시즌 검색어: 시즌별로, 기간별로 달라질 수 있는 부분의 키워드이다. 시즌과 기
  념일에 해당되는 테마 키워드 영역이 해당된다.
- 지역별 검색어: 특정 지역과 관계된 키워드이다. 가령, 꽃 배달 키워드라면 이를
  지역적으로 확장시키면 인천 꽃 배달, 강남 꽃 배달 같은 키워드가 해당된다.
- 부가 검색어: 수식어가 앞뒤로 접두어나 접미어 형태로 붙는 키워드를 말하는데
  키워드의 분류 중 주변 키워드나 확장 키워드 영역으로 설명될 수 있다. 가령,
  예쁜 가방, 싼 노트북, 여자 목걸이 등으로 볼 수 있다.
- 오타 검색어: 대표적인 오타 마케팅을 일컫는다.

확장 검색에서 키워드를 추출하기 위해 살펴볼 포인트는 대략 다음과 같다.

- 내 쇼핑몰에 확장된 수식어는 무엇이 있는가?
- 내 쇼핑몰 아이템과 연관된 브랜드는 무엇인가?
- 내 쇼핑몰 아이템을 종류와 용도별로, 확장할 수 있는가?
- 시즌성 있는 키워드는 무엇인가?
- 지역과 연결된 키워드는 무엇이 있는가?
- 오타는 무엇이 있는가?

3) 3단계 최종 마케팅대상 키워드 선택

이제 키워드 POOL 안에서 각 키워드별로 조회 수를 찾고 광고비용을 살펴보며 경쟁 상황에 따른 전반적인 키워드의 상황을 분석, 최종 마케팅대상 키워드를 결정한다.

아무리 좋은 키워드라고 해도 너무 많은 경쟁자가 광고를 진행하고 있으면 과열된 양상을 보일 수가 있다. 클릭률과 구매율을 평균적으로 비교해봤을 때 키워드의 클릭당 광고비용이 500원을 넘는 것이 자신의 쇼핑몰 운영상황에 비추어 손해라고 생각한다면 이 기준에 맞지 않는 키워드는 선택대상에서 제외한다. 키워드를 입력하는 소비자의 마음을 읽어내고 세부키워드 쪽으로 선택을 하며 클릭당 광고비가 적절하다고 판단이 되는 수준을 정해서 접근을 해야 할 것이다.

> **[창업 컨설팅 이모저모] 오타 키워드도 마케팅하라**
>
> 발 빠른 쇼핑몰은 고객들이 입력할 수 있는 오타 키워드에도 신경을 쓰고 있다. 오타는 크게 외래어의 오기, 단순 오기, 한영 오류 등의 파트로 구분해볼 수 있다.
> 외래어의 오기 부분은 외래어를 입력하는 데 있어 나올 수 있는 표기의 차이이다. 가령, 초콜릿을 초콜릿이나 혹은 초콜렛으로 입력할 수 있다. 소비자에 따라 에어컨도 에어콘으로도 입력할 수 있는 것이다. 틀린 글자라기보다는 외래어를 읽고 표기하는 데에서 나올 수 있는 오류라 볼 수 있다. 자신이 취급하고 있는 아이템이 외래어로 표기되는 부분이 있다면 소비자마다 다르게 검색할 수 있음을 인지하고 대비를 하는 것이 필요하다. 본 저자의 경우, 주얼리 쇼핑몰 운영 당시에는 팬던트라는 키워드가 외래어로 고객들의 표기에 차이가 났다. 어떤 소비자는 팬던트로, 어떤 소비자는 펜던트로 검색했는데 찾는 소비자의 규모가 차이가 났고 이 두 키워드 모두를 마케팅해야 했다.
> 단순 오기부분은 컴퓨터 자판기로 키워드를 입력하다 보면 실수로 나올 수 있는 부분이다. 가령, 목걸이라고 입력하려고 했는데 목골이로 입력을 하게 되었다든지 하는 상황이다. 키워드 조회를 통해 틀린 글자 중에서도 소비자들이 자주 틀리는 것으로 나타나는 키워드가 있다면 아주 저렴한 광고비용으로 효과를 볼 수 있다.
> 한영 오류는 자판입력 시 한영타를 잘못 설정해둔 상태에서 키워드를 입력했을 때 나타나는 오류현상이다. 꽃이라고 입력해야 하는데 Rhc이라고 입력하는 경우이다. 이때도 물론 요즘 검색엔진은 바로 찾아서 자동 변환되기도 하니 참고하자.

PART 06

브랜드 창업을 고려한 도메인 전략을 세워라

이제부터는 본격적으로 인터넷 쇼핑몰 구축전략의 세부적인 부분에 대해 알아보도록 한다. 그 시작점으로 인터넷 쇼핑몰에서의 브랜드 작업, 도메인 설정에 대한 전략을 배운다. 도메인의 현황부터 도메인이 가지는 의미와 그 분류체계를 알아보고 궁극적으로 성공하는 도메인 전략을 키우기 위해서는 어떻게 해야 하는지를 고민해본다. 더불어 도메인 분쟁사례도 알아보고 이를 방지하는 수단인 상표권 등록에 대해서도 알아본다.

1. 도메인의 의미와 종류를 파악하라

쇼핑몰 창업을 하는 데 있어서는 쇼핑몰 브랜드가 되는 도메인의 등록은 반드시 해야 하는 단계이다. 아이템이 정해지고 나서 곧바로 도메인을 정하는 단계가 필요한 것은 그만큼 도메인을 정하기가 쉽지 않기 때문이다. 이미 잘 나가는 이름들은 선점이 되어 있는 경우가 많아서 나만 등록할 수 있고 내 쇼핑몰에 맞는 이름을 짓기가 어렵다. 간혹 어떤 창업자는 이름을 정하는 것이 뭐 그리 어려운 일인가라고 생각할 수 있지만 실제 창업을 준비하다 보면 성공을 부르는 이름을 짓는 것이 얼마나 조심스럽고 어려운 일인지를 알게 된다. 한 번 만들어진 브랜드가 이후 잘못된 브랜드로 생각이 되어 눈물을 흘리는 운영자도 많다. 이미 소비자에게 알려진 브랜드를 사업의 중간에 변경하기란 시간, 비용 모든 측면에서 많은 리스크가 있다.

그야말로 처음 회사의 이름을 지을 때 백년대계를 생각하듯 제대로 된 이름을 짓기 위해 고민해야 하는 것이다. 또한 소비자에게 궁극적으로 쇼핑몰 브랜드를 알려서 일반 검색으로, 광고 노출로 쇼핑몰에 방문하는 것이 아니라 즐겨찾기로, 단골 가게로 이름을 알아서 곧바로 바로가기 접속을 하게 만들어야 쇼핑몰이 성공할 수 있다.

쇼핑몰의 브랜드는 알기 쉬우면서 쇼핑몰의 정체성을 보여주는 키워드로 만들어져야 한다. 인터넷 쇼핑몰은 이러한 키워드가 영문자화 된 주소인 도메인 네임으로도 일관성 있게 구성되어야 한다. 도메인 네임을 등록하면서도 도메인에 대한 기초 지식 없이 그냥 등록하는 창업자가 많다. 반드시 필요한 내용은 아닐지 몰라도 인터넷 비즈니스 세계에 뛰어드는 이상 어느 정도 상식적인 선에서 도메인이란 정확히 어떤 의미를 가지고 있고 그 구성체계가 어떻게 이루어지는 것인지를 아는 것이 필요하다.

1) 도메인은 사람이 이해하기 쉬운 영문자로 표현한 웹주소

인터넷 네트워크에서 소비자가 어떤 정보를 찾기 위해서는 정보를 담고 있는 컴퓨터를 찾아야 한다. 네트워크 연결망 안에서 각각의 컴퓨터를 찾아가는 방식을 쉽게 하기 위해 만들어진 것이 도메인이다.

인터넷 네트워크에 연결된 컴퓨터들은 숫자로 된 고유의 주소를 가지고 있다. 4영역으로 이루어져 있고 이를 IP Address라고 칭한다. IP Address는 점(.)과 0~255까지의 숫자로 구성되어 있으며, 전 세계적으로 중복되지 않게 독자적인 숫자배열을 가지고 있어 다른 컴퓨터와 구분할 수 있게 해준다. 하지만 안타깝게도 이런 숫자로 정보를 가지고 있는 컴퓨터를 찾아간다는 것은 인간의 기억력으로는 불가능에 가깝다. 혹시 네이버 서버 컴퓨터의 IP Address를 아는가? 그래서 많은 이용자가 편하게 컴퓨터를 찾아 접속할 수 있게 만들어준 것이 지금의 영어로 구성된 도메인 네임인 것이다. 도메인 이름은 IP 주소처럼 전 세계적으로 중복되지 않도록 한 주소에 하나만 있다.

주소표현방식	숫자(IP Address)	영어(Domain Name)
예	255.21.66.5	achime.co.kr

✚ **표 1_** 컴퓨터 주소 형식

도메인을 지을 때는 일정한 원칙이 있다. a부터 z까지의 알파벳을 사용하며, 0에서 9까지의 숫자와 하이픈(-) 기호만 사용할 수 있다. 그리고 도메인이름의 길이는 최소 2자에서 최대 63자까지 가능하다. 쇼핑몰 도메인 중에는 숫자를 잘 활용한 예들이 있다. 대표적인 곳이 근육맨닷컴이라는 영양보충제 사이트로 헬스를 좋아하는 남성들이 필수적으로 먹는 영양보충제를 판매하면서 관련 브랜드로 kun6man.com이란 도메인을 가지고 있다. '육' 자를 숫자 6으로 쉽게 바꾸어 사람들의 기억에 쉽게 남도록 만들었다.

쇼핑몰 도메인 중에는 하이픈을 사용한 예가 있는데 대게는 쇼핑몰 브랜드에는 하이픈은 넣지 않는 것이 좋다고 알려져 있다. 하이픈은 브랜드가 분리가 되어 하나의 키워드로 연상되는 데 방해가 되기 때문에 비즈니스 브랜드로는 적합지 않다.

2) 도메인도 일정한 체계를 가지고 있다

도메인 네임 형식에도 일정한 규칙이 있다. 처음 시작하는 형식은 바로 WWW (world wide web의 약자)으로 인터넷 서비스를 의미한다. 다음으로 기관명이나 회사명을 입력하는 단계가 있다. 도메인을 등록하는 개인이 선택하는 고유 영역이다. 마지막 영역은 com이나 co.kr처럼 최상위 도메인이 표현되는 부분으로 이루어진다. 최상위 도메인은 일반적으로 국가 간 제약이 없이 전 세계적으로 공통 통용되는 국제 도메인과 2글자로 된 나라별 국가를 상징하는 도메인을 말한다.

- 도메인의 형식: WWW. 기관명(회사명). 최상위도메인(기관성격, 국가도메인)
- 실제 적용 예: "www.naver.com", "www.achime.co.kr"

인기 몰 도메인	기관 분류
.COM	영리를 목적으로 하는 기업/기관
.NET	네트워크를 관리하는 기관이나 현재는 비즈니스기업에도 널리 사용
.BIZ	비즈니스(business)에 관련된 영리 목적의 기업
.TV	방송 및 영상 제공서비스 기관

➕ **표 2_** 일반 쇼핑몰에서 많이 사용하는 최상위 도메인 리스트

2. 도메인을 결정할 때 브랜드를 반드시 함께 생각하라

좋은 도메인을 짓는다는 것은 어떤 의미일까? 좋은 도메인을 선점하는 것은 쇼핑몰 브랜드를 완성하는 것이기 때문에 도메인도 브랜드라는 의식을 가지고 접근해야 한다.

1) 좋은 도메인은 쉽게 인지될 수 있어야 한다

좋은 도메인은 좋은 브랜드이다. 브랜드는 기업이나 제품을 소비자들에게 인식시키는 데 탁월한 힘을 가지고 있다. 일반적으로 한 제품의 카테고리에서 소비자는 단 3개의 브랜드만 기억한다고 한다. 소비자에게 3등 안에 기억되지 못하면 성공가능성이 없어진다는 것이다. 소비자에게 쉽게 인지되는 브랜드와 도메인을 지을 수 있어야 한다는 것은 매우 중요한 기업의 경쟁력이다.

다만 인터넷에서는 쉬운 영어 키워드로 조합된 이름들이 이미 선점되어 있다. 그래서 짧게 도메인을 지으면 쉽게 인지될 수 있겠지만 실제 등록할 수 있는 여지가 거의 없어 영어의 조합이 어렵지 않다면 조금 길어도 괜찮은 적으로 생각한다. 가령, koreanpresent라는 쇼핑몰 브랜드가 있을 경우, 길이는 길게 느껴져도 한국인선물이라는 이름에서 단어조합이 쉽기 때문에 읽으면 바로 각인이 되어 괜찮다고 볼 수 있는 경우이다.

2) 브랜드와 도메인을 통일해서 만들어라

쇼핑몰 창업자들은 쇼핑몰의 브랜드를 만드는 데 많은 노력을 기울인다. 노력을 기울이는 것에 비해 만족스러운 이름이 지어지지 않아 애를 먹는 경우도 많다. 이름을 생각하는 것이 매우 어려운 일이지만 반드시 지켜야 할 수칙이 있다.

① 브랜드에 핵심 키워드를 대입하자

상품의 키워드를 브랜드화시키는 것으로 브랜드의 인지가 쉽고 무엇보다 검색엔진에 노출이 되었을 때 쇼핑몰이 쉽게 눈에 띄는 역할을 한다. 초기에 만들어진 쇼핑몰들이 대부분 해당된다. 리바이스샵, 카오디오몰, 칠판닷컴, 플라워샵과 같은 이름들이라고 볼 수 있다. 판매하고 있는 상품을 브랜드에 놓는 것이다.

이때 유의해야 할 점은 다수의 경쟁쇼핑몰과 차별화가 어려운 부분이 있다는 점이다. 예를 들어 과일을 판매하는 쇼핑몰이라고 해서 모두 과일이라는 키워드를 브랜드에 넣는다면 소비자의 뇌리 속에 혼란을 주기 쉬울 것이다. 가령, 과일나라, 과일천국, 과일랜드식으로 짓는다면 하나의 쇼핑몰일 때는 대표성을 부여, 기억이 쉽지만 여러 경쟁 사이트와 함께 있을 경우는 오히려 눈에 들어오지 않을 수 있다.

② 쇼핑몰의 컨셉을 브랜드화하자

상품의 키워드가 쇼핑몰의 차별화된 이미지를 전달하지 못한다면 쇼핑몰의 이미지를 표현하는 키워드를 선택해 브랜드화해 보자. 대체로 패션분야의 의류몰들이 해당된다. 가령, 펀펀걸, 핑키걸, 스타일난다 같은 의류몰의 브랜드를 보면 걸이라는 타깃에 소구하거나 스타일이나 색, 즐거움 등 다양한 컨셉을 이름으로 소화하고 있음을 알 수 있다.

이 경우에도 유의할 점이 있는데 쇼핑몰의 컨셉나 이미지가 뚜렷하게 구분되거나 이미지가 강한 쇼핑몰이 아닌 경우, 매치되지 않는 브랜드가 될 확률이 있고 특별하지 않음으로 해서 기억에 남지 않을 수 있다.

③ 한글=영어를 같게 해야 한다

통상 한글로 된 상호와 브랜드는 한글로 표현을 하게 된다. 그러나 도메인은 영어이다. 즉 한글로 된 이름을 영어로 된 도메인과 함께 어울려 사용을 해야 하기 때문에

서로 다르게 표시가 되면 소비자에게 혼란을 주게 된다. 대게 소호 쇼핑몰의 경우, 상호는 ○○코리아면서 브랜드는 ○○닷컴 식의 이름으로 전혀 다른 곳들이 자주 눈에 띈다. 어떤 쇼핑몰은 브랜드가 '스위티패션몰'이면서 도메인은 *fashionnsweet.com*일 수 있다. 그러나 이 경우, 두 가지 이름을 사용하고 있는 것으로 느껴져 소비자들도 혼동을 받게 된다. 비단 소비자뿐만 아니라 공급처나 거래처들에도 혼란을 준다.

"회사명(한글)=쇼핑몰 브랜드(한글)=도메인 네임(영어)"

유명한 대형 사이트나 쇼핑몰은 회사의 상호, 브랜드, 도메인을 하나로 통일된 브랜드로 만들어 사용한다. 가령 네이버, 다음, 11번가 인터파크 등등 어느 곳이나 사이트 이름과 도메인은 통일되어 있다. 대형몰들이 이러한 전략을 사용하는 데는 그만한 이유가 있다. 바로 소비자에게 일관된 이미지를 전달하고자 하는 것이다.

그렇다면, 한글과 영어를 조화롭게 짓는 방법은 무엇일까? 한글이든 영어든 한쪽으로 결정해 만들면 된다. 예를 들어 인터파크의 경우, 인터파크라는 회사명이나 브랜드는 한글이 아닌 영어를 우리나라 말로 소리 나는 대로 읽어준 것이다. 즉 interpark라는 단어를 읽어준 것이다. 반대로 다음의 경우, daum은 순수한 영어 단어가 아니라 다음이라는 우리나라 말을 영어식으로 소리 나는 대로 적어준 것이다. 이처럼 한글이든, 영어든 어느 한쪽을 정해두고 소리 나는 대로 적어주면 한글과 영어 이름이 동일하게 되는 형태가 된다.

3. 내 가게의 인터넷 주소를 등록하라

도메인 등록방법은 대게 도메인 등록대행사를 통해 진행한다. 도메인 등록대행사는 네이버와 같은 검색엔진에서 '도메인'이나 '도메인 등록'과 같은 키워드로 검색을 하면 쉽게 볼 수 있다. 주의할 점은 여러 도메인회사가 리스트에 나오게 되는데 가격비교를 해보는 것이다.

1) 도메인 등록은 대행사를 비교해보고 결정한다

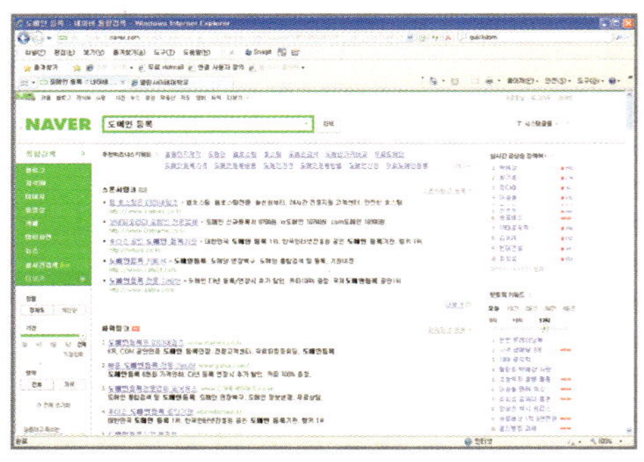

✚ 그림 1_ 도메인 대행사 검색 결과

도메인 등록비용이 대행사 간 경쟁체제로 바뀌면서 자율경쟁에 의해 도메인 가격이 조금씩 회사별로 차이가 나게 되었다. 어느 회사든지 도메인은 큰 기관에서 관리를 하기 때문에 도메인 등록자인 개인에게 피해가 가는 일은 거의 없다. 가격비교에서 저렴한 곳을 찾아 구입하면 된다.

도메인 등록을 도메인 등록전문 회사에서만 취급하고 있는 것은 아니다. 대게 쇼핑몰을 창업하기 위해서는 쇼핑몰 관리 프로그램을 사용해야 하는데 쇼핑몰 프로그램을 취급하는 회사도 도메인 등록 서비스를 부가적으로 연계해 제공하고 있다.

+ **그림 2_** 쇼핑몰 프로그램사의 도메인 등록서비스-메이크샵

+ **그림 3_** 쇼핑몰 프로그램사의 도메인 등록서비스-고도몰

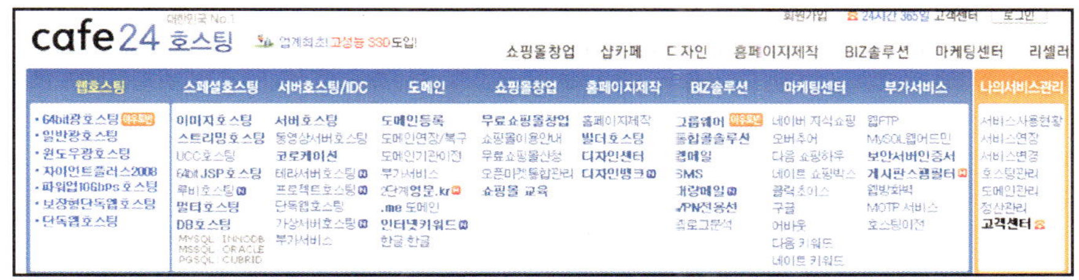

+ **그림 4_** 쇼핑몰 프로그램사의 도메인 등록서비스-카페24

도메인 등록은 도메인 등록대행사를 결정한 다음 도메인 등록대행사의 도메인검색기(whois)를 통해 미리 고안한 도메인 네임을 찾아보는 과정으로 이루어진다. 이때 검색한 도메인이 이미 타인에게 선점이 되어 있다면 접두어, 접미어, 숫자 등 다른 아이디어를 통해 가능한 도메인을 찾아야 한다. 당연히 쇼핑몰의 컨셉을 흐트러트리지 않는 네임이어야 한다.

또한 com과 co.kr이 함께 등록이 가능한 도메인이 좋다. 어느 하나를 다른 회사가 사용 중이라면 이미지 충돌로 인해 소비자에게 혼란을 줄 수가 있기 때문이다. 차후 상표권과 도메인과의 상관부분도 있어서 타사의 도메인에 최대한 영향을 미치지 않는 도메인이 바람직하다.

✚ **그림 5_** 도메인 검색 결과–WHOIS

2) 도메인 등록 시 주의해야 할 사항이 있다

도메인을 최종 등록하기 전 알아두어야 할 체크사항이 있다. 크게 4가지를 짚어보자.

- 도메인 등록은 환불이 안 되므로 최종 도메인인 경우 결제한다.
- 다년 등록의 할인율에 현혹되지 말고 1년만 등록하자.
- 도메인은 일정기간 연장하는 것임을 기억해두자.
- 도메인 등록대행사의 네임서버를 체크해둔다.
  쇼핑몰 호스팅업체가 도메인 등록대행사에 바꿔 놓아야 도메인과 쇼핑몰이 연결이 된다.

우선 도메인 등록은 환불이 안 된다. 구입하는 동시에 바로 등록절차에 들어가기 때문에 되돌릴 수가 없다. 쇼핑몰에서 물건을 사고 난 후 마음에 안 들면 바로 바꿀 수가 있지만 도메인 네임은 변경이 어려움으로 등록할 때 심사숙고를 해야 한다. 간혹 등록 후에 갑자기 좋은 도메인이 떠올라 곤혹을 치르는 일이 있는데 이를 미연에 방지하기 위해서는 최선을 다해 지어야 한다.

두 번째로 도메인은 1년마다 연장하는 것이 기본이다. 도메인 등록대행사들은 사용자의 편의를 위해 한 번 등록할 때 1년이 아닌 2년 혹은 3년간 등록을 해두기를 추천한다. 할인도 해준다. 하지만 쇼핑몰을 창업한 후 1년이 안 되어 폐업하는 경우도 있기 때문에 처음 등록할 때는 최소 구매단위는 1년만 등록한다.

세 번째로 도메인은 한 번 등록으로 영구히 소유하는 것이 아니라 지속적으로 연장해야 한다. 도메인 등록 시 사용자 기본정보로 되어 있는 핸드폰번호나 이메일로 연장 기간이 도래했음을 알려준다. 핸드폰 번호가 변경되면 바로바로 변경을 해야 한다.

마지막으로 도메인 등록단계는 쇼핑몰 창업 단계의 서두에 해당된다. 그러므로 도메인을 우선 등록할 때는 쇼핑몰이 만들어지기 전이기 때문에 임시로 도메인 등록회사의 네임서버(도메인을 관리하는 컴퓨터)로 연결이 되어 있게 된다. 도메인이 살아 있음을 표시한다고 생각하면 된다.

추후 쇼핑몰 구축이 완성되면 도메인 등록회사의 네임서버를 쇼핑몰 호스팅사의 네임서버로 변경을 해야 한다. 그래야 도메인을 웹브라우저 창에 입력했을 때 쇼핑몰로 연결이 된다. 이때 쇼핑몰 솔루션사에서 도메인네임을 등록했다면 네임서버를 변경하는 절차는 필요없게 된다.

✚ **그림 6_** 도메인 네임서버설정-gabia

[창업 컨설팅 이모저모] 도메인은 일반명사를 피하고 상표로서 지키자

본 저자는 도메인 네이밍과 관련해 에피소드들을 소개하면서 중요 포인트를 짚어보고자 한다.

먼저 골드버그 쇼핑몰을 창업할 때 회사명은 골드버그가 아니었다. 큰 회사로의 성장을 꿈꾸며 컴퍼니 이름을 짓게 되었고 나아가 도메인도 goldbug.com은 선점이 이미 되어 있어서 편이 주의적 발상으로 goldbugmall.com으로 짓게 되었다. 즉 회사명, 브랜드, 도메인이 모두 각각이어서 운영하는 기간 내내 힘이 들었다. 골드버그라는 이름으로 쇼핑몰을 검색했다가도 mall이 붙여진 도메인 네임 때문에 혼란을 겪는 소비자들이 있었기 때문이다. 그런 경험 뒤에 회사명과 브랜드와 도메인 네임이 같아야 한다는 것을 몸소 깨닫게 되었다.

또한 처음 도메인 등록을 할 때, com과 co.kr을 모두 등록했다가 1년이 지난 연장이 돌아올 때 co.kr를 포기했다. 검색엔진에 등록을 할 때나 홍보를 할 때 com 도메인만 사용을 해서 co.kr 도메인까지 굳이 사용할 필요는 없겠다는 생각이 들어서였다. 그러나 등록을 포기하고 나서 경쟁 몰에서 도메인을 가져가 당황한 기억이 있다. goldbugmall.co.kr을 입력하면 경쟁 몰로 접속이 되었다.

이때의 경험으로 com과 co.kr은 항상 함께 관리를 하는 것이 자신의 쇼핑몰 브랜드를 지키는 것임을 깨닫게 되었다.

'아침에'라는 과일 쇼핑몰 브랜드를 만들 때도 우여곡절이 있었다. 쇼핑몰 창업 후 검색엔진에 등록을 하는 데 문제가 생겼다. 검색엔진에서는 아침에라는 사이트명이 일반명사이기 때문에 브랜드로 인식을 할 수 없다는 답변을 주는 것이었다. 결국 등록을 하려면 상호에 '아침에'라는 명칭이 들어가야 인정을 해줄 수 있다는 답변이었다. 상호명을 변경함으로써 문제는 해결되었지만 일반명사의 조합으로는 하지 않는 것이 좋다고 말할 수 있다.

4. 상표권 등록으로 내 브랜드를 보호하라

쇼핑몰 브랜드를 지키려면 상표권을 알아야 한다. 브랜드를 지켜주는 법적인 수단이 상표법이기 때문이다.

1) 쇼핑몰의 브랜드, 상호, 도메인도 상표로서 인정을 받는다

상표법 제2조의 상표에 대한 정의를 보면 "상표라 함은 상품을 생산·가공·증명 또는 판매하는 것을 업으로 영위하는 자가 자기의 업무에 관련된 상품을 타인의 상품과 식별되도록 하기 위하여 사용하는 기호·문자·도형·입체적 형상 또는 이들을 결합한 것 또는 이들 각각에 색채를 결합한 것(이하 '표장'이라 한다)"으로 설명된다. 따라서 기호상표, 문자상표, 도형상표와 이들의 결합상표, 색채상표나 입체상표와 같이 시각적으로 인식될 수 있는 대부분은 상표로 인정한다. 그러므로 쇼핑몰의 브랜드, 상호, 도메인 등록 상표로서 인정을 받을 수 있다.

상표법은 법적인 효력을 가지기 때문에 사업을 하는 사업주 입장에서는 반드시 해야 하는 절차이기도 하다. 만일, 타인이 먼저 자사의 상표를 등록할 경우 향후 사업진행에 큰 장애가 되기 때문에 오랜 시간 지켜온 쇼핑몰의 브랜드를 다른 경쟁 몰이 쉽게 도용하거나 잘못 사용하게 되는 일이 없도록 자사의 브랜드를 지키는 수단으로서 상표법 등록을 한다.

법인의 명칭, 상호 또는 제품의 브랜드(상표)는 특허청에 상표등록을 해야만 국내 동종업자 어느 누구도 무단 사용할 수 없다. 이는 법인등기, 사업자등록과는 별도인 절차이다. 상호, 상표를 특허청에 상표등록을 하지 않은 채 사용하면, 상표권자나 3자에 의하여 민, 형사상 처벌을 받을 수도 있다.

2) 상표권 등록은 약 1년여 정도 걸린다

상표등록은 대게 변리사를 통해 대리등록을 하지만 온라인상으로 상표권 등록을 보다 쉽고 저렴한 가격에 대행해주는 대행사들이 많이 생겨서 쉬워졌다.

상표등록까지의 비용은 출원비용과 등록비용으로 나눌 수 있으며, 출원비용은 최초 신청 시, 등록비용은 약 1년 뒤에 특허청의 심사결과에 따라 납부한다. 보통 몇십만 원에 이르는 비용이 든다. 상표권 등록은 출원부터 최종 등록이 승인되는 데까지 약 1년에서 1년 6개월의 기간이 소요되며 상표의 등록유효기간은 등록완료 후 10년이다. 10년마다 갱신출원/등록과정을 거치면, 특별한 사유가 없는 한 영구적으로 권리를 연장시킬 수 있다.

도메인 네임은 인터넷 사이트의 주소이므로 상표와는 무관할 수도 있지만 만약 해당 사이트에서 상품의 판매나 서비스의 제공 등이 이루어진다면 도메인 네임도 상품, 서비스의 출처표시 기능을 하게 된다고 본다. 현재까지의 판례로 보면 일반적인 상표권 침해와 마찬가지로, 도메인 네임이 상표와 동일, 유사하고, 영업의 대상이 되는 상품이 상표권자의 상품과 동일, 유사하다면 상표권 침해라고 볼 수 있다고 해석된다. 따라서 도메인 네임도 독점배타적으로 안심하고 사용하기 위해서는 상표로 등록받는 것이 바람직하다.

[판례]

'CHANEL.CO.KR'으로 페로몬, 란제리 등을 판매하는 행위에 대하여, 저명상표 'CHANEL'의 상표권 침해와 부정경쟁행위라고 하고 나아가서 CHANEL.CO.KR의 도메인 등록을 말소시킨 사례가 있다.

[창업 컨설팅 이모저모] 도메인 분쟁, 미리미리 대비하라

인터넷 비즈니스를 하다 보면 도메인 네임의 분쟁에도 휘말릴 수 있다. 잘 나가는 쇼핑몰의 상호나 상표를 무단으로 도용, 사용하는 부도덕한 경우도 생기기 때문이다. 대게 상표권과 관련한 분쟁은 상표 및 서비스표의 침해, 부정경쟁행위, 상호권의 침해, 불공정거라 행위, 부당한 표시, 광고, 인격권 등의 침해, 일반 불법행위 등 다양한 형태로 발생되고 있다고 하는데 만일의 사태에 대비해 도메인 분쟁 해결방법을 알아둔다.

타인의 도메인 네임으로 인하여 자신의 상표 등에 대한 권리가 침해당하는 경우에 취할 수 있는 구제조치는 크게 2가지로 나눌 수 있다. ① 법원에 소송을 제기하는 방법, ② 법원이 아닌 별도의 분쟁처리기관에 분쟁처리를 신청하는 방법이다. 도메인분쟁조정위원호에 자문을 구한다.

- .kr도메인 분쟁−인터넷주소분쟁조정위원회 http://www.icrc.or.kr
- com/net/org 등에 관한 분쟁
  - 국제인터넷주소자원관리기구(ICANN)가 지정한 ADNDRC(Asiar Domain Name Dispute Resolution Center−http://www.adndrc.org)
  - WIPO(세계지적재산권기구)의 중재조정센터
  - 전미중재원(National Arbitration Forum), CPR Institute 등의 기관

자신에게 맞는
입지에 쇼핑몰을
구축하라

쇼핑몰을 구축하기 위해서 어떤 방법들이 있는지, 각 방법들은 어떤 특징을 갖고 있으며 선택을 할 때 고려해야 할 사항은 무엇인지를 알아본다. 크게는 개인몰 창업과 오픈마켓 입점 창업 이 두 가지가 일반적인 창업의 형태이나 개인몰 창업도 규모와 사업방식에 따라 독립형 창업이냐 임대형 창업이냐를 구분 지을 수 있으며 입점 또한 대형몰 입점과 오픈마켓 입점으로 구분해볼 수 있다. 각각의 방식에 대한 차이를 잘 알고 자신에게 맞는 창업형태를 선택할 수 있어야 한다. 이것은 쇼핑몰 창업을 어느 입지에서 선택하느냐의 관점으로 파악해볼 수 있다.

1. 쇼핑몰 구축 시 입지선정에는 4가지 방법이 있다

본격적으로 온라인 쇼핑몰을 구축해보기로 한다. 하지만 이 단계에서도 어느 곳에서, 어떻게 쇼핑몰을 만들 것인지의 선택이 필요하다. 쇼핑몰 구축도 입지를 선택해야 하는 것이다. 쇼핑몰을 시작하는 입지로는 크게 4가지 선택방법이 있다.

1) 대표적인 쇼핑몰 구축의 4가지 형태와 특징

창업방식	개인몰 창업	입점 창업
방식의 차이	개발형태	계약관계의 차이
	① 독립형	③ 대형몰 입점
	② 임대형 호스팅	④ 오픈마켓 입점

✚ **표 1_** 쇼핑몰 구축의 4가지 형태

위 표에서 알 수 있듯이 인터넷으로 쇼핑몰을 시작하는 입지는 크게는 4가지 방식으로 구분될 수 있다. 우선 자신이 직접 쇼핑몰을 구축, 관리, 운영하는 개인몰 방식의 창업을 선택하거나 이미 시장에 형성된 곳에 들어가 쇼핑몰을 운영하는 입점 방식으로 창업을 선택할 수 있다.

이들 방법은 약간의 방식의 차이로 다시 세분화가 된다. 즉 개인몰 창업은 개발형태의 차이로 서버구축부터 프로그램 개발까지를 모두 직접 책임지는 독립형 창업이 있고 프로그램 개발과 같은 기술적인 부분은 전문 회사에 위탁해 운영하는 임대형 호스팅 창업으로 나눠진다. 개인몰을 독자적으로 운영하는 방식은 좀 더 창의적으로 쇼핑몰을 개발하고 운영할 수 있어서 차별화를 만들어낼 수 있는 것이 장점이다. 자리만 잘 잡을 수 있다면 고유의 브랜드숍으로 성장할 수 있는 개연성이 크다. 다만 몰의 홍보와 마케팅을 독자적으로 해결해야 한다는 부분이 가장 어려운 부분으로 꼽힌다.

입점 창업은 계약관계의 차이에 따라 대형몰 입점과 오픈마켓 입점으로 나눠진다. 백화점몰과 같은 대형몰에 입점을 하려면 MD와 계약을 통해 입점 절차를 따라야 하는데 반해 G마켓, 11번가 같은 오픈마켓은 언제든지 자유롭게 입점해 상품을 팔 수 있다. 입점을 하게 되었을 경우, 가장 좋은 점은 이미 시스템이 완성되어 있는 시장에 들어가는 것이기 때문에 쉽게 창업이 가능하다는 점이다. 큰 시장에 참여하는 것이라서 초기 고객확보가 용이한 장점도 있다. 반면, 직접 구축을 하는 것이 아니기 때문에 운영 노하우가 부족할 수 있으며, 수수료를 지속적으로 내야 하는 등의 단점이 있다.

2) 가장 일반적인 창업형태는 임대형 개인몰 창업과 오픈마켓 입점

쇼핑몰 구축 4가지 방식이 가지는 차이와 특징에 대해서 좀 더 자세히 알아보고 자신이 가진 능력과 상황, 아이템에 대한 적합성을 두루 살펴보고 최종적으로 자신에게 맞는 쇼핑몰 창업방식을 선택한다.

① 직접 제작하는 독립형 쇼핑몰 창업

독립적으로 쇼핑몰을 구축하는 방식이다. 이는 독립 서버 구축, 쇼핑몰 프로그램 개발 등을 독자적으로 알아서 신규 개발을 한다. 전자상거래 초창기에는 사실은 이 방법밖에는 없었다. 웹프로그래밍 개발능력이 없는 개인은 쇼핑몰 창업을 하는 것이 매우 어려웠기 때문이다. 독립적으로 쇼핑몰을 구축하는 방법은 규모가 비교적 크고 독자적인 플랫폼과 서비스 개발이 필요한 경우에 이루어진다. 이는 개발 전문가 인력이 필요하며 개발 비용도 많이 들어가기 때문에 일반적인 소호창업에는 적합지 않다.

② 쇼핑몰 지원 서비스 업체를 통한 임대형 호스팅 창업

실제로 임대형 호스팅을 이용한 방법이 가장 일반적으로 소호가 개인 쇼핑몰을 창업할 때 많이 선택하는 방법이다. 그야말로 프로그램의 개발과 호스팅 이용을 서비스 업체에 빌려서 사용하는 방식이다.

보통 호스팅이라고 부르는 개념은 웹호스팅으로 해석할 수 있는데 이에 대한 정의는 이러하다.

"웹호스팅이란 컴퓨터 전문 업체로부터 자원의 일부를 임대받아 웹사이트를 구축하는 것을 말한다. 즉 인터넷상에서 정보를 제공하기 위해서는 웹사이트를 구축할 수 있을 만한 성능을 가진 컴퓨터와 통신회선과 소프트웨어를 갖추는 비용이 적지 않게 들어간다. 따라서 비용 때문에 독립적인 인터넷 서버를 운영하기 어려운 중소기업들에 인터넷 서비스 제공업체(ISP)를 통하여 웹 서버를 임대해줌으로써, 자체 도메인을 갖게 해주는 서비스를 말한다"이다.

일반적으로 쇼핑몰 프로그램을 이미 개발해서 일반 창업자들에게 쉽고 저렴하게 이용할 수 있도록 대여해주는 서비스라고 생각을 하면 된다. 임대형 호스팅 창업은 초기 쇼핑몰 구축비용이 저렴하고 개인몰의 브랜드 형성이 비교적 용이하다는 게 장점이며, 이에 반해 프로그램 관리를 직접 하는 것이 아니기 때문에 활용 기능의 제한이 있거나 데이터 관리 측면에서 한계가 있을 수 있다는 점이 단점이다.

③ 대형 종합쇼핑몰에 상품 입점하기(빅 유통 업체일 경우)

대형 쇼핑몰에 입점을 하는 방식도 있다. 이는 오프라인으로 생각하면 백화점에 매장을 내는 것과 같다. 고객의 층이 다르고 제품의 기대수준이 다르기 때문에 오픈마켓 입점의 경우, 비교적 저단가의 제품들이 많이 팔린다면 대형 쇼핑몰의 입점을 하면 중고가의 제품들이 많이 팔리게 된다. 판매자의 신뢰도와 제품의 품질을 우선시하는 고객들이 주 타깃층이다. 자신의 판매 아이템이 이들 대형 쇼핑몰의 고객층에게 어필할 수 있다고 판단이 선다면 대형 쇼핑몰에 입점하는 것도 고려대상이 될 수 있다.

다만 대형 쇼핑몰 입점은 사전심사를 거쳐 카테고리 담당 MD와 계약을 체결해야 한다. 규모가 작은 업체이거나 신규 업체는 계약이 잘 성사되지 않는다. 기존에 오프라인으로 유통이 어느 정도 되었던 상품이나 제조능력이 있는 회사가 들어갈 수 있는 방법이라고 보면 된다. 자세한 입점 문의는 대게 해당 쇼핑몰 사이트 하단에 〈입점신청 or 제휴안내〉 등의 서비스 메뉴가 안내되어 있기 때문에 이를 통해서 절차를 알면 된다.

참고로 대형 포털 입점몰의 대표주자인 디앤샵의 입점 안내 문구를 살펴보자.

✚ **그림 1_** 디앤샵의 입점 안내 화면

④ G마켓, 11번가와 같은 오픈마켓 입점하기

쇼핑몰 창업자가 가장 쉽게 쇼핑몰 창업을 시도하는 경우가 G마켓, 11번가와 같은 오픈마켓에 입점을 하는 경우이다. 이미 상품을 판매할 수 있는 제반 시스템이 모두 마련되어 있기 때문에 상품만 있다면 바로 판매를 시작할 수 있다.

가장 저렴한 창업비가 들어간다는 것이 최대 장점이고 더불어 옥션, G마켓, 11번가와 같은 오픈마켓은 하루 방문자가 몇백만에 이를 정도로 큰 대형 시장이기에 경쟁력 있는 상품만 있다면 빠른 시일에 매출을 일으킬 수 있는 장점이 있다.

오픈마켓 입점은 우선 가격경쟁력이 있는 딜러에게 적합하다. 수많은 딜러 경쟁자들과 한 시장에서 바로 비교가 되기 때문에 같은 상품이라도 가격경쟁력이 있어야 장기적으로 살아남을 수 있다. 또한 쇼핑몰 구축을 하기가 처음에 두려움이 있는 창업자에게 테스트 시장의 역할을 한다. 우선은 상품을 등록하고 물건을 팔아보면서 쇼핑몰 창업의 흐름을 이해하는 것이다. 그리고 판매하고자 하는 품목이 작을 때 용이하다. 단품밖에 없어도 전략과 경쟁력만 있다면 얼마든지 장사를 잘할 수 있는 게 오픈마켓이다. 단품까지는 아니어도 잘나가는 딜러들을 보면 판매 아이템의 수가 그리 많지 않다. 각 시즌별로 20개 내외의 아이템을 등록하고 판매하는 것이 평균적이다. 일반 쇼핑몰 구성으로 보면 판매 아이템의 수가 적은 편이다. 또한 오픈마켓은 딜러의 미니숍 기준으로 살펴볼 때 딜러들마다 미니숍의 구성이 똑같다(미니숍이란 개인딜러들이 오픈마켓 안에 개설하는 매장개념). 같은 구성에 상품만 다른 상품이 노출되는 것이기 때문에 통일성을 중시하기 때문에 개개 상점의 개성이 드러나는 데에는 한계가 있다.

쇼핑몰 구축	입점(오픈마켓)	임대형 호스팅(개인 쇼핑몰)
오픈 방법	• G마켓/옥션/11번가	• 임대형 솔루션: 메이크샵, 카페24, 후이즈몰, 고도몰 등 • 독립형 솔루션: 굿모닝샵, 킴스몰, 고도몰, 탤런트 등
특징	• 초기 쇼핑몰 구축에 두려움이 많은 경우: 테스트 시장 • 가격적인 경쟁력이 있는 경우: 제조 혹은 큰 유통사에 해당 • 단품이거나, 혹은 중고품 거래일 때 • 제품 품목이 적을 때에 용이	• 독자적인 브랜드로 몰을 가지고 싶은 경우 • 차별화된 쇼핑몰을 만들고 싶은 경우 • 가격이 비교적 높은 고가 제품의 경우

✚ **표 2_** 입점 VS 개인 쇼핑몰 추천 비교

3) 커뮤니티와 연계해 쇼핑몰을 구축하자

쇼핑몰 구축형태에서 빼놓을 수 없는 것이 커뮤니티와 몰을 연계해 운영하는 방식이다. 이때 커뮤니티는 홍보역할을 맡는다. 개인몰이나 오픈마켓입점이나 운영을 하다 보면 가장 어렵게 생각되는 부분이 쇼핑몰을 알리고 고객을 유입해내는 부분이다. 이를 어느 정도 해결해주는 방법이 몰을 커뮤니티와 연계하는 것이다.

커뮤니티와 연계된 쇼핑몰 구축운영방식은 다양한 형태로 진행된다. 다음과 같은 포털사이트 내에서 비즈카페라는 형식을 빌려 독자적인 상업용 카페를 구축해 직접 물건을 판매하고 거래를 할 수도 있으며 정보를 공유하는 일반 카페를 만들어 간접적으로 제품을 홍보하는 형식으로 연계할 수도 있다.

만약 커뮤니티 구축과 운영이 어렵다면 이미 기존에 만들어진 커뮤니티 중 맨파워가 있는 커뮤니티와 전략적 제휴를 통해 쇼핑몰 운영에 활용할 수 있다.

커뮤니티와 연계한 몰 구축은 큰 마케팅비용을 지불하지 않고 성공적인 운영을 할 수 있는 방법으로 쇼핑몰 구축 시 하나의 마케팅 보완수단으로써 떠오른 방법이다. 커뮤니티를 통해 형성된 신뢰가 바로 매출로 이어지기 때문에 구매 전환율이 높고 꾸준한 성장을 이어갈 수 있는 장점이 있다. 다만 커뮤니티를 성공시키기까지 부단한 콘텐츠 생산능력을 갖추어야 하고 회원 관리에 노하우가 필요하다.

전체적으로 지금까지 알아본 쇼핑몰 구축방법들 중에서 가장 자신에게 잘 맞는 방법을 선택하자.

참고로 쇼핑몰 창업을 오픈마켓으로 시작하거나 개인 쇼핑몰로 시작하거나 어느 정도 쇼핑몰이 운영되어 가면 대부분의 창업자들이 각각의 방식을 모두 활용하게 된다. 오히려 더 나아가 더 다양한 채널로 쇼핑몰을 관리한다. 그 이유는 각각의 방식이 가진 장단점을 보완하고 매출규모를 늘려야 하기 때문이다. 가령, 개인 쇼핑몰 입장에서는 개인의 홍보능력으로는 느린 매출성장을 할 수밖에 없는 한계가 있어 오픈마켓을 활용하게 되고 오픈마켓 입장에서는 수수료를 계속 지불하는 상황에서 단골고객을 확보할수록 개인 브랜드 몰에 대한 니즈가 강해질 수밖에 없기 때문에 결국 거의 대다수의 쇼핑몰들이 개인몰을 가지고 있으면서 오픈마켓에 입점도 하고 대형 쇼핑몰 입점도 동시에 고려하는 형태를 가진다.

[창업 컨설팅 이모저모] 마케팅 차원에서의 입점 방식: 네이버 지식쇼핑 입점하기

개인 쇼핑몰을 창업한 뒤 개인 쇼핑몰을 네이버 지식쇼핑에 입점시킬 수 있다. 이 또한 마케팅차원에서 입점을 하는 것이다.

네이버 지식쇼핑은 네이버 이용자들을 대상으로 하는 쇼핑을 위한 상품 검색 서비스로 네이버 상단에 소비자들이 상품키워드를 입력했을 때 검색결과 중 지식쇼핑 코너에 노출이 됨으로써 고객유입이 쇼핑몰로 이루어진다. 네이버 일평균 이용자가 1,600만 명에 달하고 지식쇼핑 일평균 이용자도 100만 명에 이르러 잘만 노출이 된다면 저렴한 비용에 효과를 본다고 한다. 인터넷 소비자의 경우, 가격비교를 우선시하기 때문에 가격비교에 강한 제품과 쇼핑몰일수록 효과가 더 크다고 한다.

네이버 지식쇼핑 http://shopping.naver.com/

네이버 지식쇼핑에는 여러 대형 종합몰도 입점해 있고 개인 소호몰도 입점을 하고 있다. 입점비용은 CPC Package와 CPS Package로 나누어진다. CPC Package는 상품클릭 시 단가에 따른 과금이 되는 방식이고, CPS Package는 매월 고정비와 판매에 대한 매출 수수료(수익쉐어)를 내는 방식이다. 자세한 비용표는 다음과 같다. 대게 클릭당 광고비용으로 봤을 때 저렴한 비용으로 가능한 것으로 알려져 있다(통상 CPC당 50원 미만).

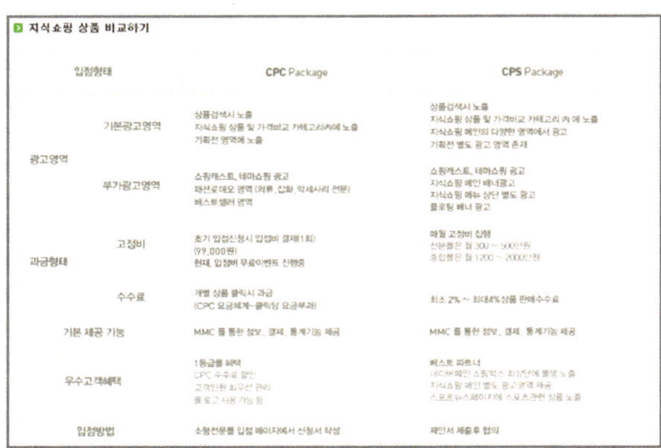

지식쇼핑 상품 비교하기

입점형태		CPC Package	CPS Package
광고영역	기본광고영역	상품검색시 노출 지식쇼핑 상품 및 가격비교 카테고리內에 노출 기획전 영역에 노출	상품검색시 노출 지식쇼핑 상품 및 가격비교 카테고리 內에 노출 지식쇼핑 메인의 다양한 영역에서 광고 기획전 별도 광고 영역 존재
	부가광고영역	쇼핑캐스트, 테마쇼핑 광고 패션로데오 영역 (의류, 잡화, 악세사리 전문) 베스트 셀러 영역	쇼핑캐스트, 테마쇼핑 광고 지식쇼핑 메인 배너광고 지식쇼핑 메뉴 상단 별도 광고 플로팅 배너 광고
과금형태	고정비	초기 입점신청시 입점비 결제 1회) (99,000원) 현재, 입점비 무료이벤트 진행중	매월 고정비 집행 선물몰은 월 300 ~ 500만원 종합몰은 월 1200 ~ 2000만원
	수수료	개별 상품 클릭시 과금 (CPC 요금체제-클릭당 요금부과)	최소 2% ~ 최대4%상품 판매수수료
기본 제공 기능		MMC 를 통한 정보, 결제, 통계기능 제공	MMC 를 통한 정보, 결제, 통계기능 제공
우수고객혜택		1등급몰 혜택 CPC 수수료 할인 고객인분 최우선 관리 몰 로고 사용 가능 등	베스트 파트너 네이버메인 스톡박스 최상단에 별도 노출 지식쇼핑 메인 별도 광고영역 제공 스포츠뉴스페이지에 스포츠관련 상품 노출
입점방법		소형전문몰 입점 페이지에서 신청서 작성	제안서 제출후 협의

지식쇼핑 비용체계

2. 온라인 사장님의 최종 목적지, 개인몰을 창업하라

개인 쇼핑몰 창업은 개발 방식의 차이에 따라 독립형과 임대형으로 구분된다고 설명했지만 실질적으로 대부분의 쇼핑몰 창업자는 임다 형 쇼핑몰 창업을 선호한다. 아무래도 개발과정이 더 쉽고 비용도 절감되기 때문이다. 어떤 형태로 쇼핑몰을 창업하던 간에 쇼핑몰 창업을 하기 위해선 먼저 쇼핑몰 곤리 프로그램이 있어야 한다. 쇼핑몰의 상품 관리, 재고 관리, 데이터 관리, 회원 관리 등이 모두 원활히 이루어지도록 돕는 프로그램이다. 이러한 쇼핑몰 관리 프로그램도 독립형과 임대형으로 나눠진다. 독립형 쇼핑몰 솔루션과 임대형 쇼핑몰 솔루션의 개념적 차이를 설명한다.

1) 솔루션의 차이는 프로그램 수정 가능여부에서 결정

임대형 솔루션은 쇼핑몰 관리 프로그램을 개발사로부터 빌려서 사용하는 개념이다. 대게의 쇼핑몰 관리 프로그램개발사는 쇼핑몰 관리 프로그램을 임대해주면서 호스팅까지도 함께 묶어 월 사용료를 받고 있다. 쉬운 비유로는 집 전세에 사는 것으로 보면 된다. 내 집, 내 것이 아니기 때문에 함부로 고치거나 데이터를 직접 관리할 수 없다. 즉 임대형 솔루션은 프로그램 관리 및 호스팅을 해당 회사에 위탁해서 운영을 하기 때문에 프로그램의 개발 소스가 지원되지 않아 수정을 할 수 없다. 잘 만들어진 솔루션을 골라서 잘 쓰면 되는 형태이다. 개인 소호몰의 경우, 거의 90% 정도의 창업자가 임대형 솔루션을 선택한다. 무료인 임대형 솔루션도 있다.

독립형 솔루션은 쉬운 비유로 자가 소유라고 할 수 있다. 직접 목돈을 주고 프로그램을 구입하는 개념이다. 대게는 50만 원 정도의 선이서 구입이 가능하다. 무료로 제공하는 회사도 있다.

구입을 한다는 것은 해당 프로그램의 관리를 직접 한다는 의미이다. 쇼핑몰에 자체적으로 필요한 기능이 있다면 프로그램 소스를 수정하면 된다. 고객의 데이터도 직접 관리할 수 있고 호스팅사를 직접 골라 저렴한 가격에 운용이 가능하다.

두 가지 모두 일단 기본적으로 제공되는 기능은 비슷하다. 가령 주문 관리, 회원 관리, 게시판 관리, 통계 등의 기능이 제공되기 때문이다. 본질적 차이는 프로그램 개발 소스를 공개하느냐 공개하지 않느냐의 여부로 결정된다.

임대형 솔루션을 사용하는 경우, 월 사용료에는 프로그램 관리비와 호스팅비용이 함께 구성되어 있다. 그러므로 독립형 솔루션을 사용해 호스팅 비용을 낼 때보다는 비용이 다소 높은 편이다(일반 소호규모의 호스팅비용은 대개 월 1만 원 미만 지불).

✚ **그림 2_** 임대형 솔루션과 독립형 솔루션을 함께 취급하는 회사-고도몰

예비창업자에게는 쇼핑몰 프로그램의 기능이 구체적으로 어떻게 되는지, 그리고 기능을 수정할 수 있다는 말이 어떤 의미인지가 잘 전달되지 않는 경우가 많다. 가령 임대형 쇼핑몰 솔루션이 가지고 있는 기능을 그대로 사용한다면 게시판 목록이 보이는 형태 및 각종 기능버튼이나 후기게시판에 후기글과 구입한 상품 리스트 이미지가 보이는 형태 등이 동일하게 구현되는 것이다.

만약 어떤 창업자가 게시판에 글의 중요성을 표시할 수 있게 별 5개를 적어놓고 글을 적을 때마다 선택해 작성하도록 한다면 이런 기능을 넣어야 할 것이다. 혹은 어떤 창업자는 게시판에 회원이 글을 쓸 때 해당 회원이 어떤 등급의 회원인지가 자동으로 보이게 하고 싶다면 이런 기능을 솔루션에 넣어야 할 것이다. 이렇게 제공되는 솔루션의 기능목록에서 필요로 하는 기능이 있을 때 추가적으로 프로그램을 수정한다. 이때 수정할 수 있는 솔루션이 독립형 솔루션이다.

임대형 솔루션	독립형 솔루션
• 메이크샵 http://www.makeshop.co.kr • 카페24 http://echosting.cafe24.com/ • 고도몰 http://www.godo.co.kr/ • 후이즈몰 http://www.whoismall.com/	• 굿모닝샵 http://www.webprogram.co.kr • 킴스몰 http://www.netple21.com • 고도몰 http://www.godo.co.kr • 탤런트 http://nt.co.kr 등

✚ **표 3_** 쇼핑몰 솔루션 제공업체

2) 쇼핑몰 솔루션의 선택은 확장성과 지원 서비스로 판단

임대형 솔루션과 독립형 솔루션 중 어떤 프로그램을 선택할지 결정했다면 여러 쇼핑몰 관리 프로그램 중에서도 좀 더 좋은 제품을 찾아야 한다. 좋은 프로그램을 선택하는 기준은 다음과 같다.

① 기능별 확장성 및 용이성 비교

② 각 회사별 가격비교

③ 각종 제휴지원 서비스 비교(교육지원, PG서비스, 홍보지원 등)

④ 솔루션 사용자의 평가

먼저 쇼핑몰 관리 프로그램 중 가장 많이 선택되고 있는 제품들의 리스트를 작성해보는 것이 중요하다. 그다음 각 솔루션회사 사이트에 접속을 하면 공통적으로 '솔루션 체험하기 버전'을 시험해볼 수 있다. 체험하기 버전을 통해 솔루션 기능을 꼼꼼히 살펴보고 선택의 기준에 따라 결정한다.

쇼핑몰 솔루션도 너무 많이 개발되어 있고 업체들마다 경쟁이 치열해 요즘은 대부분 평균 이상의 기능과 서비스를 제공하고 있다. 그럼에도 쇼핑몰 사업자들이 많이 창업하는 솔루션을 적어도 5개 내외로 선정, 각 회사별 솔루션 기능을 비교해봐야 한다. 쇼핑몰 솔루션의 각 메뉴별 기능들을 여러 창을 띄워놓고 비교해보면 미세한 차이를 발견할 수 있을 것이다. 어떤 코너에 어떤 기능들이 제공되고 있고 해당 기능을 디자인상으로 얼마나 보기 편하고 쉽게 배치해 놓았는지를 비교해보는 것이다.

그리고 각 회사들마다 제공하는 솔루션의 가격 차이가 발생하므로 이도 비교해보아야 한다(메이크샵은 월 55,000원, 카페24는 무료제공, 고도몰은 월 33,000원 선). 디자인 제공여부, PG사(카드결제대행사) 계약 시 비용여부, 교육지원 서비스, 타사와 제휴입점서비스 제공 등 다양한 부분별로 지원 서비스에 차이가 날 수 있으므로 꼼꼼히 따져서 골라야 한다.

또한 실제 운영 중인 운영자에게 인터뷰를 반드시 해보는 것이 좋다. 실사용자가 느끼는 평가가 매우 중요하다. 쇼핑몰 솔루션을 잘못 선택했다가 운영하면서 불편함을 호소하는 예가 적지 않다. 사용 중에 다른 솔루션으로 교체하는 것도 여간 어려운 일이 아니다. 사전에 미리미리 조사를 통해 결정하는 것이 중요하다.

✚ 그림 3_ 쇼핑몰 솔루션 체험하기-메이크샵

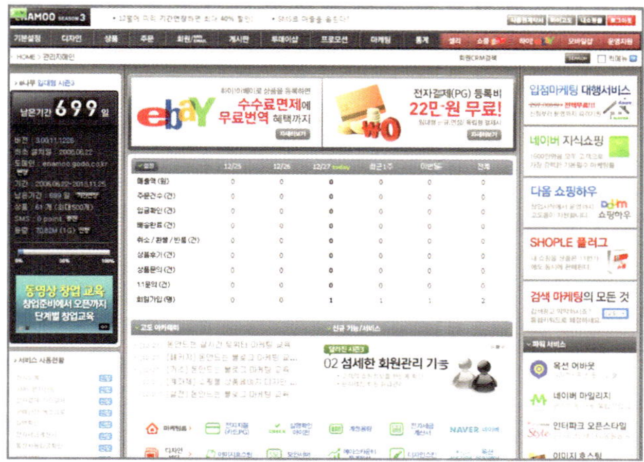

✚ **그림 4_** 쇼핑몰 솔루션 체험하기–고도몰

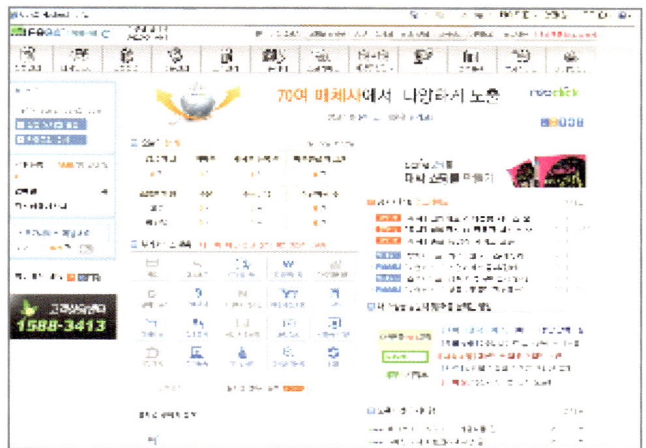

✚ **그림 5_** 쇼핑몰 솔루션 체험하기–카페24

[창업 컨설팅 이모저모] 쇼핑몰 솔루션 점수 산출 체크리스트

다음은 구체적으로 쇼핑몰 솔루션을 비교해볼 때 참고하면 좋을 체크리스트 항목을 정리해본 것이다.
이를 바탕으로 최종적으로 솔루션을 선택해보자.

Ⅰ. 쇼핑몰 솔루션 기본 정보
√ 제품명 및 버전 종류 :
√ 월 사용료 :
√ 서비스 시작일 :
√ 회사규모 및 인원 :
√ 운영되고 있는 몰의 수 :

Ⅱ. 토탈 평가 점수
√ 제품 가격
√ 시스템 안정성
√ 사용자의 인터페이스
√ 디자인 확장성
√ 고객지원 서비스
√ 타사와의 제휴 서비스

Ⅲ. 솔루션 기능 및 디자인 파트
기능별 패치작업은 주기적으로 이루어지는가?
디자인 소스가 공개되는가?
사용자 인터페이스는 쉬운가?
메인화면 디자인 항목들의 위치를 임의로 바꿀 수 있는가?
상품등록 및 상품 관리가 용이한가?
주문자 정보 관리가 용이한가?
회원 관리 프로그램은 용이한가?
사용자 페이지 추가 및 확장이 용이한가?
게시판의 생성 및 위치변동은 자유로운가?
관리자 도움말이 잘 만들어져 있는가?

Ⅳ. 고객지원 및 제휴 서비스 파트
24시간 안내 지원이 가능한가?
관리자전용 문의 게시판이 지원되는가?
주기적으로 창업지원 교육을 시행하는가?
사용자 간의 커뮤니티를 지원하는가?
디자인 제작 지원 서비스가 있는가?
세무파트 지원 서비스를 제공하는가?
택배사와의 제휴 서비스를 제공하는가?
가격비교 사이트와의 제휴를 지원하는가?
제휴마케팅 서비스와의 제휴를 지원하는가?
기타 제휴 서비스로 제공되는 것은 어떤 것들인가?

3. 온라인 장터의 선두주자, 오픈마켓 창업 비법을 파악하라

국내 전사상거래 규모에서 약 40% 정도의 거래 비중을 차지하고 있고 초기 창업자가 큰 부담 없이 가장 쉽게 접근 가능한 방법이 오픈마켓 창업이다. 구체적으로 오픈마켓 창업시장에서 가장 점유율이 높은 G마켓과 옥션을 중심으로 오픈마켓 창업 가이드를 알아보자.

1) 오픈마켓은 다수의 판매자가 자유롭게 경쟁하는 시장

온라인 마켓플레이스는 말 그대로 온라인 장터로서 장터(공간)를 제공해주고 많은 판매자와 구매자가 모여서 물건을 사고팔고 있는 공간을 말한다. 오픈마켓은 판매자에게 물건을 파는 공간의 제공, 마케팅 대행, 미니숍 제공 등의 관리와 마케팅 서비스를 해주며, 구매자에게는 안심하고 거래할 수 있도록 수취확인제도(에스크로서비스)를 운영함으로써 판매자와 구매자 모두에게 편익을 제공하는 곳이다. 이러한 편의성 때문에 판매자들이 입점을 하게 되고 구매자는 많은 판매자들의 제품들을 편하게 비교해보며 보다 저렴하게 보다 안전하게 구매를 할 수 있게 된 것이다.

오픈마켓 창업은 다음과 같은 주요한 매력을 지니고 있다.

- 개인딜러 자격으로 물건을 팔 수 있다(사업자 신고 없이도 판매가능)
- 제품판매에 대한 모든 제반 기술이 제공된다.
- 비교적 저렴한 투자비용으로 창업이 가능하다.
- 오픈마켓 자체의 홍보로 직접 고객모집의 홍보가 용이하다.
- 단품으로도 장사를 시작할 수 있다.
- 대박만 나면 일순간 억대 딜러가 된다.

오픈마켓을 창업할 때는 반드시 사업자등록증이 필요하지는 않다. 개인회원으로도 물건을 올려서 판매할 수 있다. 이점 때문에 많은 초보 창업자들이 쇼핑몰 구축이라는 무거운 부담에서 벗어나 쉽게 창업의 시도를 해보는 것이다. 다만 판매금액이 통상 6개월 동안 200만 원을 넘게 되면 자동적으로 사업자로 신고를 해야 한다.

개인적으로 쇼핑몰 구축을 하려면 제품의 수도 어느 정도 구색을 맞추어야 하며 카드결제 시스템도 직접 세팅을 해야 하고 고객 유입을 위한 홍보도 마케팅 비용을 꽤 많이 들여서 해야 하는 부담 등 창업자에게는 쉽지 않은 선택일 수 있다. 이에 반해 오픈마켓 창업은 모든 물건을 팔기 위한 시스템이 이미 갖추어져 있고 소량의 제품으로도, 단 한 가지 제품만으로도 창업을 할 수 있는 매력이 있다. 그렇기 때문에 창업비용도 상대적으로 저렴해진다. 또한 소위 대박이 나면 한꺼번에 많은 고객에게 노출이 되기 때문에 큰 수익을 거둘 수가 있다.

그럼에도 많은 오픈마켓 창업자들의 성공률도 높지 않은 것은 너무나 많은 판매자와 같은 공간에서 경쟁을 하고 있기 때문에 경쟁력 없이는 더욱 노출이 되지 않아 유명 딜러에게만 쏠림현상이 쉽게 나타나기 때문이다. 소비자들은 가격에 매우 민감해서 단 100원만 저렴한 딜러가 나타나도 곧바로 이동하게 되는 것이다. 오픈마켓 창업은 시작은 쉽게 생각되어질 수 있으나 더욱 치밀하게 창업을 준비하는 자세가 필요하다.

2) G마켓 판매시스템을 이해하자

G마켓은 현재 국내 오픈마켓시장의 최대 강자로 점유율이 40%를 넘게 차지하고 있다고 한다. 연매출 5조에 육박하는 어마어마한 공룡 사이트이다. 오픈마켓 창업을 희망하는 이들이라면 기본적으로 제일 먼저 입점을 고민하는 곳이다. G마켓에서 딜러가 되기 위해서 어떤 절차를 거쳐야 하고 주요한 딜러의 조건은 어떠한지 알아본다.

① G마켓 딜러 가입

G마켓에서 일반 회원으로 되어 있는 경우, 판매자로서 전환을 신청할 수 있으며 신규로 개인 이딜러 가입을 할 수도 있고 사업자 딜러로 신규 가입을 할 수도 있다.

- 개인 이딜러: 개인으로 가입하여 상품을 판매 및 구매하는 판매자(개인 주민등록번호로 가입)
- 사업자 이딜러: 법인이나 개인 사업자가 상품을 판매 및 구매하는 판매자(사업자등록번호로 가입)
- 일반회원에서 이딜러 회원으로 전환하기: 일반 구매자 아이디를 가진 고객이 이딜러로 전환하는 판매자(단, 개인회원은 개인 이긜러로만 전환가능)

사업자 이딜러는 바로 승인이 되는 것이 아니라 사업자를 증명하는 서류들을 G마켓 측에 보내야 한다. 사업자 이딜러 신청 후 적어도 15일 이내 보내주어야 하며 보내면 열흘 안으로 승인이 이루어진다(이 과정은 옥션도 같다. 미 (주)이베이사로 함께 통합되었기 때문에 모든 것이 통합과정에 있다).

〈사업자 이딜러 필요 서류〉

▶ 구비서류: 사업자등록증 사본 1부, 법인(개인)인감증명서 원본 1통(최근 3개월 이내 발급 본), 통신판매업 신고증 사본 1부(간이 과세자는 관할 시/구/군청으로 문의)
▶ 보내실 곳: 420-030 경기도 부천시 원미구 상동 461 투나 빌딩 5층 (주)이베이옥션 사업자회원 승인담당자 앞
▶ 관련 문의: approval@corp.auction.co.kr/1588-0184

---

② G마켓 GSM 프로그램에 대해 이해하기

G마켓도 판매자들을 위한 관리 솔루션이 있다. GSM(GMARKET SALES MANAGER)이다. 대게 처음 솔루션을 다뤄보는 경우, 매우 어렵다고들 하는 프로그램이라서 기능 하나하나를 천천히 사용해가면서 익히는 것이 중요하다. GSM에서는 상품 등록, 광고 관리, 판매 관리, 정산 등의 모든 관리자를 위한 기능들이 마련되어 있다.

✛ **그림 6_** GSM 프로그램 다운로드 코너 화면

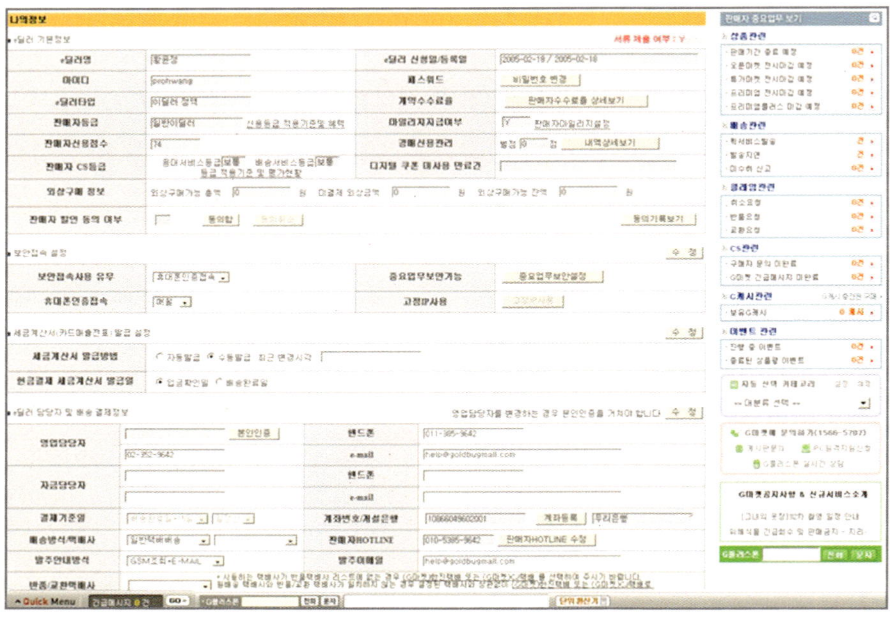

✛ **그림 7_** GSM 프로그램 메인 화면

GSM에서 상품등록을 하면 이것이 첫 판매의 시작이 될 수 있다. 상품 등록은 G마 켓에서 운영하는 여러 시장 중 원하는 장소를 선택하면서 시작된다. 일반적으로 특가마켓(구 공동구매)을 많이 이용한다. 일반 재래시장으로 생각을 해보면 시장 안에

그냥 물건을 아무 자리나 놓는 것과 별도로 파티션이 마련된 눈에 잘 띄는 공간에 물건을 놓는 것과의 차이라고 생각하면 된다. G마켓이라는 시장에서 특별히 별도로 마련된 공간이 특가 마켓이다. 특가마켓은 상품등록비를 2주에 2,000캐시를 받는데 대신 G마켓에 내는 수수료가 저렴하기 때문에 대부분의 딜러들은 특가마켓에 상품을 올리게 된다.

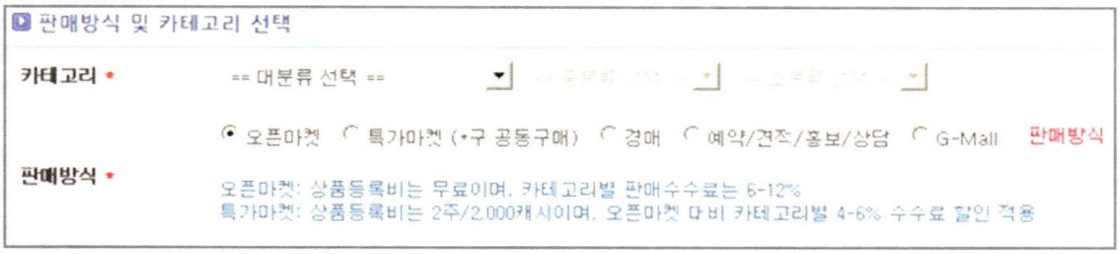

＋ 그림 8_ GSM 프로그램 내 상품 등록 기능

G마켓은 일반 쇼핑몰과 달리 상품판매에 대한 수수료를 더 받는다. 일반 쇼핑몰이 카드수수료인 3~4%만 내는 반면에 G마켓은 입점 방식이기 때문에 G마켓에 주는 수수료가 있다. 통상 특가마켓은 4~6%의 수수료가 부과되며 오픈마켓은 6~12%의 수수료가 부과된다(카드수수료 포함).

이 정도의 수수료는 입점 방식에서는 매우 저렴한 수수료이다. 종합 쇼핑몰의 경우는 25%를 상외하는 수수료를 내야 하는 것이 일반적이다.

③ G마켓 딜러 등급과 정산

G마켓의 딜러는 일반딜러로 시작해 우수딜러, 파워딜러, 불량딜러로 구분이 된다. 이들 딜러가 되는 데에는 조건이 있고 그에 따른 혜택이 있는데 바로 정산이다. 가장 상위단계인 파워딜러가 되면 정산이 배송완료 후 8일로 가장 빠르다. 다음은 딜러의 등급과 그에 따른 혜택을 정리한 표이다.

등급	누적 신용점수	최근1개월 신용점수	구매자만족도
파워딜러	400점이상	10점이상	50%이상
우수딜러	200점이상	5점이상	40%이상
일반딜러	-5점이상, 200점 미만		
불량	-5점미만	-30점이하	10%이하

등급	정산주기	기타혜택	아이콘
파워딜러	배송완료후 + 8일	기타조건동일시 검색및정렬우선전시	파워딜러
우수딜러	배송완료후 + 8일		우수딜러
일반딜러	배송완료후 + 8일	사업자판매자와 글로벌셀러가 해당되며 개인판매자의 경우 +15일입니다.	없음
불량	배송완료후 + 15일		없음

✚ **그림 9_** G마켓 딜러등급과 혜택

판매자로 가입 후에는 파워딜러가 되기 위해 누적 신용점수를 400점 이상 쌓아야
한다. 판매건수 1건당 1점이 부과되기 때문에 적어도 400개 이상은 판매가 있어야
해당 점수가 된다. 물론 주문 취소나 환불 등의 상황이 생기면 감점 처리가 되기 때문
에 파워딜러가 되기 위해서는 부단히 노력을 해야 한다.

지금까지 간단히 G마켓에서의 기본적인 시스템을 살펴봤는데 G마켓의 정책과 서
비스 메뉴들은 언제든지 변화할 수 있다. 변화하는 내용들은 G마켓의 교육센터 사이
트를 참고하자. 교육센터에서는 매주 오프라인으로 GSM 교육을 실시하고 있으므로
프로그램에 대한 사용법은 별도의 교육을 받는 것이 좋다.

➕ **그림 10_** G마켓 교육센터 http://www.gmarket.co.kr/ecenter

3) 옥션 판매시스템을 이해하자

옥션은 현재 오픈마켓시장에서 규모로 2위를 점유하고 있다. G마켓에는 다소 밀리고 있으나 역시 국내 최초의 오픈마켓으로서의 역사를 자랑하듯 쉽게 흔들리지 않고 있다.

옥션은 판매자를 셀러라 부르고 있는데 G마켓과 동일하게 일반 회원이 판매를 함께하는 회원으로 가입을 할 수 있으며 사업자로서 판매를 하는 회원으로도 가입이 가능하다. 사업자 셀러 회원은 바로 승인이 되는 것이 아니라 필요한 서류를 보낸 다음 승인을 거쳐야 한다. 방법은 G마켓의 경우와 동일하다. 옥션은 G마켓의 GSM과 같은 솔루션이 별도로 있지는 않다. 모든 것이 옥션 웹상에서 가능하다. 판매자관리 프로그램을 Sell Plus라 부른다. 셀러가 되면 누구나 화면을 볼 수 있다.

✚ **그림 11_** Sell Plus 화면

① 옥션 파워셀러와 혜택

옥션의 경우는 G마켓과 달리 셀러의 등급이 여러 개로 나뉘어 있지는 않다. 그리고 정산과 연결된 혜택도 아니다. 모든 사업자 딜러는 상품등록 무료 혜택을 받을 수 있으며 정산은 구매자가 상품 수령 후 (구매결정)한 다음 날 통장으로 입금되고 만약 구매자가 구매결정을 해주지 않는 경우라도 8일 후에는 물품대금이 송금되는 구조이다.

다만 특별한 셀러를 관리하고 있는데 소위 상위 셀러로 파워셀러, 트러스트 셀러 제도가 있으며 이들 셀러를 묶어서 스페셜셀러로 관리가 된다. 스페셜셀러란 활발한 판매활동과 더불어 구매자에게 매우 높은 신뢰를 주는 옥션 최고의 판매자를 말하며 스페셜셀러는 옥션에서 정한 일정 자격기준에 의해 매 분기 1일마다 선정된다. 스페셜셀러로 선정되면 포자재 지원, 스페셜셀러 로고 사용, 각종 유용한 정보제공 등의 특별한 혜택을 받을 수 있다.

스페셜셀러의 자격 기준은 다매출이 매월 200만 원 이상이고 매출건수로는 분기에 100건 이상, 상품만족도는 분기별 90% 이상이 해당된다. 스페셜셀러가 되면 포장

재를 지원하거나 스페셜셀러 로고사용, 전용고객센터를 이용, 상품노출 시 추가점수를 부여하는 등의 혜택이 주어진다.

② 옥션의 노출지수를 높이는 방법

옥션에서 파워셀러가 되는 방법은 무조건 노출지수를 높이는 전략이다. 즉 상품 노출 지수가 높을수록 리스트 상단에 위치하기 때문에 전략을 세우고 접근해야 한다. 옥션의 노출 지수를 높이는 기준은 조금씩 달라질 수 있으므로 창업 시에 다시 한 번 확인을 해야 한다. 다음은 기본적인 노출지수 기준이다.

- 판매지수-3일간의 입금액과 입금자 수에 기반하여 부여(판매인기도에 따라 최소 0점~1,000점까지 부여)
- 추천-'추천' 부가서비스 이용 시 판매지수에 20% 가중치 부여(빨간 아이콘 구입)
- 급상승지수-카테고리 페이지 또는 검색결과 페이지를 조회하여 관련 있는 지수(점수)만 구매하는 것을 기본으로 함(카테고리 및 검색어 별로 각각 구매가 가능)
- 부가지수-무료배송, 판매자 즉시할인, 판매자 포인트, 특별할인(우수/복수), 트러스트 및 파워셀러 여부, 스토어(프리미엄/우대), 배송스코어, 나눔 쇼핑, 패널지수 등의 조건마다 일정 점수 부여
- 검색관련지수-판매물품과 희망검색어의 연관드 등에 따라 부여(검색관련지수는 '검색결과 페이지'에만 적용)

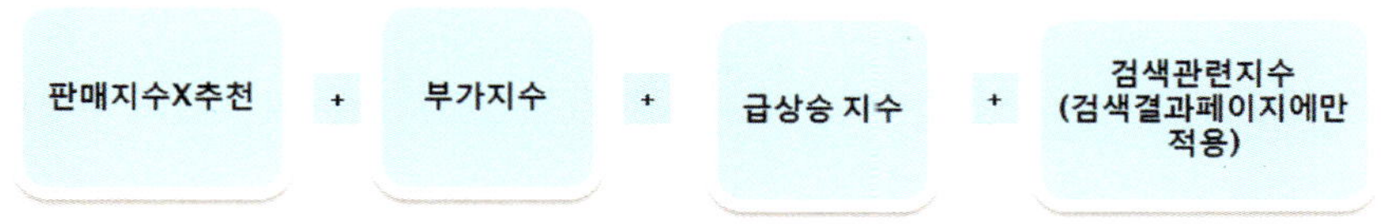

✚ **그림 12_** 노출지수점수

급상승 지수는 상품을 원하는 순위로 확! 올리고자 할 때, 상품 노출점수 조회 후 순위 상승에 필요한 점수를 구매하는 것인데 카테고리/키워드별 노출 및 인기도에 따라 노출점수 1점당 최저 30원부터 최고 120원까지 차등 적용된다(매일 업데이트). 순위 노출에 점수화되는 기능은 주력 상품에 대해서는 초기 진입 시에 반드시 붙여서 점수를 올리는 것이 필요하기 때문에 어떤 광고와 부가서비스가 노출 점수를 올리는지에 대해 숙고해두는 것이 중요하다.

✚ **그림 13_** 급상승 지수`

지금까지 간단히 옥션에서의 기본적인 시스템을 살펴봤는데 옥션의 정책과 서비스 메뉴들은 언제든지 변화할 수 있다. 변화하는 내용들은 옥션의 교육센터 사이트를 참고하자. 교육센터에서는 매주 오프라인으로 셀러 교육을 실시한다.

✚ **그림 14_** 옥션 교육센터 http://ecenter.auction.co.kr/

4) 오픈마켓에 파워딜러로 입성하는 3가지 열쇠

오픈마켓에서 파워딜러가 되려면 어떤 열쇠가 필요할까? 성공하기 위해 필요한 열쇠 3가지를 살펴보자.

① 첫 번째 성공 key: 판매 아이템의 수요(소비자)시장을 파악하자

먼저 오픈마켓 내에서의 수요자의 취향을 따라가야 한다. 바로 수요니즈의 트렌드를 분석해야 한다는 것이다. 이것은 오픈마켓에서 제공하고 있는 키워드 숍을 이용한다. 옥션이나 G마켓이나 11번가 어디라도 키워드 광고코너를 가지고 있어서 판매자로 하여금 소비자의 키워드를 구매하도록 유도한다. 즉 구매한 키워드 페이지에 상품이 노출되는 것이다. 이러한 키워드 서치 기능은 수요 트렌드를 살펴보는 데 참고가 될 수 있다. 실시간 급상승하는 키워드나 인기 키워드를 주기적으로 살펴보고 자신이 판매하고자 하는 상품과 키워드를 잘 조합해서 찾아내 보자.

오픈마켓마다 키워드에 대한 수치와 종류가 다를 수 있으므로 여러 오픈마켓 키워드 숍을 다각도로 살펴보면서 상품의 인기도 및 매력도를 감안해 판매 시뮬레이션을 그려보도록 한다.

주간인기키워드 / 일간급상승키워드

↗ 주간 인기 키워드

순위	키워드	추정일간조회수	구매
1	아동 우비	1616	▸구매
2	티몬	17476	▸구매
3	우산꽂이	1370	▸구매
4	엄마를부탁해	465	▸구매
5	장우산	1215	▸구매
6	레인코트	1917	▸구매
7	우의	1205	▸구매
8	어린이우비	652	▸구매
9	파리바게트	817	▸구매
10	아동비옷	529	▸구매
11	포카리스웨트	176	▸구매
12	어린이우산	687	▸구매
13	투명우산	434	▸구매
14	유아우산	1392	▸구매
15	비옷	2204	▸구매
16	블랙박스	1157	▸구매
17	아동 우산	445	▸구매
18	노트북	2078	▸구매
19	뽀로로우산	394	▸구매
20	아동 장화	697	▸구매
21	유아 우비	1131	▸구매
22	아동우의	919	▸구매
23	어린이 비옷	554	▸구매
24	뽀로로우비	395	▸구매
25	어린이장화	471	▸구매

↗ 일간 급상승 키워드

순위	키워드	추정일간조회수	구매
26	아트릭스	1097	▸구매
27	레이스원피스	1084	▸구매
28	여성 패션 장화	838	▸구매
29	루나글라이드2	945	▸구매
30	피자헛	470	▸구매
31	어린이비옷	576	▸구매
32	아동 우의	409	▸구매
33	성인 우비	771	▸구매
34	유아 장화	323	▸구매
35	3단우산	547	▸구매
36	냉장고	1079	▸구매
37	파리바게뜨	317	▸구매
38	유아비옷	854	▸구매
39	스트라이프	917	▸구매
40	비키니	998	▸구매
41	레고	859	▸구매
42	아동우산	2568	▸구매
43	포인트벽지	709	▸구매
44	뽀로로장화	252	▸구매
45	3단자동우산	302	▸구매
46	도트원피스	1058	▸구매
47	미스터피자	673	▸구매
48	유아우의	384	▸구매
49	골프우산	343	▸구매
50	자판기용 커피믹스	241	▸구매

✚ **그림 15_** G마켓 키워드 광고 코너

그림 16_ 옥선 키워드 광고 코너

② 두 번째 성공 key: 아이템이 등록될 상품 카테고리를 분석, 소분류를 잡아라!

오픈마켓에 들르는 소비자는 대게 키워드를 입력하거나 관련 카테고리를 찾아본다. 이때 카테고리 내에서 1~2장 내에 검색이 되려면 소분류 페이지에서부터 차근차근 점유율을 높이는 전략이 중요하다.

소분류에서 가장 인기 있는 상품순이 중분류에서 합쳐지고 다시 중분류에서 가장 인기 있는 상품순이 대분류에서 메인에 보이는 것이다. 소분류는 조회 수가 적은 페이지이나 그만큼 고객 세분화가 이루어져 타깃층이 분명하며 경쟁도 비교적 낮아 조금만 제품 경쟁력을 갖춘다면 판매지수를 높일 수 있다.

소분류 페이지 중에서도 어느 부분이 가장 노출과 성과가 있을지 경쟁사의 제품 가격 및 제품 종류, 제품 설명 등으로 비교를 해서 선택한다.

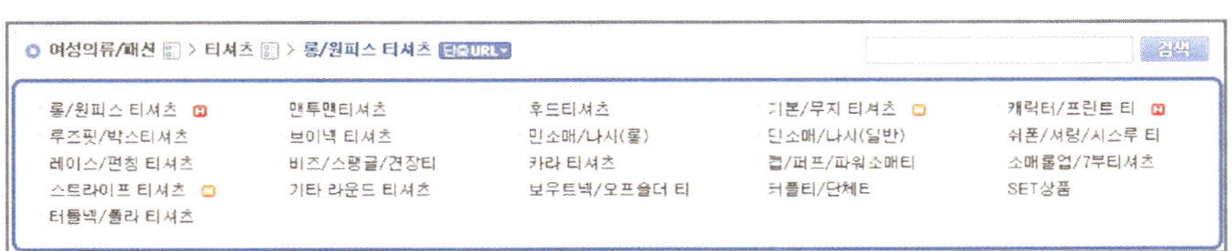

그림 17_ 소분류 페이지

③ 세 번째 성공 key: 노출을 위한 전략을 짜라!

파워딜러가 되기 위해서는 무조건 제품을 많이 파는 것이 중요하며 많이 팔기 위해서는 노출이 필수적이다. 노출을 하기 위한 전략을 세운다. 특히 모든 제품을 노출시키기란 광고비가 꽤 드는 일이므로 대표 주력상품을 적어도 3~5개 정도 정한다. 이들을 메인에 노출시키기 위해 노력하고 주력상품을 보러온 고객이 자신이 미니숍이나 스토어로 들어와 다른 상품을 함께 주문할 수 있도록 유도를 하는 것이 좋다.

메인에 노출을 시킨다는 것은 각 오픈마켓마다의 광고 섹션을 찾아 적절한 가격대의 광고를 찾는 것이다. 또한 차별화된 상품 이미지, 미니숍 이미지를 만들어 소비자에게 강렬한 인상을 남기고 제품 구매 시 서비스 쿠폰제공, G스탬프, 후원쇼핑, 상품평 관리 등의 고객 관리를 함께 한다면 좋은 결과를 기대할 수 있다.

[창업 컨설팅 이모저모] 오픈마켓에서 살아남는 여러 가지 방법

▶ 카테고리 경쟁자 모니터링–베스트 50

각 오픈마켓의 베스트 상품을 분석하자. 이곳에 노출되어 있는 상품과 판매자를 분석해야 한다. 이들의 상품 사진 스타일, 제품 기획, 가격대, 옵션 설정, 구개후기 관리, 고객 응대 등의 여러 가지 면으로 그들을 분석해야 한다. 좋은 점은 반드시 자신의 것으로도 간든다.

▶ 미니숍의 이름도 중요

너무 많은 딜러들이 있기 때문에 소비자에게 이름을 기억시키기가 만만치 않다. 쉽고 아이템을 곧바로 인지할 수 있게 이름을 지어야 한다. 미니숍의 이름은 곧 기업 및 상품의 브랜드이다.

▶ 판매자 프로그램의 완전정복(GSM, SELL PLUS)

간혹 창업의 준비가 덜 된 상태에서 창업을 시도, 쉽게 포기하는 이들이 있다. 무엇보다 기본을 갖추고 있어야 성공할 준비가 된 것이다. 각 오픈마켓의 판매자 솔루션에 대해서는 완벽히 익히자.

▶ 판매가격에 대한 전략적 접근–"없는" 가격대 공략

판매가격을 책정하는 일은 어느 판매자에게나 어려운 일이다. 한 가지 팁이 있다면 일반적으로 많이 올려진 가격대에서 다른 가격대를 공략해보는 것도 중요하다. 가령, 대게 오픈마켓에서는 저렴한 가격대의 구두가 인기이다. 심지어 만 원 미만대의 구두가 판매된다. 그러나 누구나 만 원 미만의 구두에 만족하는 것은 아니다. 어떤 사람은 10만 원대의 고가를 원할 수도 있다. 물론 오픈마켓에서는 고가격대의 제품은 아무래도 판매가 덜 이루어진다. 저가격–중가격–고가격으로 구분해봤을 때 없는 가격대를 공략해보자. 14,500원 정도의 구두나 2~3만 원대의 구두를 찾아보는 것이다. 너무 싸지 않아서 품질도 어느 정도 보장되는 정도의 상품을 소싱하고 마련할 수 있다면 이 또한 차별화가 될 수 있다.

▶ 한 상품코드에 여러 가지 타입을 보여주는 것이 유리

잘 나가는 셀러들의 공통된 전략 중의 하나가 바로 상품옵션을 매우 잘 활용하고 있다는 것이다. 한 가지 상품만을 팔지 않고 같은 가격대에 여러 제품군을 도여주고 선택의 폭을 넓히면 인기가 있다. 혹은 약간 옵션에 따라 가격 차이가 난다면 이는 저렴한 제품을 먼저 앞에 띄우고 추가적인 (+10,000원) 등으로 대체하는 것이다. 성공 셀러의 옵션을 잘 관찰하고 분석해보자.

▶ 사람 냄새 나는 곳으로 포장

디지털 세상이라도 언제나 사람 냄새 나는 곳에 사람들이 모이기 마련이다. 쇼핑몰 창업자도 자신의 인간미를 보여주어야 한다. 제품의 설명부터 고객 응대에 이르기까지 '좋은 판매자'가 되어보자.

▶ 사은품 전략도 주요

판매 촉진의 대표적인 방법은 사은품을 주는 것이다. 사은품을 갖고 싶게 만든다면 고객의 도장을 확실히 받을 수 있다. 경쟁자가 많기 때문에 언제든지 고객이 이탈할 수 있는데 유인책을 정성껏 마련한다면 효과를 볼 것이다.

나만의 컨셉으로 쇼핑몰을 완성하자

쇼핑몰의 구축방향을 오픈마켓에 입점하는 것으로 할 것인지, 개인 쇼핑몰을 창업할 것인지를 고민하고 그 방향을 결정하게 되면 이제 구체적으로 쇼핑몰 구축의 밑그림을 그리기 시작한다. 바로 상품의 소싱과 쇼핑몰의 디자인을 결정해 나가야 하는 것이다(참고로 상품의 소싱은 9강).

오픈마켓 입점과 개인 쇼핑몰 구축은 그 방법에 있어 차이가 있기 때문에 해당 시장과 타깃 고객에 따라 상품의 소싱도 틀려지고 디자인 제작의 영역도 달라진다.

오픈마켓은 오픈마켓 시장별로 별도로 고민을 해야 하기 때문에 여기서는 개인 쇼핑몰 구축에 맞춰서 쇼핑몰 구축단계를 설명하고자 한다. 즉 이번 장에서는 쇼핑몰 디자인을 제작하기 위한 방법을 알아보고 이어 상품의 이미지와 상세설명페이지를 어떻게 만들 것인지를 고민해본다. 또한 쇼핑몰 결제 시스템에 대한 이해와 택배사 선정에 대한 노하우 등 세세한 부분까지 쇼핑몰 구축 준비를 해본다.

1. 쇼핑몰 디자인 제작에는 3가지 방법이 있다

개인 쇼핑몰을 창업하고자 하는 경우, 쇼핑몰 솔루션을 결정하고 나면 곧이어 고민을 해야 하는 부분이 디자인 기획이다. 오픈마켓 입점의 경우도 미니숍이나 상품의 등록 시 디자인 요소가 결정이 되어야 하기 때문에 디자인의 고민은 쇼핑몰 오픈의 첫 시발점이 된다.

쇼핑몰 디자인은 매장의 실내 인테리어를 하는 것과 같은 개념으로 고객의 취향에 맞춰 어떤 이미지 컨셉으로 어떤 디자인 전략을 세우느냐에 따라 성공의 성패가 가늠된다.

중요한 것은 철저히 고객중심의 디자인을 만들어야 한다는 것과 자신의 쇼핑몰만의 차별화된 컨셉이 녹아들어 있어야 한다는 점이다.

1) 벤치마킹을 통해 화면 상세 설명서 제작

쇼핑몰 디자인 작업은 비전문가에게는 무척이나 어려운 일이다. 디자인을 조금이라도 공부한 창업자라면 색, 레이아웃, 기능배치 등 모든 디자인 영역에서 강점을 가지겠지만, 디자인에 관심이 없었던 창업자는 어디서부터 어떻게 접근해야 할지 막막한 부분이기도 하다.

디자인을 전혀 모른다는 가정하에, 쇼핑몰 디자인 제작은 다음과 같은 순으로 이루어진다.

① 벤치마킹할 사이트 선택
② 벤치마킹할 사이트의 레이아웃 구조 분석
③ 화면상세설계서 제작(밑그림)
④ 디자인 제작사 선택

① 벤치마킹할 사이트 선택

첫 번째, 벤치마킹할 사이트를 선택해야 한다. 모방은 창조의 어머니란 말이 있듯이 새로운 제작기법이나 체계화된 쇼핑몰을 기획하기 위해서 무리수를 두고 빈 종이에 채워나가는 고민을 하기보다는 잘 기획되어 있는 사이트의 벤치마킹을 효과적으로 하는 것이 더 좋고 빠른 방법일 수 있다.

운영 중인 쇼핑몰의 사례분석은 가장 효과적인 교과서임을 명심하자.

인터넷 쇼핑몰 구축을 위한 벤치마킹의 이점은 전체적인 쇼핑몰 기획의 밑그림을 그리는 데 있어 풍부한 아이디어를 제공하며 기획의 트렌드를 찾아낼 수 있고 제작과정을 촉진시킨다는 데 있다.

다만 벤치마킹의 대상을 너무 많이 설정해도 너무 적게 살펴봐도 아이디어 도출이 어려울 수 있다.

대체로 유사상품을 판매하고 있거나 비즈니스 모델이 유사한 쇼핑몰이나 같은 분야에서 선두를 점하고 있는 유망 쇼핑몰, 유명한 사이트 가운데 표적고객층이 같은 사이트 중심으로 벤치마킹 대상을 설정하되 대략 업계 1위에서 5위 내 사이트를 대상으로 적어도 5군데 정도를 선택하는 것이 바람직하다.

② 벤치마킹할 사이트의 레이아웃 구조 분석

두 번째는 벤치마킹할 사이트를 찾았다면 이들의 레이아웃 구조를 분석하는 것이다. 레이아웃을 분석한다는 것은 인테리어 설계도를 그려내는 것과 동일하다. 성공한 사이트들은 쇼핑몰 메인 화면에 어떤 구성요소를 어느 자리에 배치시키고 어떻게 표현을 하고 있는지를 면밀히 살펴보는 일이다.

화면을 그대로 컴퓨터상으로 보기보다는 전체 화면을 캡처해 프린트로 뽑아내어 자를 가지고 코너별로 줄을 그어보는 것이 좋다. 그렇게 몇 번을 연습해보면 각 사이트별로 전화번호 위치가 어디에 있는지, 상품 배열 시 이미지의 크기나 간격은 어느 정도가 적당할지, 주력하고 있는 코너의 배치는 어느 부분이 가장 눈에 잘 보이는 곳인지 등등 사이트 기획이 용이해질 것이다.

각 사이트마다 장점과 단점을 분석해 나열해보고 차용해야 할 것과 버려야 할 부분을 정리해보자.

③ 화면 상세설계서 제작(밑그림)

세 번째, 비교사이트의 레이아웃 분석을 마쳤다면 이제 본격적으로 내 사이트, 내 쇼핑몰의 레이아웃을 그려야 한다. 앞서서 장점과 단점이 어느 정도 눈에 들어온다면 이 결과물을 가지고 내 쇼핑몰의 배치도를 그린다. 물론 쇼핑몰의 경우, 메인화면의 비중이 80% 이상이어서 가장 중요한 부분이고 이 부분만 해도 어느 정도 쇼핑몰 디자인 기획이 마무리가 된다.

이 배치도를 통상 화면상세설계서라는 이름으로 칭하며 보통 ppt나 word로 작성한다. 다음의 그림은 화면 상세설계서의 샘플이다.

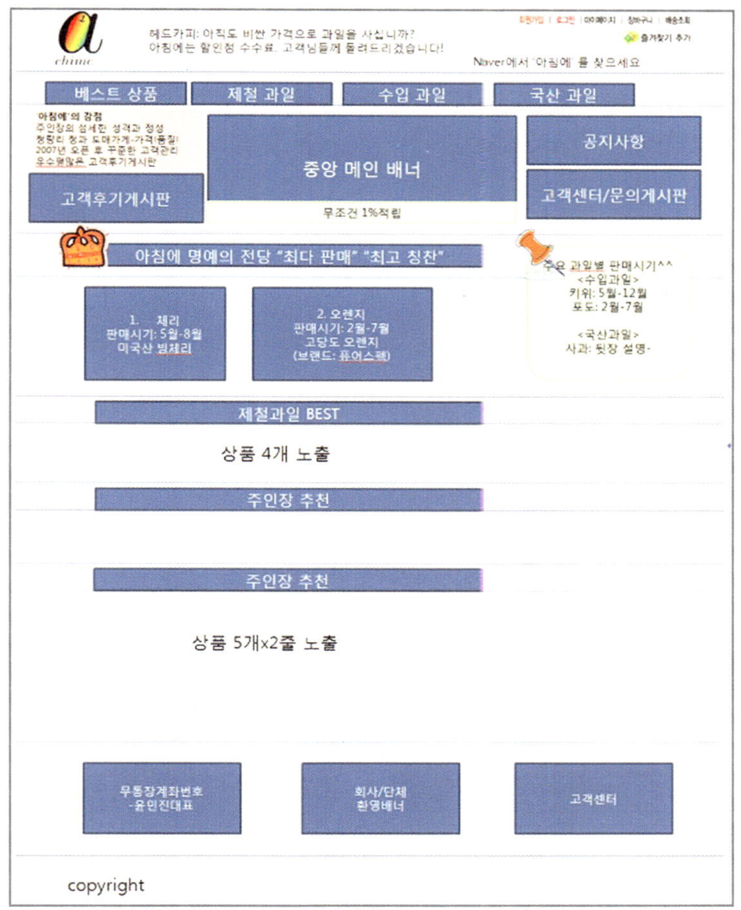

✚ **그림 1_** 화면상세설명서

그림에서 알 수 있듯이 각 영역별로 어떤 코너를 어느 정도의 비중으로 배치할지를 결정하는 것이 화면상세설계서라는 것을 알 수 있다. 이렇게 화면상세설계서를 만드는 것이 필요한 이유는 실제 쇼핑몰 디자인을 구축할 때 외부 디자인 전문가에게 맡기는 일이 많은데 이들과의 업무를 원활히 하기 위한 하나의 방법이기도 하다.

이는 기획자로서 디자이너에게 명확한 정보의 전달과 공유를 하기 위해서, 오차 및 오인이 나타나는 요소를 줄이기 위해서 지지부진한 업무진행을 보다 효율적으로 하기 위해서 하는 작업이다.

④ 디자인 제작사 선택

화면상세설계서가 만들어지면 정말로 이제는 네 번째로 쇼핑몰 디자인을 해줄 제작사를 찾아야 한다. 창업자 본인이 직접 디자인을 할 수 있다면 금상첨화다. 하지만 대부분의 창업자가 현실적으로 디자인 제작 능력이 부족하므로 업체 전문가를 찾아야 하는데 이에 대한 고민도 필요하다.

2) 쇼핑몰 디자인 제작의 3가지 방법

쇼핑몰 디자인을 하려면 크게 3가지의 방법이 있다. 즉 직접 디자인을 하거나 디자인 대행사를 찾거나 혹은 개인 프리랜서 디자이너를 찾는 방법이다.

+ **그림 2_** 쇼핑몰 디자인 제작의 3가지 방법

먼저, 직접 디자인을 하는 것은 가장 비용을 줄이면서 작업의 효율성도 높은 방안이다.

그 이유는 쇼핑몰 창업자가 가장 내가 원하는 쇼핑몰의 디자인 컨셉을 이해하고 있는 당사자이기 때문에 작업의 효율성이 높을 수밖에 없다. 성공한 쇼핑몰의 경우, 쇼핑몰 창업자가 웹디자인 실력을 갖추고 있어 쇼핑몰 기획을 뛰어나게 한 예가 많다.

그렇지만 대부분의 창업자가 디자인 제작을 직접 할 수 있지 않기 때문에 디자인 제작사를 찾게 된다. 바로 디자인 대행사를 찾는 것이다. 디자인 대행사를 선택할 경우, 이 회사는 전문가그룹이므로 작업의 스피드가 빠르고 일정수준의 디자인 퀄리티를 보장받는 장점이 있다. 그러나 이 또한 업체를 잘 고르지 못하면 비용은 높으면서 그 효과는 낮을 수 있다.

회사보다 개인 프리랜서 디자이너에게 맡기는 경우도 많다. 특히 지인이 있다면 이를 선택할 경우가 많은데 대게 디자인 대행사를 이용하는 경우보다 금전적인 부담은 적을 수 있다. 뛰어난 개인 디자이너를 만난다면 오히려 회사보다 더 뛰어난 디자인 퀄리티를 보일 수도 있다. 하지만 오픈 후 사후 관리 측면에서 문제가 있을 수 있다. 안정성과 연속성면에서 부족한 부분이 있다.

쇼핑몰 디자인을 대행사를 찾든, 개인 프리랜서를 찾든지 이는 모두 맞춤제작을 한다는 의미이다. 맞춤제작이라는 것은 나의 쇼핑몰에 맞추어진 디자인을 별도로 외부 디자인 전문가에게 의뢰하는 방식이다.

맞춤 제작 시의 비용은 업체들마다 차이가 있지만 대게는 실속형이라고 해서 가장 기본적인 디자인을 해주는 형태로 통상 80~100만 원에 제작이 되고 조금 더 업그레이드된 품질의 디자인을 원할 경우, 프리미엄형으로 해서 200만 원 이상 되는 가격이 형성되어 있다.

통상 제작이 소요되는 기간도 2주 정도는 걸리게 된다. 본 저자의 경험에 의하면 이러한 대행사와의 작업에서 보통 2~3차례의 수정이 오고가게 된다. 창업자가 의도한 대로 디자인이 한 번에 나오기는 힘들다. 자주 만나 의견을 조율하면서 그 갭을 줄여나가게 되는데 화면상세설계서와 같은 작업을 해서 회의를 하게 되면 해당 작업을 더욱 용이하게 할 수 있다.

디자인 대행사를 어떻게 찾아야 할지 막막해하는 창업자가 많은데 이 부분은 어느 정도 쉽게 해결할 수 있다. 쇼핑몰 솔루션을 취급하는 회사라면 어느 곳이나 디자인 서비스를 제공하고 있기 때문이다. 자체적으로 디자인 제작 서비스를 제공하거나 외부 디자인 회사와의 제휴를 통해 많은 창업자들이 선택의 폭을 넓혀 다양한 디자인 회사들을 한 번에 찾아보고 해당 디자인 회사의 포트폴리오를 통해 비교해보고 선택할 수 있도록 하고 있다.

그럼에도 불구하고 이러한 맞춤제작 서비스는 고가의 비용에 오랜 시간을 들이고 자칫하면 마음에 안 드는 디자인이 나올 수 있는 개연성이 있어 처음 디자인을 해보는 창업자에게는 쉬운 절차는 아니다.

이러한 니즈를 해결하는 방안으로 나온 새로운 디자인 서비스가 있는데 바로 쇼핑몰 스킨 서비스이다. 요즘 가장 소호형 쇼핑몰 창업자에게 각광받고 있는 디자인 서비스이다. 쇼핑몰 스킨에 대해 알아보자.

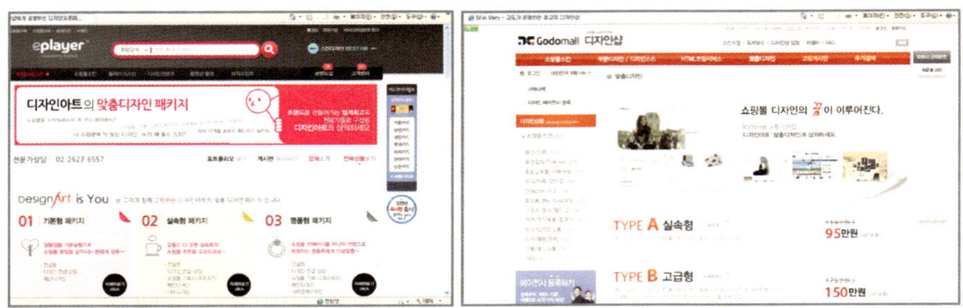

+ **그림 3_** 디자인 제작서비스-메이크샵   + **그림 4_** 디자인 제작서비스-고도몰

3) 쇼핑몰 디자인 스킨 서비스 활용이 대세

쇼핑몰 디자인 스킨이란 이미 웹디자이너가 아이템의 테마에 맞춰 일정한 스타일의 쇼핑몰 디자인을 만들어 놓고 이를 여러 창업자에게 복사, 판매하는 디자인을 말한다. 이미 쇼핑몰의 디자인 레이아웃이 완성되어 있기 때문에 여러 디자인 샘플을 보고 가장 맘에 드는 레이아웃을 가진 디자인을 고르면 된다. 창업자 입장에서는 기획의 고민을 덜 수 있고 여러 디자인을 비교해볼 수 있어서 잘못된 디자인이 나올 걱정을 미연에 방지할 수 있다.

디자인 비용도 매우 저렴하다. 맞춤제작이 아니기 때문이다. 대게 쇼핑몰 디자인 스킨의 경우는 디자인에 따라 가격이 조금씩 차이가 나지만 20만 원대에서 50만 원대 미만 가격이 형성되어 있다. 어떤 솔루션 회사에서는 자체 디자인팀에서 만든 고급스러운 스킨을 무료로 제공하는 경우도 있다.

잘만 고른다면 더 저렴한 비용으로, 심지어 무료로도 디자인 구축을 마무리할 수 있다.

쇼핑몰 디자인 스킨은 이미 만들어진 디자인이기 때문에 간단한 텍스트 수정으로 2~3일 안에 디자인 완성될 수 있다는 장점도 있다.

다만 단점이라면 누구나 디자인을 구입할 수 있어서 차별화된 디자인의 제작은 다소 한계가 있을 수 있다. 그리고 가격이 저렴한 대신에 주요한 배경이미지들은 자체적으로 디자인을 다시 해야 한다. 일반적으로 스킨 디자인은 기본 레이아웃 틀에서 텍스트 수정을 해주는 정도만 리뉴얼해준다.

다시 말해 조금이라도 배너이미지를 바꾸고자 한다면 디자이너의 손이 갈 수밖에 없다. 이런 경우, 약간의 추가비용을 더 부담하게 된다. 거의 대부분의 임대형 쇼핑몰 솔루션 회사에서는 스킨 서비스를 제공하고 있다.

4) 쇼핑몰 스킨 제작 진행 절차

쇼핑몰 스킨을 제공하는 디자인 대행사마다 수정범위와 무료 제공되는 부분들이 조금씩 차이가 난다. 먼저 타깃과 쇼핑몰 컨셉에 가장 잘 어울리는 디자인 스킨을 고른 다음 해당 쇼핑몰 디자인 스킨을 만들어 제공하는 회사와 연락을 해서 스킨 이용에 대해 알아보고 추가범위가 어디까지인지를 다시 한 번 조율하는 것이 필요하다.

보통의 쇼핑몰 디자인 스킨을 구매하고 난 뒤 진행되는 절차에 대한 안내도이다.

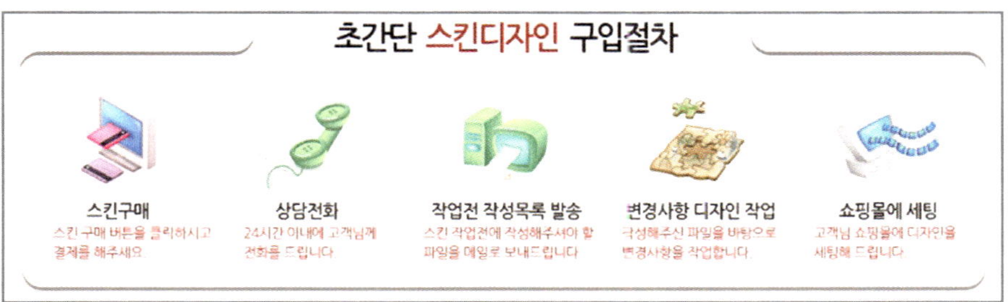

✚ **그림 5_** 스킨 구매 후 디자인 작업진행절차–디자인아트

쇼핑몰 디자인 스킨의 일반적인 제작범위는 다음과 같다. 이 제작범위도 대행사마다 스킨마다 차이가 난다. 제공되는 스킨 하나하나를 살펴보고 꼼꼼히 비교해봐야 한다.

다음의 이미지는 일반적인 쇼핑몰 디자인의 스킨 범위이다. 이 범위에서 수정이 되는데 거의 대부분 수정도 간단한 텍스트 수정이나 색 변경 정도의 작업임을 이해 해두어야 한다.

+ **그림 6_** 쇼핑몰 디자인 스킨의 수정범위-아이마케팅사 스킨

✚ **그림 7_** 메이크샵의 디자인숍

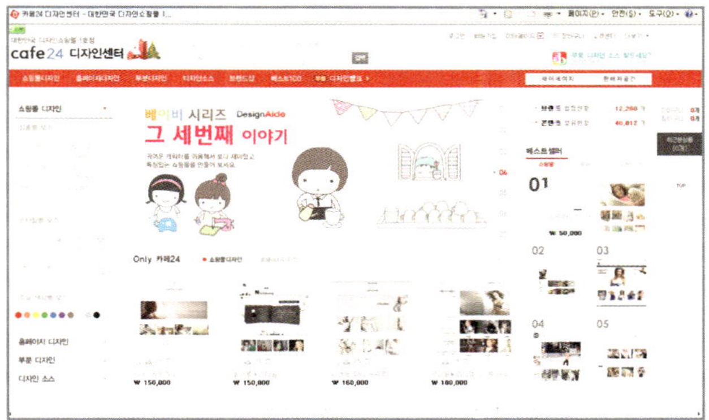

✚ **그림 8_** 카페24의 디자인센터

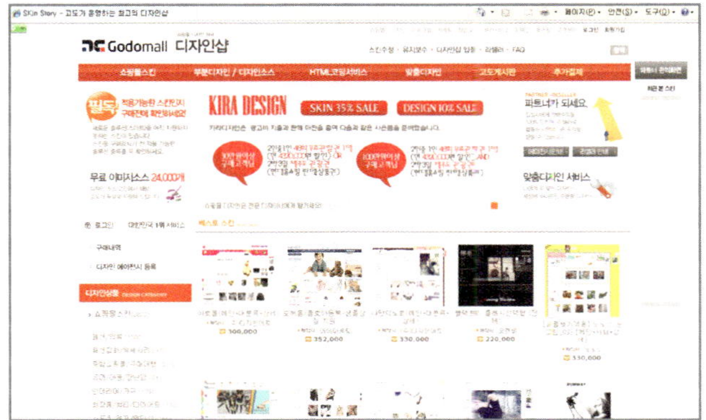

✚ **그림 9_** 고도몰의 디자인숍

2. 쇼핑몰 디자인 기획 시에 전략을 담아라

인터넷 쇼핑몰은 메인페이지, 카테고리별 페이지, 제품 상세 페이지 등으로 구성이 된다. 쇼핑몰을 단지 제품을 보여주는 공간으로서만 생각하는 것이 아니라 고객이 방문해서 함께 쇼핑몰의 문화를 즐기고 머무를 수 있는 복합공간으로 만들어야 한다.

최근 오프라인 매장에서는 온라인 몰들과의 경쟁에서 가격비교가 아닌 다른 관점에서 경쟁력을 갖기 위해 소위 복합문화공간을 만들어 고객방문을 유도하고 고객별 맞춤 서비스를 제공하는 등의 서비스를 제공하고 있다.

인터넷 쇼핑몰도 고객별 맞춤 서비스를 제공하는 페이지를 기획하거나 재미난 이벤트 페이지를 기획하는 등 쇼핑몰을 풍부하게 만들어주어야 한다.

쇼핑몰 디자인 기획 시 전략적 포인트를 알아보자.

1) 고객에 어필할 수 있는 메인페이지 구조 그리기

쇼핑몰의 메인페이지는 오프라인 매장의 쇼윈도와 같은 역할을 한다. 거의 대부분의 첫 방문고객이 메인페이지에 들러 머무르는 시간이 몇 초에 지나지 않기 때문에 메인페이지에서의 구성요소가 성공을 가늠하는 열쇠가 된다.

사람을 볼 때 첫인상이 중요하듯 쇼핑몰을 처음 대하게 되는 메인페이지에서의 인상으로 쇼핑몰을 둘러봐야 할지, 지나가야 할지 결정하게 되기 때문이다.

쇼핑몰의 컨셉은 소비자로 하여금 호감이 가도록 만들어야 하며 판매하고자 하는 상품을 최대한 효율적으로 배치하는 것이 중요한 포인트이다.

쇼핑몰에서의 컨셉은 메인페이지의 전체적인 색과 폰트, 상품이미지, 아이콘, 상품 구색과 상품 종류, 카테고리 이름, 상품 이름, 기획전이나 이벤트 카피 등으로 나타난다.

메인페이지는 무엇보다도 고객이 원하는 정보를 7초 이내에 발견할 수 있도록 구성해야 한다. 한 조사에 따르면 소비자가 한 곳에 머무는 임계시간이 평균 7초이며 클릭을 한 번 할 때마다 이용자의 절반이 떨어져나가는 클릭당 방문자 법칙이 있는 것으로 분석되었다는 보고가 있을 정도이다(출처: 리얼네임스).

따라서 지나치게 복잡한 구조는 고객을 떨어져나가게 할 수도 있어서 오히려 단순한 구성도 장점이 될 수 있는 게 메인페이지이다.

① 메인 중앙 프레임

메인페이지의 중앙부분은 쇼핑몰을 대표하는 핵심 이미지로 구성되어야 한다. 쇼핑몰에 들어왔을 때 가장 먼저 눈에 들어오는 위치이기 때문에 메인 이미지가 어떤 메시지를 어떤 상품을 보여주느냐에 따라 쇼핑몰의 전체적인 분위기가 결정된다.

대개 2가지 방법으로 활용을 한다. 첫 번째는 쇼핑몰 상품 중 가장 잘나가는 베스트 상품이미지를 올려 눈길을 끄는 것인데 의류 쇼핑몰의 경우는 상품을 입고 있는 모델의 사진을 올림으로써 일종의 패션잡지의 첫 장 같은 효과를 내기도 한다.

두 번째는 쇼핑몰에서 진행하는 이벤트를 보여주는 공간으로 활용하는 경우이다. 이벤트라는 것은 상품판매를 촉진하는 전략으로 사은품이나 미끼를 던져주기 때문에 소비자의 호감을 얻기가 쉽다. 메인 중앙에 크게 이벤트를 걸면 다시 한 번 쇼핑몰을 둘러보고 싶은 느낌을 갖게 할 수 있다.

또한 대게는 중앙이미지에 이미지만으로 컨셉을 전달하지만 쇼핑몰의 브랜드 컨셉을 카피로 전달하거나 핵심 이벤트의 문구 등을 넣는 카피전략을 세우는 것도 추천할 수 있는 방법이다.

✚ **그림 10_** 메인프레임의 이미지-앨번드레스

② 브랜드 로고

로고는 쇼핑몰을 상징하는 브랜드 심벌이다. 무엇보다 소비자에게 쉽게 각인될 수 있도록 특징을 잘 살려서 디자인해야 한다. 소호 창업자 입장에서는 브랜드 디자인 전문가가 아니고 전문가에게 로고제작을 의뢰하는 것도 비용적 부담이 많이 때문에 글씨로서 제작을 하고 올리는 것이 일반적이다.

브랜드를 쉽게 인지할 수 있도록 쉬운 단어로 조합을 하고 눈에 잘 띄게 디자인한다.

③ 메인 카테고리 구성

쇼핑몰에서 카테고리를 어떻게 분류하고 상품을 진열하느냐에 따라 상품이 다양하게 보일 수도 있고 빈약하게 보일 수도 있다. 대분류, 중분류, 소분류 카테고리까지 마련을 할 경우, 상품의 분류를 찾아가는 데 여러 번 클릭을 하게 한다면 소비자들은 쇼핑몰 이용에 불편을 느낄 수 있다. 가급적 중분류 이상을 넘기지 않는 것이 좋으며 중분류까지는 메인화면에서 한 번에 보이도록 마우스를 대면 서브 메뉴가 보이는 형식인 마우스오버 기능으로 보이게 하는 것이 좋다.

카테고리 명을 간결하면서도 쉽게 구분이 가게 짓는 것도 중요하다. 카테고리는 적어도 5개 이상 되는 것이 너무 상품이 없어 보이지도 않는 기준으로 제시되고 있으며 지나친 상세분류도 클릭의 번거로움 있고 너무 정리되지 않은 상품분류도 서핑을 방해하기 때문에 타 경쟁 몰의 카테고리를 분석해 일반적인 수준에서 정리하는 것이 바람직하다. 카테고리의 세로 길이는 1024×768 내에서 제작해야 화면에 한 번에 들어온다.

✚ **그림 11_** 마우스오버 기능

④ 중앙 상품 진열 코너

메인페이지의 중앙에는 주력 상품을 배열하는 공간이 마련된다. 이곳에는 상품들이 보기 쉽게, 잘 보이게 배치되어 있어야 한다. 첫 화면에서 원하는 상품을 발견하지 못할 경우, 고객은 바로 나가버리기 때문이다. 가장 인기 있는 상품들을 뽑고 미끼상품으로 클릭을 유도하는 상품들을 뽑아내야 한다.

어떤 쇼핑몰은 지나치게 단순함을 표현하기 위해 상품의 이미지를 너무 작게, 상품명과 짧은 설명문구도 너무 작게 나타내는 경우가 있다. 상품을 제대로 어필하기 위해서는 이미지도 너무 작지 않게 배열하고 상품의 설명도 짧지만 핵심적인 문구들을 사용하며 잘 보이도록 신경을 써야 한다.

메인페이지에서의 상품 진열은 단순 나열식보다 인기, 추천, 공동구매 등 섹션을 구분해주는 것이 좋다. 만약 상품이 많지 않고 영역을 구분함으로써 공간의 효율성을 해친다고 생각된다면 아이콘으로 처리를 하기도 한다. 가령 신상품 아이콘, 인기 상품 아이콘, 대박상품 아이콘들이 그것이다.

✚ **그림 12_** 상품 아이콘 사용–빌리윌리

⑤ **하단정보(copyright)**

쇼핑몰 하단에 의무적으로 표시해야 하는 기본적인 쇼핑몰 정보로는 상호명, 쇼핑몰 주소, 연락처, 운영자 정보, 사업자 번호, 안전결제 마크 등이 있다. 위와 같은 정보 표시가 없거나 표시해야 할 항목이 누락되었을 경우, 관리기관으로부터 경고장이 날아온다.

최근엔 고객센터 운영시간을 보다 구체적으로 하단에 적는 몰도 많아지고 있다.

하단정보란도 디자인을 가미하는 쇼핑몰들이 늘고 있다. 단순한 텍스트로만 적는 공간이라는 개념에서 벗어나 사이트를 마무리하는 곳간으로서 하나의 큰 그림을 완성하는 구도를 그린다고나 할까? 시각적으로 하단을 활용하는 것도 좋은 아이디어일 수 있다.

다음은 한 의류 쇼핑몰에서 하단을 이미지로 그려낸 사례이다.

✛ **그림 13_** 핑키걸 쇼핑몰 하단

2) 고객의 지갑을 여는 상품페이지 전략을 세워라

오프라인 매장에서는 직접 제품을 설명해주면서 흔들리는 소비자의 마음을 잡아주는 영업사원이 있다. 인터넷 쇼핑몰에서는 영업사원의 역할을 상품설명페이지가 해야 한다.

뛰어난 영업사원은 어떤 사람일까? 외모가 뛰어난 사람? 이것이 다는 아니다. 상품페이지도 단지 예쁘게만 만들어졌다고 해서 좋은 페이지는 아니다. 상품설명이라는 고유의 역할을 충실히 해내었을 때만 가능하다. 쇼핑몰에 있는 상품마다 상품의 특징을 잘 잡아내어 바로 옆에 고객을 두고 설명하듯이, 제품을 직접 보여주는 듯하게 만들어야 한다.

어떤 전략적 포인트를 가지고 상품페이지 전략을 세우면 좋을지를 알아보자.

그림 14_ 원어데이-하루에 한 가지 제품을 최대한 자세히 설명한다는 컨셉

① 상품명에 유입 키워드를 넣어라

상품페이지도 이를 보는 고객이 없다면 무용지물이다. 고객이 볼 수 있게 노출이 되기 위해서는 고객이 찾는 키워드를 상품명에 잘 녹아내야 한다. 가령 고객이 '땡땡이 니트' 상품을 찾는다고 입력을 한다면 상품명도 '댕땡이 니트'라고 적어야 한다는 것이다. 니트 디자인이 러블리하다고 해서 '러블리스러운 니트'라고 상품명을 적었다면 땡땡이 니트로 검색을 할 경우에는 해당 상품이 느출되지 않는다. 상품평뿐만 아니라 상품 상세설명 내용에도 모두 키워드를 넣어야 한다.

또한 오픈마켓에 상품을 올리는 경우는 브랜드와 상품명, 혜택 및 장점 등을 함께 제목에 길게 나열하는 경우가 많다. 이렇게 나열되는 상품의 제목에 써지는 단어들이 모두 노출을 고려한 키워드라고 생각해야 한다. 구체적으로 설명식의 긴 제목을 다는 이유는 경쟁적으로 노출되는 상품리스팅 제목에서 좀 더 소비자의 눈에 띄기 위해서이기도 하고 키워드 검색 시 관련 키워드가 지목에 들어가 있으면 노출이 많아지기 때문이다. 패션 관련 상품의 경우도 보다 많이 검색될 수 있도록 브랜드와 상품의 구체적인 설명 문구를 제목에 넣는 것이 좋고 때로는 긇이 검색이 되는 '연예인 ○○○스타일', '브랜드 ○○○스타일' 등의 수식어도 사용한다. 소비자의 눈길을 끌기 위해 MD추천, 10% 할인, 무료배송, 무이자 할부, 3차 입고 등의 수식어를 붙이기도 한다.

예) '아베크롬비스타일 st 스커트 여성용 카고 미니스커트/치마/김태희 스커트'

'아베크롬비스타일 랩스커트 총알배송 한정판매 대박세일 최저가 카고밀리터리'

✚ **그림 15_** 11번가 상품리스트 화면

제품명을 입력할 때 일부 제품은 브랜드별 세부적인 모델명이 다를 수 있는 것을 유의한다. 특히 컴퓨터와 가전제품에서 모델이 다른 경우가 많다. 가령, '엡손EB-X7' 식이다. 상품에 대한 정보가 없을 때는 브랜드로 검색을 하는 경우가 많지만 구매의사가 클수록 브랜드와 모델명을 더해서 구체적인 단어 조합으로 검색을 한다. 검색 노출을 고려한다면 상품제목에 모델명까지도 구체적으로 적는 것이 좋다.

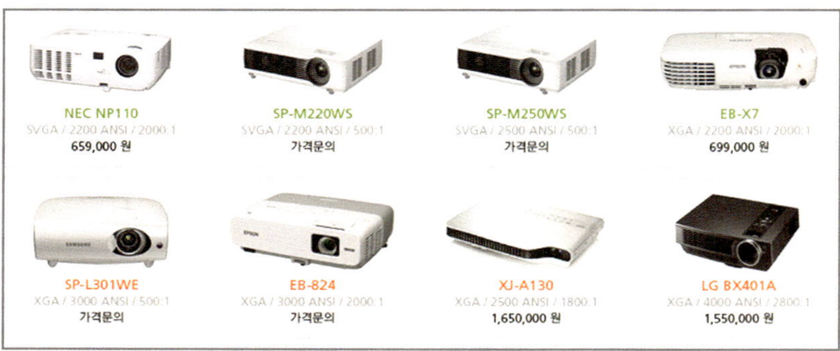

✚ **그림 16_** 프로젝터1번가

네이버 지식쇼핑의 경우도, 개인 쇼핑몰의 상품이 입점이 되는데 소비자가 입력하는 검색키워드가 상품명에 있어야 노출이 된다.

+ **그림 17_** 네이버 지식쇼핑 검색결과

개인 쇼핑몰의 경우는 상품명을 한 줄로 단순히 적었던 것에서 벗어나 상품명 밑에 간단한 한 줄 소개 글을 넣고, 인기, 주문폭주 등의 아이콘을 더 첨가해 상품 제목란을 활용하는 쇼핑몰이 많다.

+ **그림 18_** 헤르츠블루

② 한 상품페이지에 추가로 관련 상품을 노출시켜라

한 상품페이지에서 한 가지 상품만 설명하는 것으로 그치지 않고 해당 상품과 연계된 부가 상품을 같이 노출하는 것이 좋다. 쇼핑몰 운영자들의 얘기를 들어보면 한 상품 페이지에 관련 상품을 같이 노출시키면 매출이 5~10% 상승하는 효과가 있다고 한다.

패션 쇼핑몰도 블라우스를 판매하면서 함께 코디해놓은 바지를 상품페이지 하단에 함께 보여주면 세크 구매를 하는 고객들이 많기 때문에 매출 상승에 큰 효과가 있다. 심지어 관련이 없는 상품이라도 세트 구매를 유도하면 매출상승효과가 있다는 운영자의 경험도 있다.

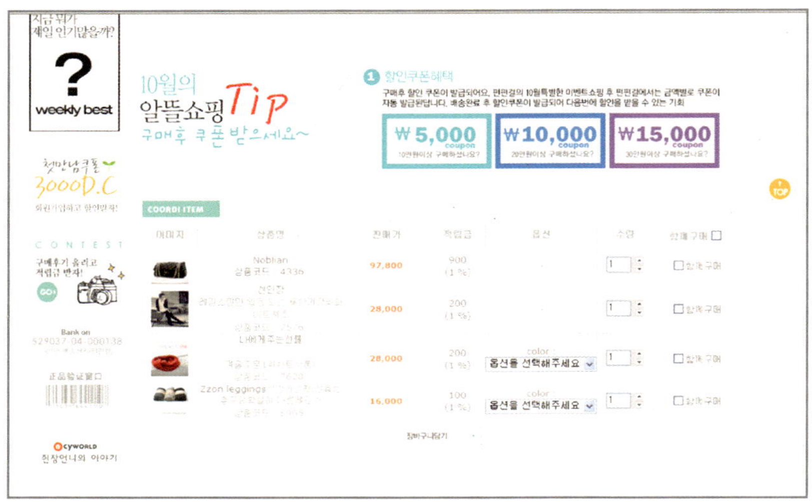

✛ 그림 19_ 펀펀걸

③ 구매후기를 적극 활용하라

쇼핑몰 상품페이지는 무엇보다 소비자 구매후기가 잘 보이도록 쉽게 볼 수 있도록 디자인해야 한다. 구매자의 후기는 매우 중요한 구매결정요인이며 입소문 역할을 한다. 비록 상품의 사진이나 설명이 부족해도 구입한 소비자들이 좋은 평가를 한다면 매출을 이끌어낼 수 있기 때문이다.

구매후기는 상품설명 밑에 바로 볼 수 있도록 하거나 아예 쇼핑몰 메인페이지에서 볼 수 있게 하는 것이 바람직하다.

✛ **그림 20_** 밀란케이–상품설명페이지 밑 후기 노출

✛ **그림 21_** 베이킹스쿨–메인에 이용후기 노출

④ 최적화된 상품의 진열방식을 정하라

메인페이지나 각 카테고리별 페이지에서 한 화면에 몇 개의 상품을 노출시킬 것인지를 결정해야 한다. 이때 상품 이미지의 크기에 따라 노출 상품 수가 달라질 수 있다. 100×100픽셀 정도의 작은 사이즈보다는 200픽셀 이상으로 비교적 크게 보이도록 등록하는 것이 상품을 좋게 보이게 한다.

또한 상품 이미지도 가로 혹은 세로로 이미지를 등록할 것이냐에 따라 쇼핑몰의 전체적인 디자인 느낌이 다르게 되며 직사각형 혹은 정사각형이냐에 따라서도 한 줄에 배열할 수 있는 이미지의 수가 달라질 것이다.

최근 의류쇼핑몰 같은 경우는 모델 중심의 사진보다는 사진의 여백을 살려 분위기를 전달하는 컨셉으로 가로 중심의 사진배열이 늘어가고 있는 것으로 파악이 된다. 그리고 밋밋함을 줄이기 위해 가로 배열된 주 이미지에 세로 배열 이미지를 추가해 믹스 매치 하는 예도 보인다. 일관성보다는 불균형적인 상품배열로 재미를 더하기도 한다.

개별 상품의 상세설명페이지 레이아웃도 중요한 변수이다. 상세설명란에 사진을 많이 넣는다면 세부 컷을 어떤 스타일로 정리를 하고 보여줄 것인지를 정해야 한다.

유명 쇼핑몰의 상품설명페이지를 벤치마킹하도록 하자.

＋ 그림 22_ 재키스타일 www.jackie.co.kr: 전형적인 직사각형 이미지 배열. 간격이 좁아 보이는 대신 전체적인 실루엣을 강조하는 느낌

＋ 그림 23_ 펀펀걸 http://www.funfungirl.biz: 가로와 세로이미지의 불균형 이 오히려 지루함을 없애주는 효과. 사진하단에 짧은 제품소개 글을 넣 어줌으로써 메인화면에서 이미 제품정보를 인지하게 해줌. 소비자의 클릭을 유도

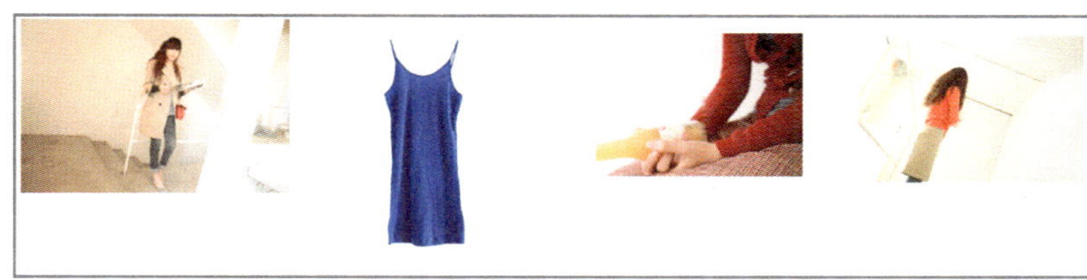

[창업 컨설팅 이모저모] 웹카피 전략을 세워라

인터넷 사이트가 훌륭히 만들어지기 위해서는 4가지 영역의 전문가가 필요하다고 한다. 바로 웹기획자, 웹디자이너, 웹프로그래머, 웹카피라이터이다. 이 중 웹카피라이터는 사이트의 타깃에 맞는 단어와 글을 구성하는 사람들이다. 분명 10대의 말투가 다르고 40대의 말투가 다르니 말이다.

쇼핑몰 창업자도 고객이 편하게 다가올 수 있는 어투와 단어로 쇼핑몰을 기획해야 한다. 즉 웹카피라이터로서의 마음가짐을 가져야 한다.

카피는 짧게 자극적으로 표현하라

웹서핑을 하는 것은 시속 120km로 달리는 차창 밖으로 간판을 읽는 것과 같다는 말이 있다. 쇼핑몰에 머무르는 시간이 단 3초에 불과할 정도로 많은 네티즌이 스쳐 지나가기 때문에 더욱 집중하기가 어려운 환경이다. 그렇기 때문에 웹에서의 카피는 재미있게, 자극적, 직관적, 더욱 짧게 표현해야 고객들의 시선을 받을 수 있다.

글을 쓸 때는 여백을 주어라

모니터에서 읽는 텍스트는 쉽게 눈에 피로를 주기 때문에 웹의 텍스트를 읽는 속도가 종이책을 읽는 속도에 비해 25% 정도 느리다는 연구결과가 있다. 그렇기 때문에 글을 쓸 때는 여백을 주는 것이 중요하다. 어떤 쇼핑몰의 상세페이지를 보면 상품 설명이 지나치게 쭉 나열되어 있어 가독성이 떨어진다. 웹 고객을 생각한다면 적어도 3~4줄 단위로는 여백을 주어 각 해당 글들이 눈에 들어오기 쉽도록 해주어야 한다.

카피를 잘 쓰기 위해서는 역시 벤치마킹이 중요하다. 소위 잘나가는 인터넷 쇼핑몰들을 보면 매일매일, 시즌별로 수많은 이벤트를 기획하고 그 내용을 카피화해서 고객들에게 보여주고 있다. 이런 메시지를 그냥 지나치는 것이 아니라 하나의 카피아이디어노트를 만들어서 재미나거나 눈에 들어오는 카피가 있을 때마다 적어보는 습관을 갖자.

3. 고객의 입맛에 맞게 결제 시스템을 갖춰라

쇼핑몰 메인페이지의 디자인과 상품등록이 어느 정도 마무리가 되었다면 이제 쇼핑몰 제작의 80%를 한 것이나 다름없다. 이즈음 해야 할 작업이 쇼핑몰 내에 카드결제 시스템을 다는 것이다.

쇼핑몰 상품을 장바구니에 담고 결제하기 버튼을 누르면 카드결제가 가능한 시스템으로 화면이 연동되어야 한다. 인터넷 쇼핑몰에서 카드결제연동은 어떤 방식으로 어떤 절차로 이루어지는지 알아보자.

1) 카드결제대행사 PG(Payment Gateway)도 쉽게 설치된다

인터넷 쇼핑몰은 대부분 카드사와의 제휴관계에 있어서 카드사와 직접 가맹을 맺는 방식이 아닌 간접대행방식으로 이루어진다. 즉 인터넷 쇼핑몰과 카드사 사이에 이들을 연계시켜주는 PG(Payment Gateway)사를 선택해야 한다. 지불통로라는 의미로 인터넷 전자지불결제 대행사라 불린다.

PG의 정의

① Web Hosting 업체가 카드사와 직접 가맹점 계약을 맺을 수 없거나 자체가맹점의 불편함으로 인해 업체와 카드사 간 별도의 계약을 체결하지 않고, 전자지불결제 대행(Payment Gateway) 서비스를 이용하여 전자상거래를 할 수 있도록 하는 서비스

② 온라인상점(인터넷 쇼핑몰&일반 사이트)에서 상품과 서비스의 판매대금을 신용카드, 전자화폐, 가상 계좌이체, 휴대폰 결제 등 다양한 결제서비스 수단을 이용하여 편리하게 지불할 수 있도록 지원하는 서비스

흔히 소비자 입장에서 쇼핑몰 결제를 했을 때 작은 창이 열리면서 결제카드번호와 비밀번호 등을 입력하는 과정을 밟게 되는데 이 과정을 진행하는 곳이 PG사이다. 국내에서 대표적인 PG사로는 이니시스, 데이콤, 올앳, KS-NET, LG U+ 등이 있다.

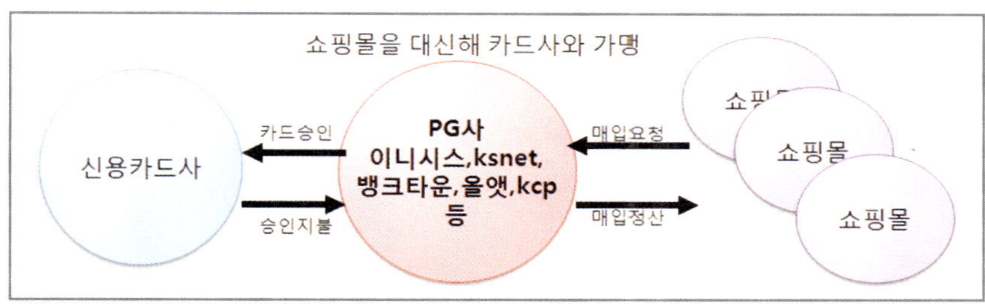

✚ **그림 25_** PG사와 쇼핑몰 간 연계

운영하고자 하는 쇼핑몰에 PG사를 연동하는 것은 아주 간단하다. 쇼핑몰 솔루션사를 선택하면 해당 회사와 이미 제휴가 된 PG사들이 있다. 이 중 PG사를 선택하고 관련 서류만 보내서 통과가 되면 바로 세팅작업이 이루어진다. PG사마다 카드결제 수수료의 차이, 초기등록비 책정 여부, 정산주기, 보증보험 여부 등이 조금씩 차이가 날 수 있으므로 꼼꼼히 살펴보고 결정한다.

✚ **그림 26_** 솔루션사와 PG사 연동-고도몰

+ **그림 27_** 솔루션사의 PG사 소개-고도몰

PG 등록 시의 절차는 다음과 같다. 먼저 온라인상으로 신청하고자 하는 PG사를 선택, 초기등록비를 납부해야 한다. 이때 초기등록비를 받지 않는 회사도 있으므로 참고해서 진행을 하면 된다.

다음으로 PG사에 보낼 계약 서류를 준비해야 한다. 인감증명서 1부, 사업자등록증 사본 2부, 입금계좌 사본 1부, 보증보험증권 원본 1부, 전자지불(eCredit) 수수료 합의서(계약서) 2부, 거래대금입금구좌신고서 1부 등과 같은 서류들이 필요하다.

서류를 우편으로 보내고 나면 PG사는 카드사에 관련 서류를 보내 카드승인심사를 진행한다. 승인심사가 이루어지는데 통상 15일 정도가 소요되므로 이 기간 동안은 카드결제가 되지 않음을 고객에게 공지할 필요가 있다. 가입이 최종 승인이 되면 PG사로부터 관리자모드를 부여받게 되고 아이디와 비밀번호로 관리자 모드에 접속해 카드결제 정산 및 카드결제 취소 작업 등을 할 수 있게 된다.

PG사와의 계약을 진행하면서 보증보험사를 통해 보증보험을 들어야 하는 단계가 있다.

이는 PG사에서 쇼핑몰에 요구하는 절차로 쇼핑몰에서 고객의 상품결제대금을 받고 물건을 배송하지 않아 고객의 클레임이 발생하는 등의 만일에 발생할 수 있는 사고로부터 고객보호를 위해 발급되는 보험증권 서비스에 가입을 하는 것이다.

보증보험을 가입하는 데에도 비용이 발생이 된다. 현재는 패션관련 업종의 경우에 최대 월 결제한도 1,000만 원까지 면제가능하다고 되어 있다. 월 결제 한도란 매월 PG사로부터 정산받는 전체 금액을 말하는 것으로 1,000만 원 한도라고 하면 월 1,000만 내에서의 결제금액은 보호를 받는다는 개념이다. 보험 증권에 가입을 함으로써 매월 한도 금액을 초과하는 결제금액은 이월이 된다.

예를 들어, 월 1,000만 원 결제한도로 보증보험을 들어두었는데 이번 달 결제액이 1,200만 원이 되면 1,000만 원 내에서만 이달 결제가 이루어지고 나머지 200만 원은 다음 달 결제를 받게 되는 셈이다. 보증보험 가입 시 결제한도 금액별로 일정액 수수료 이자를 곱해서 증권비용을 내게 되는데 통상 연 1.92%로 책정된다. 면제 여부는 상담을 통해 아이템을 보고 결정이 된다.

예) 월 500만 원 결제한도 × 연 1.92%=96,000원

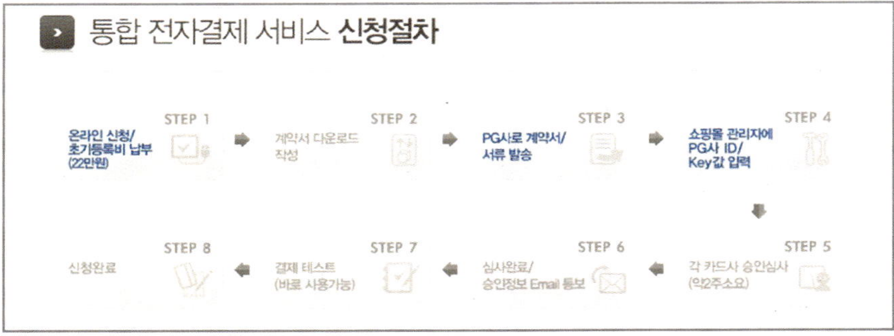

✚ **그림 28_** PG사 신청절차

✚ **그림 29_** 보험증권 신청 화면

2) 카드결제대행사 PG(Payment Gateway)사의 다양한 결제지원 서비스

PG사에서는 다양한 결제수단 지원 서비스를 하고 있다. 가장 대표적인 수단은 카드결제로 대게 카드수수료는 3.4%~3.5%가 일반적이다. 계좌이체 서비스도 지원하고 있는데 소비자가 자신의 통장번호를 입력하면 해당 통장에서 자동으로 결제금액을 인출해주는 서비스이다. 타 은행 계좌 이체 시 수수료가 500원 이상 발생되는데 사업자가 이 비용을 대신 내는 서비스이다. PG사에서는 200원 정도의 비용이 책정되는 게 일반적이다.

또한 가상계좌 서비스도 하고 있는데 무통장입금 서비스를 하면서 사업자가 만들어낸 통장만을 이용하는 것이 아니라 소비자에게 가상계좌를 보여줌으로써 소비자 개인별로 입금 여부를 자동으로 확인할 수 있는 서비스이다. 무통장입금을 했는지 여부를 확인하기 위해 일일이 통장을 정리하는 일도 쇼핑몰이 어느 정도 규모가 커지면 매우 번거로운 일이다. 이때 가상계좌 서비스를 이용하면 소비자가 입금을 했는지 안 했는지 여부를 은행에서 자동 체크해주기 때문에 편리할 수 있다.

물론 소액의 수수료가 발생되기 때문에 이를 감안해야 한다.

더불어 현금 영수증 발급 서비스도 PG사를 통해서 이루어지며 휴대폰 결제도 지원을 한다. 휴대폰 결제의 경우는 실물 상품을 서비스 하는 일반 쇼핑몰에서는 많이 이용하지 않고 콘텐츠 결제를 하는 사이트에서 주로 애용하는 방법이다. 수수료가 카드결제보다 2배 이상 크고 정산주기가 소비자가 휴대폰 비용을 지불하는 시점으로부터 생기기 때문에 매우 길다는 단점이 있다.

많은 쇼핑몰에서는 PG사의 결제수단 중 카드 결제 부분만을 이용하는 것이 일반적이다.

3) 현금결제에 대한 보호장치, 에스크로를 이용한다

전자상거래 등에서의 소비자보호에 관한 법률 제13조 제2항 제10호는 다음과 같은 규정을 두고 있다.

"선불식 통신판매업체는 서울보증보험(주)의 소비자피해보상보험계약(전자보증 서비스) 및 제3자에 의한 결제대금 예치제도 등의 구매안전서비스를 의무적으로 도입, 소비자가 그 이용 여부를 선택할 수 있도록 제공함으로써, 비대면 거래에서 오는 소비자 피해로부터 소비자를 보호해야 한다."

이것이 바로 통신판매업자의 구매안전서비스에 가입을 해야 한다는 의무조항으로 서울보증보험의 소비자피해보상보험에 가입을 하거나 에스크로(결제예금예치제)를 사용해야 한다.

에스크로는 매매보호시스템을 일컫는 것으로 판매자와 구매자 사이에 공신력 있는 제3의 기관이 연결되어 소비자가 판매대금을 입금하고도 상품을 제때 받지 못하는 피해를 없애고자 하는 제도적 보완장치이다. 옥션이나 G마켓과 같은 오픈마켓에서는 오래전부터 시행해왔던 시스템으로 구매자가 입금을 하면 해당 입금액을 G마켓과 옥션이 보관해두고 있다가 판매자가 물건을 배송하고 구매자가 수취확인을 해주면 그때 입금액을 판매자에게 지급하는 방식이다. 오픈마켓은 이 제도로 상품을 받지 못하는 소비자 피해는 없어졌는데 반해 개인 쇼핑몰에서는 결제 후 상품을 받지 못하고 구매액을 떼이는 피해사례가 계속 발생됨으로 해서 새롭게 법적 조항이 생긴 것이다.

소비자피해보상보험은 일명 전자보증서비스라 불리는데 쇼핑몰 사업자가 전자보증 서비스에 가입하면 소비자가 상품 구매 시 모든 소비자에게 결제금액을 보증하는 보험증권발급을 이메일로 전자적으로 발급하는 시스템이다. 소비자는 해당 증권을 이메일로 간직하고 있다가 혹시 제품을 정상적으로 받지 못한다고 판단이 들면 서울보증보험사에 가서 해당 결제금액을 돌려받을 수 있다. 이 또한 소비자 피해를 차단하는 제도적 장치인 것이다.

2006년 4월 1일로 해서 구매안전서비스 가입은 의무 조항이 되었다. 이젠 쇼핑몰에서 총 결제금액이 5만 원 이상으로 현금 결제가 이루어질 때는 구매안전서비스를 통해 결제를 하도록 해야 한다. 배송이 필요 없는 거래 시나 5만 원 이하의 결제는 제외된다.

이 두 가지 서비스에 대한 장점과 단점을 보고 선택하며 이 같은 구매안전서비스 세팅도 먼저 지원사와의 계약을 한 후 쇼핑몰 솔루션에서 간단한 클릭이면 사용가능하다(발췌: 고도몰).

	소비자피해보상보험(결제대금보호)	에스크로(결제대금예치)
서비스 개요	소비자가 10만 원 이상의 현금결제 시 서울보증보험㈜이 소비자에게 보험증서를 발급하여 인터넷 쇼핑몰 사고로 인한 소비자의 금전적 피해를 100% 보상하는 서비스	소비자가 10만 원 이상의 현금결제시 상품의 결제대금을 은행 등의 제3자에게 예치하고 배송 후 소비자가 해당 쇼핑몰 사이트에서 구매확인 처리를 할 경우 제3자(은행 또는 공신력기관)가 상품의 결제 대금을 판매자에게 지급하는 서비스
보상 대상	폭넓은 보상 서비스 • 상품 미배송: 상품 결제 후 상품 미수령 등의 피해 사례 • 환불/반품 거부: 상품 수령 후 환불 및 반품 사유이나 상점 거부 시 • 상품 하자: 상품 수령 후 제품 하자 발생 등의 피해 사례 • 쇼핑몰 부도: 쇼핑몰 부도로 인한 상품 미배송 및 소비자 피해 사례	미배송, 배송지연
보상 기간	주문일(보증서 발행일)로부터 37일 이내 보상 청구 가능	구매확인 시점
장점	**1. 신속한 현금 유동성** 주문 건별로 보험증서가 발행되며, 구매 이후 제3자 사업자에 결제대금 예치가 필요 없이 판매자의 계좌로 직접 입금되어 언제든지 인출 가능하므로 자금 흐름이 원활함 (판매상품 단가가 높아 현금유동이 원활해야 하는 상점에서 선호) **2. 구매자의 100% 보상** 보증서 발급 이후 보상 청구 한 경우, 구매자는 결제한 상품결제대금 전액을 보상받을 수 있다(단, 소비자 과실제외).	1. 판매자의 매출실적에 따라 금융기관 대출/융자가 용이 2. 수수료가 저렴함
단점	보증보험 증권 발행에 대비한 예치금을 사전에 충전식 예치하여야 함	금융기관에 판매대금이 보관되어 소비자가 결재확인 시 판매자 통장에 입금되므로 자금흐름이 상대적으로 불편함

✚ **표 1_** 소비자피해보상보험과 에스크로 비교

[창업 컨설팅 이모저모] 구매안전서비스에 대한 통신판매업자의 표시/광고 또는 고지 방법

(2007년 9월 1일 가입표시 의무화)

통신판매업체는 사이버몰 초기 화면 및 소비자가 결제수단을 선택하는 화면에서 구매안전서비스의 가입사실 및 서비스의 내용을 반드시 표시/광고 또는 고지하도록 의무화하고 있다. 소비자가 이해하기 쉽게 표현하고 인식하기 쉽게 잘 보이는 자리에 정보를 제공, 표시해야 한다.
(전자상거래 등에서의 소비자보호에 관한 법률 제13조 제2항 저8호 및 제10호, 제13조 제4항)

① 표시 · 광고 또는 고지의 위치를 사이버몰 초기화면과 소비자의 결제수단 선택화면 두 곳으로 정함
사이버몰 초기화면에서 사업자의 신원 등 표시사항 게재부분인 게인 하단의 좌측 또는 우측에 구매안전서비스 관련사항을 표시하도록 함. 소비자의 정보가독성 제고
또한 소비자가 정확한 이해를 바탕으로 구매안전서비스 이용을 선택할 수 있도록, 결제수단 선택부분의 바로 위에 구매안전서비스 관련사항을 알기 쉽게 고지하도록 함

② 표시 · 광고 또는 고지 사항으로 다음의 세 가지를 규정함
– 현금 등으로 10만 원 이상 결제 시 소비자가 구매안전서비스의 이용을 선택할 수 있다는 사항
– 통신판매업자 자신이 가입한 구매안전서비스의 제공 사업자명 또는 상호
– 소비자가 구매안전서비스 가입사실의 진위를 확인 또는 조회할 수 있다는 사항

• 에스크로 제공업체 및 해당 서비스인증마크

• 소비자피해보상보험 마크

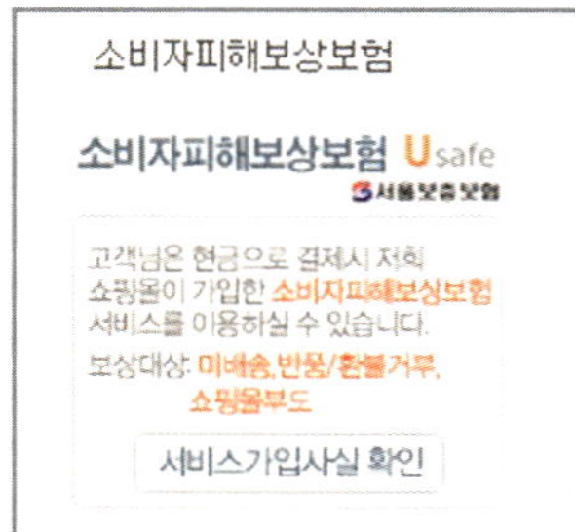

4. 고객을 사로잡을 수 있는 택배와 포장 전략을 찾아라

인터넷 쇼핑몰을 구축하면서 가장 마지막 단계에서 준비하는 작업이 택배사 계약을 통한 배송문제 해결부분과 제품 배송 시 포장문제이다. 배송에 있어서는 대게 택배를 선호하지만 시간이나 지역에 따라 경우에 따라서는 퀵서비스, 지하철 택배, 다마스 택배, 터미널 택배 등 다양한 수단을 강구하게 된다. 이번 파트에서는 가장 일반적인 배송수단인 익일 택배에 대해서만 알아본다.

1) 처음 거래 땐 중형급 택배사를 선정하는 게 일반적

먼저 택배사를 선택할 때는 택배사의 규모나 안정성, 소비자 평가 등을 고려해 택배사를 선택해야 한다. 택배의 실수는 고스란히 인터넷 쇼핑몰의 실수로 인식되어 이미지에 타격을 받기 때문이다. 더불어 자신이 판매하는 아이템의 특성을 고려해 업체를 선택해야 한다. 신선식품이나 파충류(생물택배) 같은 특별한 아이템의 경우는 해당 아이템의 전문 업체를 이용하는 것이 바람직하다.

택배사로는 한진, 대한통운, 우체국 택배사부터, CJ택배, 로젠택배, 아주택배, 옐로우캡, 동부 익스프레스 등 알려진 많은 택배사들이 있다. 택배비용은 제품에 따라, 무게에 따라 택배사 정책적으로 기준 가격을 명시하고 있음으로 이를 참고하면 좋다.

첫 거래 시에는 대형급 택배사보다 중형급 택배사를 추천하는 경우가 많다. 가격면에서도 저렴하고 초기에는 소량이기 때문에 거래가 용이해서이다. 택배비용은 통상 1건당 2,500~3,000원이 일반적이다.

택배비를 조율할 때는 해당 비용이 부가세 포함 가격인지 아닌지 여부를 확인한다. 택배사마다 도서, 산간지역이나 제주도의 경우 추가운임이 들 수 있음으로 이 또한 미리 확인해두는 것이 필요하다.

사고 보상 기준이나 소비자 보호 정책도 검토해야 한다. 본 저자의 경우, 택배를 이용하면서 한 번은 50만 원 상당의 상품을 택배를 통해 고객에게 배송했는데 고객이 받지 못하는 사태가 벌어져 결국 택배기사가 보상하는 사건이 있었다. 이 경우, 택배사가 보상하는 기준이 보험에 들어둔 상품에 따라 틀려지겠지만 일반적으로 50만 원까지만 현금보상액이 가능한 것으로 확인되었다. 만약 50만 원이 넘는 상품을 보내다가 중간에 유실되는 사건이 발생하면 50만 원 이상의 피해액은 택배사로부터 보상받기가 어렵다는 사실이다.

참고로 모든 택배사가 모든 상품을 일반 택배로 취급한다고 생각하면 오산이다. 택배사마다 어느 정도의 택배가 불가능한 상품으로 제한을 두는 상품들이 있다. 특히 지나치게 고가인 상품이나 배송 시 파손우려가 큰 상품 등은 취급을 하지 않는 경향이 있다.

다음은 우체국 택배사에서 우편법 제17조 제1항의 규정에 의하여 우편제한제품으로 고시한 물품목록이다.

구분	제한 물품 내역
현금 및 유가증권	현금, 어음, 수표, 상품권 등 현금화가 가능한 물품
변질 및 부패성 물품	활어, 동물, 동물사체, 화훼류 등
전자제품	컴퓨터 본체, 프린터기, 모니터, 노트북 등
파손우려 물품	유리 및 유리제품, 항아리, 도자기 등
대형가구	침대, 장롱, 책상, 소파 등(1인 운반 불가 물품)
대형물품	자전거, 오토바이, 철제품 등(1인 운반 불가 물품)
기타 선편	포장하기 곤란하거나 타 우편물에 피해를 줄 우려가 있거나 상품가격이 300만 원을 초과하는 물품
비고	* 중량은 30kg 이하이고, 한 변의 최대 길이는 100cm 이내에 한해 취급함 * 가로+세로+높이=160cm 이내

✚ **표 2_** 우체국택배의 택배제한물품내역

대부분 택배사를 정하면 대표전화를 걸어 해당 관할지역의 영업소를 연결 받게 된다. 간단히 사업을 소개하고 계약을 구두로 한다. 그.후 택배기사가 사업장을 방문하고 송장을 전달해준다. 언제부터 방문을 하면 될지, 시간대 등을 체크하면 바로 택배사 지정은 마무리가 된다.

택배비용은 건당 결제로 이루어지지만 한 달 결제로도 가능하다. 초기에 수량이 적을 때는 요령껏 기사와 상의를 해서 방문하는 날을 조율하면 된다.

택배양이 많아지면 점점 쇼핑몰의 우위가 커지면서 수량에 따라 기존 택배비를 조금 더 저렴하게 계약을 진행할 수 있다. 하루에 100개 이상의 물량이 나올 때는 건당 2,000원 미만으로 계약이 진행되기도 하므로 시간을 두고 택배사와의 제휴관계를 점검해 나간다.

최근에는 쇼핑몰 동호회나 커뮤니티를 대상으로 특정 택배사와 공동택배를 이용하는 예도 늘고 있다. 한 택배사를 고정으로 여러 쇼핑몰이 공동 이용할 경우, 물량도 많아지기 때문에 가격적인 혜택을 같이 누리면서 이용을 하는 방법이다. 다양한 경로로 어느 택배사가 시스템이 안정되어 있는지, 가격적인 메리트는 있는지, 화물 추적 서비스는 잘 되어 있는지 등등 확인해보고 결정하자.

택배사와 계약을 마치게 되면 쇼핑몰에 바로 배송관련 정책 내용을 사이트에 디자인해야 한다. 모든 상품에 대해 무료 배송을 할 것인지, 일정 금액 이상이 되어야 무료 배송을 할 것인지 등을 결정하고 이를 표시하며 교환, 반품, 환불 시에 발생할 수 있는 택배비를 얼마나 어떤 절차로 진행을 할 것인지도 미리 사전에 세팅을 해서 공지를 해놓아야 한다.

대게 현재의 쇼핑몰에서는 고객의 단순 변심일 경우는 왕복 배송비를 고객이 물도록 하며 쇼핑몰의 실수로 물건이 잘못 배송된 경우는 당연히 업체가 다시 배송비를 물고 있다.

어떤 고객은 교환이나 반품을 신청하면서 무작정 착불로 보내는 경우가 있어서 착불로 보낼 시 계약된 택배사를 이용하는 방법 등의 대안을 생각해두어야 한다.

배송에 있어서 많은 소비자는 물건이 언제 도착하는지를 가장 궁금해한다. 택배를 붙이고 송장번호가 나오면 바로 송장번호를 솔루션 내에 기입을 해놓고 소비자로 하여금 택배사 홈페이지를 통해 화물추적서비스를 확인해볼 수 있도록 꼼꼼히 안내하는 것이 중요하다.

2) 포장 컨셉 및 재료도 아이템마다 다르게 결정

마지막으로 쇼핑몰 오픈을 준비하며 마련해야 할 것은 포장 재료들이다. 대부분 의류 같은 제품들은 비닐포장이 일반적이어서 재료 가격도 저렴하고 쉽게 포장됨으로 포장에 대한 고민이 적다.

부피가 큰 침구류 같은 경우, 압축 팩과 같은 서비스를 이용, 부피를 작게 해서 포장할 수도 있으며 인형은 부직포장, 식선식품은 스티로폼 박스를 이용한다든지 등의 개별 상품마다의 포장법이 다르다. 대부분의 공산품도 제조단계에서 이미 박스포장이 되어 나오는 경우가 많아 겉포장만 하면 되는 경우도 많다.

가장 일반적인 포장은 박스포장이다. 본 저자의 경우, 액세서리를 판매하면서 액세서리를 그냥 그대로 넣을 수가 없어서 액세서리를 넣을 수 있는 예쁜 케이스를 구입했고 이 케이스에 종이 포장까지 한 번 더해서 박스 안에 넣을 수 있었다. 3중 포장이 되는 셈이다.

포장은 직접 고객에게 전달되는 고객접점이 되는 마지막 단계의 서비스이다. 상품의 안내 및 구매까지 웹상에서 수요를 이끌어내었는데 막상 제품을 받는 마지막 단계에서 실망을 한다면 최종적으로 고객을 놓치는 경우가 된다. 특히 제품이 고가인 경우, 고가 제품을 받는 고객은 포장상태에 더욱 민감해질 수 있다. 어느 고가의류를 취급했던 쇼핑몰에서는 포장에 있어서 백화점에서나 하는 고급 박스와 고급 리본을 사용, 고급스러움을 표현하는 포장을 해서 고객의 호응을 이끌어내었다는 운영자도 있다. 중요한 선물의 경우에도 선물을 받는 이의 마음을 읽는 포장이어야 한다. 받아서 박스를 개봉했을 때 느낌이 좋을 수 있도록 향수를 뿌려두는 운영자도 있다. 어느 부분까지를 세심하게 신경 써주느냐가 단골 고객을 만드느냐 고객을 잃어버리느냐를 결정한다.

일반적인 포장 재료는 대게 방산시장(5호선 을지로 4가)에서 구입하는 것이 일반적이다. 요즘은 인터넷 포장 쇼핑몰도 상품도 많고 가격적인 우위도 많아 잘 되어 있음으로 온라인으로 포장 재료를 구입해도 좋다. 기본적으로 구입하는 포장아이템으로는 완충제 역할을 하는 에어캡이 있다. 박스 구입 시에는 실제 배송될 상품의 사이즈를 재어 조금의 여유 공간을 둔 박스를 골라야 하며, 하나의 포장만이 아닌 2개 이상의 주문에 대해 보낼 수 있는 박스를 추가로 구입해두는 것도 필요하다.

한 포장전문가는 인터넷 쇼핑몰에서 이용가능한 포장의 법칙을 설명했다. 다음은 인터넷 포장의 법칙이다. 참고하자.

① 빨리 포장할 수 있어야 한다.

② 재료비도 적게 드는 포장법이어야 한다.

③ 독창성이 있어야 한다.

④ 포장지 색은 다양한 고객층을 고려, 무난한 톤으로 선택한다.

⑤ 리본의 경우, 리본 보호대 사용하자.

⑥ 포장으로 브랜드 심을 수 있다는 생각을 갖고 연구하자.

+ 그림 30_ 포장 쇼핑몰-진마켓

요즘은 쇼핑몰에서 취급하는 물품에 따라 특별한 택배상품을 만들어 별도로 관리하는 경우가 있어 배송 보낼 아이템을 택배사 선정 시 사전에 상담하는 것이 필요하다.
요즘은 물류전쟁이다. 택배사마다 택배상품이 하나일 것으로 생각하기 쉽지만 소비자의 니즈에 따라 다양한 택배상품을 운영 중이다. 다음은 한 택배사의 택배상품군이다.

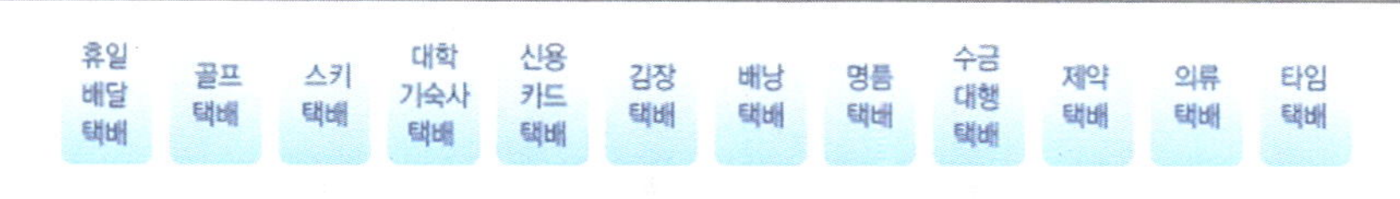

대한통운 택배상품 종류 - 대한통운

- 휴일배달택배: 맞벌이 부부 및 자영업자를 위하여 일요일 및 공휴일에 배달하는 서비스
- 골프택배: 골프여행을 편안하게 도와드리는 골프장비 전문 배달 서비스
- 스키택배: 동절기 스키인들을 위한 스키용품 전문 배달 서비스
- 대학 기숙사 택배: 방학을 맞아 귀향하는 학생들의 물품을 집화, 배달하는 서비스
- 신용카드택배: 기업고객(신용카드사)에 한해 유가증권(신용카드) 배달 서비스
- 김장택배: 겨울철 김치를 보내고자 하는 고객을 위해 스티로폼 용기에 포장, 배달 서비스
- 배낭택배(바캉스택배): 산과 바다 등 휴양지까지 여행용 가방 및 배낭을 배달하는 서비스
- 명품택배: 전국 각 지역의 특산물 및 우수 공산품을 주문 받아·산지 직송하는 서비스
- 제약택배: 병의원 및 약국으로 약품 배달 후 거래명세표를 회수하는 서비스
- 수금대행택배: 화물배달과 함께 판매대금의 수금을 대행하는 서비스
- 타임택배: 고객이 원하는 날짜와 시간에 맞춰 배달해드리는 서비스
- 의류택배: 의류를 백화점 등 의류매장에 배달하는 의류 전문 배달 서비스

포장에 있어서 특별한 센스로 성공을 하는 몰들이 있다. 특히 성인용품, 빅 사이즈 의류, 속옷, 다이어트 제품 등을 판매하는 쇼핑몰로 고객들이 택배박스의 상품표시가 드러나는 것이 부담스러울 수 있다는 점에 착안, 택배 운송장의 상품설명 부분을 스티커로 가리거나 0·에 삭제하는 서비스를 제공한 것

△ 성인용품 판매 쇼핑몰 펀펀조이(www.funfunjoy.com)
'택배 배달원도 알지 못하는 비밀 배송'을 원칙. 불투명 포장지로 1차 비밀 포장한 후 상품을 '잡화'로 표기하고 상호 및 반송지도 법인명이나 택배사 주소로 배송

△ 속옷 전문몰 스토리이즈(www.storyis.co.kr)상품 내역 부분을 삭제한 후 송장을 출력. 주문 내역서를 따로 마련해야 하기 때문에 배송 작업 시간이 2배 이상 소요되지만 믿고 주문하는 단골손님들이 증가

시장의 변화를
빠르게 읽는
쇼핑몰 MD가 되어라

1. MD의 시작은 나만의 상품공급처를 확보하는 것이다

2. 상품 기획의 핵심 요소를 찾아라

3. 성공하는 쇼핑몰 머천다이징의 프로세스를 이해하라

쇼핑몰 시장 전쟁터에 나가면서 총알을 준비해야 한다면 그것은 소비자의 마음을 녹일 판매 상품이 될 것이다. 상품소싱은 쇼핑몰 사업의 초기부터 가장 경쟁력 있는 부분으로 고민하고 만들어야 할 부분이다.

지금까지 쇼핑몰 구축에 대한 실제 절차를 학습했다면 이제부터는 보다 본격적으로 쇼핑몰 창업의 내실을 기할 수 있는 운영 전략 파트를 알아본다. 그 첫 파트로 인터넷에서 머천다이징을 어떤 방식으로 어떤 고민들을 해야 하는지 깊이 있게 생각해보자.

상품소싱 전문가를 MD(머천다이저)라고 하는데 이는 쇼핑몰 창업자가 반드시 갖춰야 하는 필수 요건이다. MD가 갖추어야 할 소양이 무엇인지도 알아보자.

1. MD의 시작은 나만의 상품공급처를 확보하는 것이다

쇼핑몰 창업 시 가장 먼저 중요하게 아이템을 고민한다면 아이템을 구체적으로 어디서, 어떻게, 얼마나 구입할지 등을 결정하게 되는 핵심이 바로 머천다이징의 영역이다. 성공한 쇼핑몰이 갖는 상품소싱 경쟁력의 공통점을 알아보자.

1) 원가우위 소싱 능력, 신상품기획 능력에서 뛰어나야 한다

성공한 쇼핑몰들은 모두 상품소싱에서 경쟁력을 갖추고 있다. 성공한 쇼핑몰들은 모두 소비자가 원하는 상품을 제때 골라 쇼핑몰에 올려놓는다. 더 나아가 소비자가 원하는 상품의 트렌드를 앞서 나가 지갑을 열 만한 제품을 선보이는 능력을 가지고 있다.

성공한 쇼핑몰들이 가지는 상품소싱 능력을 두 가지로 살펴보면 하나는 제품의 가격부분에서 원가우위전략을 가지고 있다는 것과 다른 하나는 신상품기획 능력을 가지고 있다는 것이다.

먼저 원가우위의 상품소싱 능력은 쇼핑몰의 매출을 견인하며 수익을 이끌어내는 데 필수적인 요소이다. 소비자가 상품을 구입하는 데 많은 요소를 고려해 선택하지만 가장 크게 결정적으로 영향을 미치는 것은 가격으로 볼 수 있기 때문이다. 같은 상품이라도 보다 저렴하게 공급을 받아올 수 있어야 경쟁사와의 가격싸움에서 우위가 생기는데 성공한 몰들은 이 부분에서 잘하고 있는 것이다. 쇼핑몰은 얼마나 좋은 가격으로 상품을 공급할 수 있느냐가 성공의 바로미터이다.

신상품기획 능력은 다른 쇼핑몰에는 없는 자신만의 색을 지닌 상품을 개발하는 능력이다. 상품의 경쟁력을 갖추기 위해 유명 쇼핑몰들은 어느 정도 자체 제작상품을 만든다. 똑같은 상품으로 경쟁력을 갖는 데에는 일정한 한계가 있기 때문이다. 나의 쇼핑몰에 만족하는 단골 고객을 확보하기 위해서 우리 쇼핑몰만의 상품을 만들어내는 것이 성공전략이다.

창업자가 보는 상품의 안목은 매우 중요하다. 소비자 트렌드에 발맞춘 상품을 공급하기 위해서는 그만큼 아이템에 대한 상식이 풍부하고 정보를 많이 가지고 있어야 하며 변화하는 트렌드에 발맞추려면 공부도 열심히 해야 한다.

2) 사입의 시기와 양을 조절하는 재고 관리 노하우

성공하는 쇼핑몰들은 재고 관리를 철저히 하고 있다. 쇼핑몰 운영 초기에는 아직 쇼핑몰이 정상적으로 고객이 유입되고 매출이 안정화되지 않았기 때문에 사입의 리스크를 최소한으로 결정한다.

인터넷 쇼핑몰은 주문 후 배송이기 때문에 쇼핑몰 운영 시 판매할 제품의 이미지만 있다면 재고를 가지지 않아도 배송이 가능하다. 운영 초기에는 고객이 좋아하는 제품이 어느 제품인지를 잘 모르기 때문에 통상 6개월 정도는 고객의 취향을 파악하는 데 시행착오 기간이 필요하다. 이 기간 동안은 제품을 서둘러 많이 구입하지 않는 것이 바람직하다.

운영 중반에 이르면 판매하는 상품의 수가 많아지고 거래처 또한 많아지면서 어느 정도 재고를 마련하게 된다. 이때부터 재고 관리가 어려울 수 있다. 대게 재고 관리 프로그램을 따로 설치, 상품을 등록하고 일련번호를 만들고 소프트웨어가 재고의 부족분과 필요분을 알려주도록 한다. 판매하는 상품마다 제조일정을 파악해 판매량 대비해 적정재고량을 설정하고 미리 주문을 해놓는 것이 중요하다.

재고 관리에 허점이 없어야 앞으로 장사하고 뒤로 밑지는 예가 없어지게 되므로 잘나가는 쇼핑몰은 상품의 재고 관리에 대해 그들만의 노하우를 갖고 있다.

3) 돈독하게 상품소싱처와의 관계를 만들어라

성공한 쇼핑몰들은 상품소싱처와 원활한 관계를 맺고 있다. 상품의 제조를 직접하지 않고 제조사나 도매처로부터 상품을 공급받는 입장에서는 더더욱 이들과의 관계를 잘 유지해야 한다. 신상품을 유리한 조건에서 선점하고 제품의 사입이나 사후처리에서도 좋은 조건에서 계약을 할 수가 있다. 직접적인 관계를 맺지 않고 있다고 하더라도 시장의 동향을 읽고 사업의 운영방향을 정하는 데 동반자로서의 정보교환을 원활하게 할 수 있다.

주문이 적어도 자주 거래처에 들러서 인사를 나누고 친분을 쌓으면 거래조건이 좋아진다. 신뢰로서 관계를 만들어가는 것이 매우 중요하다.

이와 같은 세 가지 요소, 상품의 가격경쟁력과 신상품기획력, 재고 관리 노하우, 상품소싱처와의 원활한 관계가 성공한 쇼핑몰들의 노하우이다.

2. 상품 기획의 핵심 요소를 찾아라

상품기획이 얼마나 중요한지를 성공한 쇼핑몰들의 공통 조건으로 살펴보았다. 그렇다면 상품기획의 핵심요소는 무엇일까.

1) 고객 분석을 통한 판매상품 기획

쇼핑몰에서의 상품 기획을 할 때는 먼저 고객 분석을 해야 한다. 고객을 정확히 정의하면 판매하고자 하는 상품의 가이드라인이 정해진다. 만약 20대 여성이면서 전문직 여성이고 미혼이며 유행에 민감한 트렌드 리더르 고객을 설정했다면 그들을 위한, 그들이 좋아할 만한 의류를 고르기 위해 최신 잡지를 살펴보고 시장을 나가서 가장 유행을 선도하는 의류를 고를 줄 알아야 할 것이다. 스타일링이 만들어진다면 가격보다도 디자인에 과감히 투자할 수 있는 고객층일 것이다.

이렇듯 고객에 따른 상품의 기획이 어느 정도 방향이 그려지면 이제는 구체적으로 판매 상품을 분류하고 구색을 맞추어야 한다. 고객에 맞춘 상품을 그려내는 일도 어려운 일이지만 실제 적합한 상품을 시장에서 찾을 수 있느냐의 문제는 또 다르다. 그것도 좋은 거래처를 통해 좋은 가격에 구할 수 있어야 한다.

판매 상품은 크게 3가지 구성으로 이루어진다. 쇼핑몰의 대표 상품이라고 할 수 있는 주력 상품 라인이 정해져야 하고 상품 구색을 위해 특정 선호층을 위한 보조 상품을 마련해야 하며 충동적으로 쉽게 손이 가는 미끼 상품을 준비해야 한다. 각 파트에 어울리는 상품을 소싱할 수 있도록 사전에 거래처 조사를 제대로 해야 한다.

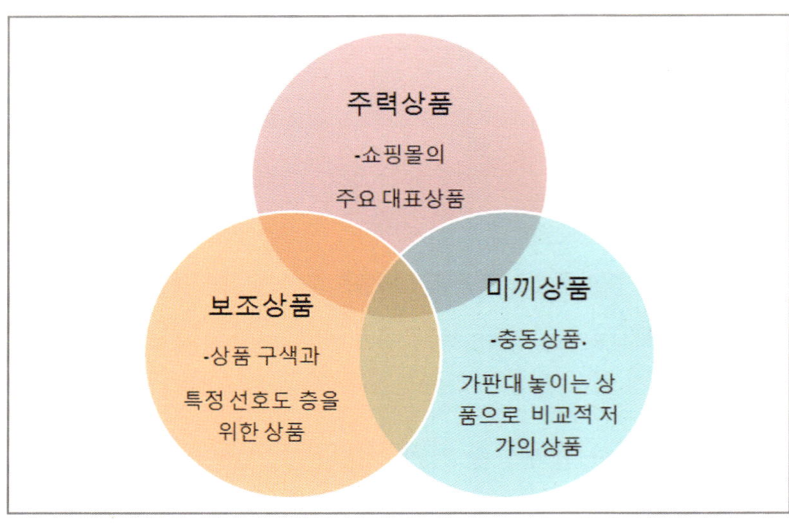

✚ **그림 1_** 판매상품의 분류

2) 소비자의 심리 저지선을 고려한 가격전략

상품의 가격은 원가와 마진을 고려해 결정하는데 카드수수료, 포장비, 배송료, 부가세(세금10%) 등의 지출비용도 반영한다. 가격을 결정할 때는 동일제품, 유사제품, 대체제품들의 가격조사를 실시해 소비자의 심리 저지선을 고려한 판매가격을 설정하는 것이 좋다.

상품의 가격을 책정하는 데 있어 가격할인제도 함께 고민해야 한다. 일반적으로 소비자는 웹상에서 상품을 구매할 때 가격할인에 익숙해져 있기 때문에 가격할인에 대비한 전략을 세워야 한다. 워낙 많은 경쟁 몰들이 상품 세일을 하기 때문에 소비자는 정가에 사기보다 몇 % 할인된 금액에 사는 것이 당연한 듯이 생각되기도 한다. 신상품 할인에서부터 정기적인 시즌별로 할인을 제공하고 특별한 행사에 할인을 제공하는 등의 일련의 세일 판촉활동은 거의 1년 내내 이루어지는 것이 일반적이다.

가격할인제를 어떤 식으로 적용할 수 있을까? 우선은 수량 할인을 할 수 있다. 1개가 아닌 2개 세트, 3개 세트를 구입하는 경우에 좀 더 추가된 할인을 해줄 수 있는 것이다. 현금과 카드 결제와의 차이에 따른 할인도 적용 가능하다. 현금 결제 시 할인을 추가로 제공한다. 또한 기능 할인도 가능하다. 이것은 제품의 질이나 제공하는 기능이 차이가 나는 경우, 버전의 차이로 인해 가격할인을 만드는 것이다. 소프트웨어의 경우, 옵션이나 기능의 차이로 일반 버전이 있고 고급 버전이 있으며 사용료가 다르게 책정이 되는 것이 그 예다.

의류의 경우에도 비슷한 디자인이라 해도 소재의 차이에 따라 가격차이가 발생한다. 제품의 디자인이 단순하고 제공되는 기능도 단순한 것을 기준으로 특가 할인을 시행, 미끼상품으로 고객의 시선을 끌 수도 있다. 비수기 할인도 가능하다. 이것은 쇼핑몰에서 주말세일과 같은 방식으로 사용이 된다. 주말에는 사용자의 방문율이 평일에 비해 떨어지고 연장선으로 구매율도 떨어지게 되기 때문에 이러한 비수기에 특정 할인을 더욱 실시함으로써 매출액을 보전하는 것이다.

이렇듯 쇼핑몰에서는 여러 할인제도를 시행할 수 있고 이는 판매가 책정에 중요한 포인트가 된다. 할인을 하는 이유가 미끼상품으로서 홍보 효과를 누리기 위해서인지, 비수기에 매출액을 보전하기 위한 것인지, 재고 관리 차원에서 시행하는 것인지 등 여러 시행 이유가 있을 것이고 이에 따른 가격할인이 어느 정도 선에서 시행되어야 하고 소비자의 반응이 어떠할 것인지에 대한 총체적인 고민 속에 가격전략을 세워야 할 것이다.

3. 성공하는 쇼핑몰 머천다이징의 프로세스를 이해하라

쇼핑몰 운영에 있어서 머천다이징의 역할은 매우 중요하기 때문에 쇼핑몰 창업자는 모두 해당 상품의 MD가 되어야 한다고 했는데 전반적인 쇼핑몰에 적용되는 머천다이징 프로세스를 살펴보자.

1) 머천다이징(Merchandising)은 상품화 계획이다

머천다이징(MD)은 수요에 적합한 상품 또는 서비스를 과학적 방법을 통해 개발해 적절한 시기와 장소에서 적정한 가격으로 유통시키기 위한 상품화 계획이라고 할 수 있다. 유통업 분야에서는 머천다이징은 상품 매입과 판매 활동을 함께 지칭하는 개념으로 사용된다.

쇼핑몰 운영에서 머천다이징이 필요해지는 이유는 많은 경쟁사 때문이다. 쇼핑몰 간의 가격할인을 통한 생존경쟁은 더 치열해져 가고 소비자는 보다 쉽게 가격비교사이트의 도움을 받아 상품에 대한 가격과 내용을 비교할 수 있게 된 인터넷 쇼핑몰 시장은 쇼핑몰 스스로 자체적으로 경쟁력 있는 머천다이징 전략을 세워야 되게 되었다.

즉, 쇼핑몰을 성공적으로 운영하기 위해서는 수익성과 차별화 요소를 확보할 수 있는 신상품 발굴과 판매 방식에 변화를 적극 도입하는 머천다이징에 대한 이해가 필요하다.

쇼핑몰에서의 머천다이징(MD)은 어떻게 고객의 욕구를 파악하고 어떻게 경쟁자 상품에 대해 대응하고 어떻게 상품을 구매 관리해야 수익성을 확보하는 것인지를 목표로 삼아야 한다.

한 예를 들어보자. 대형 할인점의 야채 코너에서 990원 상품을 대박을 낸 사례가 있다.

이는 야채 가격이 너무 높아서 보다 저렴한 비용에 야채를 구입할 수 없을까 하는 소비자의 욕구를 파악, 일반적으로 저렴한 가격 선으로 인식하는 가격대인 1,000원 미만인 990원 가격으로 제품을 만든 것이다. 990원에 팔 수 있는 야채가 어떤 상품이 될 수 있는지 산지와 폼목별 조사를 벌이고 대량 선매입 사전 계약을 통해 공급가격을 낮추는 전략을 사용한 예이다. 아무리 990원에 팔아도 수익성을 놓쳐서는 안 되기 때문에 MD의 고민이 커질 수밖에 없었을 것이고 노력 끝에 콩나물, 고추, 당근 등등의 일부 야채 가격을 990원 상품으로 만들어 제공할 수 있었다. 그 결과는 대박! 소비자들이 소량으로 1,000원이 안 되는 저렴한 가격에 구입을 할 수 있어서 행복해했다.

이 사례는 머천다이징의 목표를 충실히 이행한 결과라고 볼 수 있다. 고객의 욕구를 파악한 후 상품을 재차 조사하고 구매전략과 관리전략을 적절히 잘 조율해 성공을 한 것이다.

2) 쇼핑몰 머천다이저는 멀티플레이어다

쇼핑몰 창업자에게 필요한 머천다이저 능력을 갖추기 위해서는 쇼핑몰 창업자가 멀티플레이어가 되어야 한다. 한 가지 분야만 전문이어서는 초기 운영 시의 어려움을 극복해나가기가 어렵다.

오프라인이 아닌 온라인 가상 상점이기 때문에 웹에 대한 기본적인 익숙함과 능숙함이 필요하다. 컴퓨터 작동법을 고민하고 웹에서 정보 서치에 익숙하지 않다면 상점을 운영하는 데 많은 애로가 생긴다. 네티즌으로서의 적극적인 참여와 활동이 필요한 셈이다.

아무리 온라인 상점이라고 해도 쇼핑몰에 올라가는 상품은 오프라인 유통시장에서 공급을 받게 된다. 즉 해당 아이템 상품 유통 시장에 대한 기본적인 지식도 가지고 있어야 한다. 물론 경험이 있고 지인이 있어 쇼핑몰 상품 관리를 하는 데 도움을 받을 수 있다면 금상첨화이다.

본격적으로 쇼핑몰에 보여줄 상품을 선정하고 구입을 했다고 해도 이를 멋지게 인터넷상으로 보여줄 수 있는 능력을 갖추지 못한다면 이는 머천다이저의 조건이 미달되는 것이다. 쉽게 말하면, 상품 사진촬영 기술과 촬영된 사진을 보정하는 스킬이 있어야 하고 이도 그냥 평범하게 촬영만 할 줄 아는 것에서 벗어나 세련된 감각으로 사진을 잘 촬영할 수 있는 사진가적 능력이 기반 되어야 한다는 것이다. 만약, 이와 같은 상품의 포장과 이미지 구현에 능력이 부족한 창업자라면 능력을 키우기 위한 숙련의 시간을 보내거나 혹은 전문가에게 맡겨서라도 해결을 할 수 있는 방안이 나와야 한다.

이러한 조건을 갖춘 쇼핑몰 머천다이저가 하는 역할은 다음과 같다.

상품매입	상품관리	상품개발	상점관리	판촉활동
신규거래처개발 거래업체관리	상품발주 반품관리 정산	신상품개발 가격전략수립	몰 디스플레이 상품분류 상품전시 상품정보관리	프로모션 기획 판촉 활동

✛ **표 1_** 쇼핑몰 머천다이저의 역할−발췌: 인터넷 쇼핑몰기획실무스타일가이드(2001)

위 표에서 알 수 있듯이 상품매입처에서부터 상품 관리, 신상품을 개발하고 상점의 디스플레이나 전시도 책임을 지고 상품을 잘 팔리게 하는 프로모션 기획에 이르기까지 상품과 관련된 모든 일련의 활동을 책임져야 한다. 이런 역할들이 쇼핑몰 창업자가 쇼핑몰 머천다이저가 되어야 하는 당위성을 대변한다.

머천다이저에게는 우선적으로 상품매입처를 찾는 것이 시작이다. 처음 창업을 할 때는 거래업체가 작고 좋은 조건에 거래를 트기가 어렵다. 아직은 사입 물량도 작고 판매 건수도 많지 않기 때문이다. 또한 시장에 대한 유통경험이 적기 때문에 어떤 거래업체가 더욱 좋은 조건으로 상품공급을 해줄 것인지를 모두 파악하기도 어렵다. 운영 기간이 늘어날수록 매출이 커지고 점점 규모가 만들어질 때는 새로운 거래처를 지속적으로 찾아내야 한다. 더 좋은 조건으로 더 괜찮은 상품을 만들어내는 거래처를 발굴하는 것이 매우 중요하다. 이에 어떤 거래처에서 공급받는 것이 타당할지를 살펴보자.

3) 초기에는 도매상, 운영 중기에는 제조사 활용이 유리

어디서 상품을 공급받는 것이 유리할까? 사실 정답은 없다. 대게 창업자들은 상품을 공급받기 위해 제조업체를 찾거나 도매 시장에서 거래상을 찾는다. 해당 아이템 취급 시 적합한 공급처를 판단해야 하고 창업자의 상황에 맞추어 전략적으로 거래처를 선택하는 것이 중요하다.

① 제조업체

먼저 제조업체를 통해 거래를 했을 경우의 장점과 단점이다.

장점	단점
• 독점 거래 시 적극적인 판촉지원 • 유리한 매입 조건 • 확실한 A/S 보장	• 독점적 거래로 인한 타 업체와의 거래 제한 • 할인판매에 대한 제재 • 상품소싱에 대한 간섭

✚ **표 2_** 제조업체를 통해 거래했을 경우의 장단점

제조업체와 거래를 트는 경우에는 독점 거래를 할 경우가 많다. 해당 제조업체에서 나오는 상품을 독점적으로 받아 유통시키는 경우이다. 이때는 제조업체와 긴밀한 협조 체계가 이루어져 적극적인 판촉지원을 받으면서 사업을 할 수가 있다. 도매상을 거치는 것이 아니기 때문에 보다 낮은 공급가로 상품을 받을 수 있어 마진도 높아진다. 그리고 제품에 대한 사후처리, 즉 교환, 반품으로 인한 재고처리에서도 제조업체에서 처리를 해주기 때문에 유리한 입장에서 상품을 관리할 수 있다.

G마켓의 파워딜러로 활동하던 한 의류몰 창업자는 바로 제조업체와의 전략적 제

휴를 통해 성공한 케이스였다. 이 몰의 경우 중국에서 공장을 운영하는 업체와 제휴를 맺어 해당 업체로부터 상품을 거래 받는데 주문에 따른 상품을 사입할 때 오픈마켓의 경우, 정산주기가 길어서 정산이 될 기간 동안 많은 몰들이 상품 구입비 회전이 안 되어 애로가 많다. 그런데 이 상점의 경우는 상품의 사입비도 제조업체에서 사후 비용처리로 해주고 세일 시즌이 돌아오면 재고를 남기지 않기 위해 특정 의류 제품을 헐값에 공급해주는 등 제조업체에게서 전폭적인 지원을 받고 있었다.

이 경우에서 보는 것처럼 제조업체와 제휴가 잘만 이루어진다면 저렴한 공급가에 적극적인 마케팅 활동으로 성공을 할 수 있다.

반면에 안 좋은 거래를 하게 되는 경우도 있다. 독점적 거래를 하기 때문에 간섭을 받거나 타 거래업체와의 제휴가 어려워지는 부분을 설명하고 있는데 실제 사례가 있다.

동대문 상가에서 고급 가방을 취급하고 있는 한 가방몰 대표는 거래업체로부터 부당한 취급을 받았다. 고급 가방을 생산해내는 업체들 중에서는 소비자로부터 반응이 가장 좋은 상품을 제공하고 있어서 해당 업체에 대해서는 많은 소매업체들이 서로 물건을 받기 위해 줄을 서야 하는 업체였다고 한다. 그런데 해당 업체에서는 별도의 모니터링을 통해 자사의 제품을 가져간 쇼핑몰에서 타사의 제품을 판매하지 못하도록 제재를 하고 소매업체들이 가격을 마음대로 정하지 못하도록 제한을 두는 등의 간섭을 하는 것이었다.

심지어는 다음 시즌 상품이 나오기도 전에 미리 사전 예약을 받아 생산된 제품을 보지도 못한 상태에서 선입금을 해야 상품을 주는 식으로 거래를 하고 있었다. 그럼에도 소매업체들은 혹시 상품을 못 받으면 불이익을 당할 것으로 보고 관행적으로 해당 거래업체와 거래를 하고 있었다.

유통에 있어서 어떤 거래업체와 어떤 조건으로 어떻게 상품을 공급받고 판매를 할 수 있느냐는 경우의 수가 다양하다. 기본적으로 제조업체와의 거래 시 일어날 수 있는 장점과 단점을 체크하고 확인해야 한다.

② 도매상

도매처와 거래를 하는 경우에는 다음과 같은 장점과 단점이 있다.

장점	단점
• 여러 업체에서 다양한 상품 매입 가능 • 다수 브랜드의 소싱 가능 • 소비자의 니즈에 대한 시장상황 파악용이	• 적극적인 판매지원 부족 • 확실한 AS 보장 어려움 • 매입조건이 제조공장보다 불리

✚ **표 3_** 도매처와 거래하는 경우의 장단점

제조업체와의 거래 단점이 도매상 거래에서는 장점으로 바뀌게 된다. 도매처와 거래 시 가장 좋은 점은 여러 업체의 제품을 다양하게 비교해보고 선택할 수 있다는 점이다. 그리고 도매처는 여러 소매상을 만나기 때문에 소매상들의 판매현황을 파악할 수 있다. 어떤 상품이 인기가 있고 어떤 업체가 발 빠르게 상품을 소싱해 가는지 등의 정보를 알 수 있으므로 도매처와 거래를 잘 만들어두면 시장상황 파악이 용이해진다.

반면에 제조업체에서 해줄 수 있는 파격적인 상품공급의 조건은 기대하기 어렵다. 매입조건도 불리하다. 교환, 반품 등의 상품의 하자가 생겼을 경우도 교환이 아예 안 되거나 반품도 안 되는 등의 사례가 많아 상품 관리가 어려운 부분이 있다.

위에서 살펴본 것처럼, 제조업체나 도매상이나 각각의 장단점이 있다. 본 저자의 경우도 제조업체와 거래도 해보고 도매상과도 거래해본 경험이 있는데 아이템마다 경쟁력을 갖추는 전략상 어느 업체와의 조율이 좋은지를 잘 판단하는 것이 주요하다 고 볼 수 있다.

가장 기본적인 안정적인 거래처의 조건은 다음과 같다.

• 제품의 종류가 많은 대형업체 주목

• 가격적인 조건이 경쟁우위에 있는 업체

• 오랜 전통이 있는 업체

• 교환, 반품 등의 절차에서 조율이 가능한 업체

- 세금결제 증빙에 있어서 조율이 가능한 업체

- 소매상들에게 친절한 업체

- 온라인 유통에 대해서 인지를 하고 있는 업체

저자의 경우, 주얼리 쇼핑몰을 운영했을 때는 특정 제조업체에서 물건을 공급받는 것 자체가 용이하지 않았다. 제조업체도 규모에 따라 영세한 곳들도 많아 생산해내는 상품들이 너무 적거나 컨셉이 일관되지 않은 경우가 많았다. 오히려 다양한 제품들을 한 곳에서 볼 수 있고 어떤 제품들이 소비자 반응이 좋은지를 알 수 있는 도매상과의 거래가 훨씬 용이했었다.

과일 쇼핑몰의 경우에는 산지에서 직접 계약을 하는 것과 도매시장에서의 거래로 나뉘진다. 산지에서 직접 계약을 하는 경우에는 생산지마다 한 해 작황이 틀리고 가격도 생산자의 입장에서 조율이 되는 부분이 있어 도매시장에서의 입찰경쟁 가격과 차이가 날 수 있다. 또한 과일은 산지 농협과 계약 후 출하 거래를 하게 되는 경우가 많다. 산지 농장주와 직접 거래를 할지, 농협과 같은 기관을 통해 거래를 할지 등은 창업자가 결정을 해야 한다. 거래처의 선정은 신중히 아이템에 따라 결정을 해야 한다.

다만, 사업의 초기에는 특정 업체의 상품으로 소비자 상품의 폭을 줄이는 것보다는 마진이 좀 적더라도 다양한 상품군으로 소비자의 선택의 폭을 넓히는 것이 주요하다고 볼 수 있다. 초기에는 도매상과의 거래가 좀 더 유리할 수 있다고 생각된다. 사업의 성숙기에는 시장에서의 인지도가 생기므로 보다 거래처 발굴 시 유리한 입장에서 나은 조건으로 계약이 가능하고 후발업체와의 차별화가 중요하다. 이때는 새로운 신상품 개발을 고민하게 되므로 제조업체와의 거래로 비중을 옮겨 가는 것이 바람직할 수 있다.

4) 구매, 재고, 배송, 쇼핑몰 상품 관리 3단계 프로세스

쇼핑몰에서 상품을 관리하는 프로세스는 3가지 단계 즉, 공급업체와의 관계를 조

율하는 구매 관리, 물류 보관을 책임지는 재고 관리, 배송업체와의 관계를 조율하는
배송 관리 단계로 이루어진다.

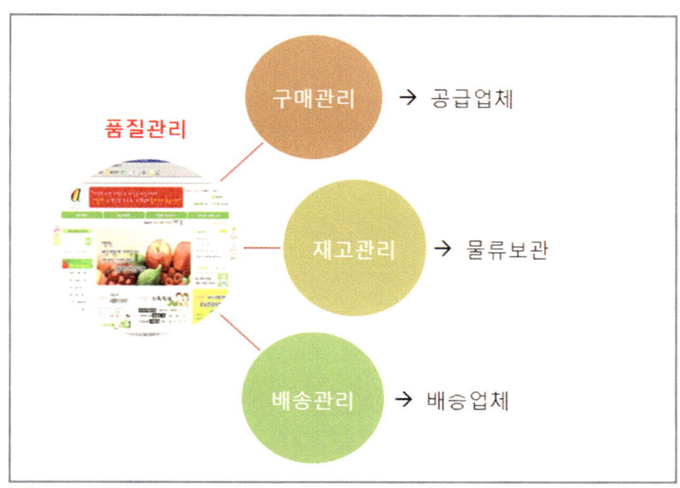

+ 그림 2_ 쇼핑몰 상품 관리

1단계 상품 관리는 구매 관리이다. 구매 관리에서 중요한 포인트는 어떤 공급업체
로부터 어떻게 상품의 품질, 가격, 수급의 안정성을 만들어 가느냐에 달려 있다.

공급업체의 선정 및 관리 측면에서는 좋은 상품을 거래할 수 있는 업체를 선정하
고 가급적 낮은 원가로 구입할 수 있어야 하며, 주문한 상품의 납품 물량의 확보 및
제작 기일을 제대로 지킬 수 있도록 관리를 해야 한다.

특히 공급자의 입지도 중요한 요소이다. 사무실과 거래처와의 거리가 멀면 멀수록
상품소싱이나 상품 교환 및 반품 처리 등에 시간이 많이 소요된다. 트렌드하게 발 빠
르게 신상품을 자주 업데이트해야 하는 상품의 경우는 거래처와의 거리도 중요한 사
업적 변수가 된다.

<table>
<tr><td colspan="2" align="center">공급자 선정 기준</td></tr>
<tr><td>품질과 신뢰</td><td>좋은 품질로 신뢰를 줄 수 있는 업체 선정</td></tr>
<tr><td>원가우위 측면</td><td>최대한 낮은 원가로 공급을 받을 수 있는 업체 선정</td></tr>
<tr><td>입지</td><td>지리적으로 사무실과 가까운 위치 선호</td></tr>
<tr><td>제품생산 능력</td><td>경쟁력 있는 상품을 개발하기 위한 조건</td></tr>
<tr><td>재무적 안정성</td><td>장기적 관계를 유지하기 위해 필요한 조건</td></tr>
<tr><td>세금 증빙</td><td>매입세금계산서 발급을 원활히 조율할 수 있는 업체 선정</td></tr>
</table>

✚ **표 4_** 공급업체 선정

2단계는 쇼핑몰 재고 관리이다. 재고 관리란 공급업체에 주문한 상품이 물류창고에 입고되는 시점부터 고객에게 배송되기 전까지의 보유한 상품을 관리하는 것이다. 재고가 너무 없어도 신속하게 상품을 배송하기가 어렵고 재고를 너무 많이 가지고 있어도 자금 부담이 생긴다. 신규 상품이 헌 상품이 되는 경우도 많아 관리가 어렵다. 적절한 재고 관리로 고객이 원하는 시점에 빠르게 배송이 가능하도록 해서 만족도를 높여야 한다. 더불어 재고는 거래처까지의 빈번한 왕래 시 드는 운영비용을 최소화하기 위해서도 관리를 해야 한다.

재고 관리비용은 크게 주문비용과 재고 유지비용으로 구분된다. 주문비용은 주문 때마다 전화비, 통신비, 교통비 등 드는 비용들을 말하며, 재고 유지비용은 창고임대비, 노후화비용, 이자, 세금 등이 해당된다.

본 저자는 주얼리를 판매했을 때 초기에 황당했던 경험이 있다. 새로 산 주얼리가 시간이 지나면서 자연스럽게 색이 탁해지거나 기스가 나는 경우가 생기는 것이었다. 도매상에 물어보니 착용하지 않았던 주얼리라도 공기에 의해서도 미세한 기스가 생길 수 있어서 랩을 씌워놓거나 별도의 관리를 하는 것이 좋다는 것이었다. 처음에는 잘 몰라서 그냥 단순히 보관만 했다가 놀랐던 일이 있었다. 노후화비용도 존재한다는 것을 경험한 사례다.

의류나 가방 등도 통풍이나 채광 등 자연 상태를 게대로 고민해 보관하지 않으면 좀이 슨다든지, 가죽이 벗겨진다든지, 기스가 나는 경우들이 있을 수 있다. 의류 분야의 경우도 워낙 시즌별로 신상품이 나오고 회전주기가 빨라 자칫하면 재고가 많이 남을 수 있다.

컨설팅을 했던 사례 중 재고 문제가 가장 심각했었던 쇼핑몰이 있었다. 바로 키티용품 쇼핑몰이다. 키티 제품들은 일본 본사로부터 오더 북을 받아 주문을 수량별로 하는데 한 아이템당 소량 주문이 안 되고 100개 200개씩 정해진 수량만큼 주문을 할 수 있다고 한다. 그런데 키티의 여러 제품을 수입해오면서 개당 몇백 개씩 주문을 하다 보니 판매도 어느 정도 되긴 하지만 남은 제품들의 관리가 늘 골치 아픈 일이었던 것이다. 월 매출이 몇천만 원씩 되는 중견몰이었지만 몇 년간의 판매로 재고로 남은 제품들도 1억 원어치가 넘는다고 했다. 골칫거리가 되는 셈이다. 이들 제품을 보관하는 창고 임대비, 이자, 노후화비용 등을 고려하면 훨씬 많은 비용이 들어감을 알 수 있었다.

이처럼 쇼핑몰은 지나치게 많은 재고를 가지고 있으면 자금의 유동성 문제가 생기고 수익성이 악화될 수 있으며 반대로 적정 재고를 유지하지 못해도 품절로 인한 매출손실과 고객 불만족으로 인한 이탈사례 등 문제가 있을 수 있다. 적정 재고 관리 수준을 파악하여 이를 유지하는 것이 중요하다.

초기 사입 때는 적게 사입하고 고객들이 반응을 브이는 아이템을 잘 골라 적절히 타이밍을 잡아 재주문을 해야 한다. 그리고 품목이 많아지면 바코드 시스템을 도입, 재고 관리를 해야 한다.

3단계는 배송 관리이다. 쇼핑몰이 보관하고 있는 상품을 물류창고에서부터 고객에게 전달하기까지의 전 과정을 얼마나 효율적으로 관리하느냐가 핵심이다. 특히 배송관련 클레임은 매출에 큰 영향을 미치기 때문에 질적 관리를 할 필요가 있다. 배송에서 문제가 생겼을 때 고객에게 어떤 대처를 할 것인지, 택배사로부터의 보상은 어디까지 이루어지는지 등을 사전에 조율해야 한다. 배송 도중 상품의 파손이 이루어지지 않도록 포장에 세심한 주의를 기울이는 것도 중요하다. 특히 도자기와 같은 배송 중 깨지기 쉬운 아이템이나 케이크, 파이와 같은 식품군도 배송 시 주의를 요한다.

과일 쇼핑몰을 하면서 배송문제가 생긴 적이 있었다. 매출이 좋은 과일 중 체리가 있는데 체리를 받아본 고객이 박스에서 이상한 냄새가 난다는 것이었다. 수입해 들어오는 즉시 가장 깨끗한 상태에서 배송을 보내는데 냄새가 난다니 어느 부분에서 나는지를 알 수도 없었다. 직접 배송을 집으로 받아 테스트를 해봤더니 정말 약간 냄새가 나는 느낌이 들었었다. 이에 아이스박스에 바로 체리를 넣지 않고 개별 포장으로 다시 한 번 밀봉을 해서 보내니 냄새가 없어졌던 경험이 있다. 원 상태의 제품을 고객에게 그대로 보내드리는 데에도 많은 고민과 관리가 필요하다는 것을 느낀 예이다.

[창업 컨설팅 이모저모] 재고 관리기법−ROP(Reorder Point) 시스템

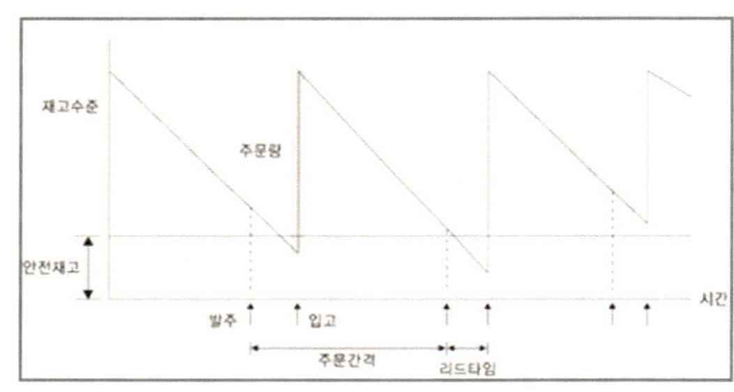

ROP시스템

재고 관리를 하는 데 있어 하나의 방법이 있다. 바로 재주문 시점을 파악·두는 것이다. 그림에서 보듯이 안전재고량을 일정 기준을 두고 설정하고 안전재고를 위협하는 수준으로 판매가 되어 재고가 소진되면 바로 발주를 시작하는 것이다. 재주문을 하면 제작시일이 보통 짧게는 3일, 길게는 5일 정도 걸리는 아이템이 많기 때문에 해당 시일 동안 안전재고가 소진이 되어가고 있는 상태가 될 것이다. 거의 안전재고가 소진이 되어가는 시점에서 다시금 추가 입고가 되는 주기이다. 주문을 하고 입고되기까지 기다리는 시간을 리드타임이라 하는데 리드타임 기간도 상품별로 체크해두고 재고 관리를 해야 한다.

[창업 컨설팅 이모저모] 도매상과의 거래를 성공적으로 트는 방법

도매상에 처음 가는 예비창업자의 경우, 두려움이 앞서기 마련이다. 필자도 처음 도매상 거리를 걸을 때 질문도 한마디도 못하고 무척 긴장했던 기억이 있다. 두려워 말고 하나하나 차근차근 접근해보자. 다음은 도매상 거래 시에 참고하면 좋을 방법들이다.

〈도매상과 거래 트는 방법〉
- 자신이 가장 잘 아는 품목을 정하라.
- 사입 리스트를 만든다.
- 매장을 방문해서는 무조건 칭찬으로 시작하라.
- 방문 후 도매상에 자신만의 등급을 매기자(A/B/C).
- 샘플은 한 가지만 구매한다(컬러별).
- 주문할 상품이 없어도 꾸준히 눈도장을 찍어 친해지자.
- 상품 사입 시 해당 상품이 언제 출시된 것인지 체크, 한 상품기 시장에 나와 있는 기간은 통상 2주일 정도다.

〈도매상 거래 시의 질문리스트〉
- 어떤 제품들이 주로 잘 나가는가.
- 소매상들은 어떤 가격대로 주로 판매를 하는지 마진파악
- 물건 재고는 충분히 있는지? 주문을 한다면 얼마나 시간이 걸리는지 확인
- 수리나 교환은 어떻게 진행되는가?
- 소량 구매 시와 대량 구매의 공급 단가 차이의 여부 확인
- 세금 결제 방법 질문

PART 10

한 번 찾은 고객은 평생 고객으로 만들어라

1. 고객을 제대로 관리하는 방법을 이해하라

2. 고객을 왕! 대접하라

3. 신뢰를 줄 수 있는 고객센터를 만들어라

4. 고객의 마음을 사로잡는 노하우가 있다

사업의 성공은 어느 사업이든지 소비자의 마음을 얻느냐에 달려 있다. 그 시작은 바로 고객을 제대로 아는 것이다. 즉 쇼핑몰에 방문하는 고객들은 어떤 이들이고 어떤 소비행동을 보이는지를 알아야 한다. 그리고 그들을 대우해주어야 한다.

고객관리를 어떻게 하느냐에 쇼핑몰의 성패가 달려 있다. 고객관리의 정확한 의미와 필요성을 다시 한 번 짚어보고 일반적으로 쇼핑몰들이 하는 고객관리 방법에는 어떤 것들이 있는지 알아본다. 더불어 고객 클레임의 유형을 알아보고 고객 중심의 쇼핑몰 운영은 어떻게 하는 것인지 그 노하우만을 정리해서 살펴보자.

1. 고객을 제대로 관리하는 방법을 이해하라

쇼핑몰에서의 고객관리란 고객이 원하는 바를 알기 위해 필요한 고객정보를 수집하고 관리하며 이를 체계적으로 시스템화하는 과정이라 볼 수 있다. 고객의 니즈를 찾는 과정도 설계가 필요하며, 찾아진 고객의 니즈를 시스템적으로 잘 관리할 수 있도록 설계하는 것도 중요하다.

1) 고객 관리의 첫 단추는 고객 평가를 정확히 하는 것

많은 쇼핑몰들이 쇼핑몰 구축과 마케팅 방법에 대해서는 신경을 많이 쓰지만, 정작 가장 중요한 고객관리는 제대로 신경 쓰지 않고 있다. 특히 소호 쇼핑몰들의 고객관리는 걸음마 수준에 머물러 있는 것이 현실이다. 쇼핑몰의 진정한 고객이 누구이고 어떤 사람인지, 그들이 진정 쇼핑몰에 와서 어떤 감정을 느끼고 가는지, 어떤 대우를 받고 있다고 생각하는지 등을 창업자가 먼저 알고 이해하는 것은 매우 중요하다.

고객관리의 첫 시작은 수익을 창출해낼 수 있는 고객을 찾는 것이다. 이러한 고객을 찾아내기 위해서는 먼저 고객을 분석해야 한다. 고객 분석은 크게 두 가지로 나눠진다. 첫 번째는 고객 평가 단계이고, 두 번째는 고객의 세분화 단계를 거치게 된다.

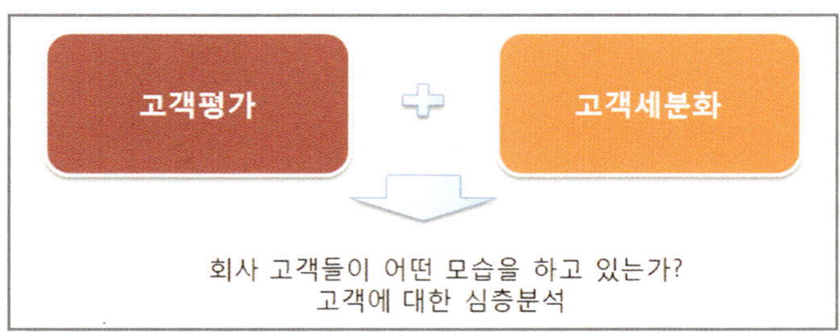

➕ **그림 1_** 고객 분석 단계

2) 고객 평가 관점과 방향, 시점의 기준을 정하라

먼저 고객 평가를 하기 위해서는 먼저 고객 평가의 기준을 세우고 고객을 구분해야 한다. 고객 평가는 자사의 고객이 어떻게 구성되어 있는지를 파악하기 위한 것이다. 운영에 도움이 되는 고객이 누구인지를 물어보고 그 질문에 적합한 고객을 찾는 과정으로 이해한다. 즉, 누가 우량 고객인가, 누가 불량 고객인가, 우량 고객은 몇 명인가, 불량 고객의 인적 특성은 무엇인가 등에 대한 해답을 찾는다. 고객 평가는 평가 관점과 평가 방향, 평가 시점에 따라 달라진다.

① 고객 평가 관점

고객 평가에서 주로 쓰이는 일반적인 기준은 수익성, 커버리지, RFM과 같은 기준이다.

수익성 점수: 매출기준으로 특정 고객이 일으키는 매출 점수를 기준
커버리지 점수: 한 고객이 얼마나 많은 종류의 상품을 구매하는지를 점수로 환산
RFM 점수: 거래 발생의 최근성(Recency), 거래빈도(Frequency), 구매금액(Monetary)으로 측정

일반적으로 쇼핑몰에서는 수익성 점수를 기준으로 고객을 평가한다. 쇼핑몰 솔루션에서 제공되는 회원 관리 기능은 회원 등급을 나누고 등급별 적립금 기준을 차등적으로 제공하는 등의 서비스를 다르게 적용할 수 있는데 이는 모두 수익성 부분을 고객 평가의 우선 기준으로 적용한 예이다. 가령 일반 등급, 실버 등급, 골드 등급, 프리미엄 등급으로 회원 등급을 나누고 각 등급의 분류 기준은 6개월 기준으로 매출액 50만 원 이하는 실버 등급, 50만 원 이상은 골드 등급 등으로 고객을 나누는 방식이 쇼핑몰의 회원 등급관리인데 이는 수익성을 기준으로 하고 있다.

여기에 RFM 점수 기준으로 최신 데이터를 추가한다. 최근 3개월 이내 30만 원 이상을 구매한 회원은 골드 등급으로, 3년 이내 10만 원 미만의 결제를 한 고객은 골드 등급에서 실버 등급으로 하향시키는 기준을 덧붙이면 보다 정교하고 세밀한 회원 관리가 될 수 있다. 또, 거래빈도도 추가하여 100만 원 매출액을 단 1회 일으킨 고객과

100만 원의 매출액을 30번에 걸쳐 일정 기간 내에 일으킨 고객과의 차이를 두면 회원 평가 방식을 보다 구체적으로 만들어낼 수 있다.

G마켓에서는 사업자 딜러의 등급을 산정하면서 불량딜러, 일반딜러, 우수딜러, 파워딜러의 기준을 만들었다. 거래건수 기준을 두어 총 누적 400점이라는 일정 수준의 신용점수를 쌓아야 하고, 최근 1개월 이내 10점 이상의 신용점수를 쌓아야 하며, 고객 만족도도 50% 이상은 되어야 파워딜러가 될 수 있다. 이 또한 G마켓만의 고객 평가 기준을 만든 것이라고 볼 수 있다.

각각의 쇼핑몰이 해당 아이템의 구매 주기를 파악하고 평균적인 구매 단가를 고려해 이를 기반으로 차별화된 고객 평가 툴을 만들어낸다면 고객 만족도가 상승하고 궁극적으로 고객의 충성도가 높아져 매출 상승과 함께 사업이 성장하는 선순환 구조를 만들어낼 수 있다.

반면에 TV홈쇼핑사의 경우는 블랙리스트를 만들어둔다고 한다. 악의적으로 계속해서 잦은 주문과 잦은 반품을 한다면 이는 진상 고객으로 분류, 전담 직원에게 전화 연결을 돌리는 방식을 취한다고 한다. 이처럼 고객 평가의 기준을 어떻게 두고 고객을 솎아내느냐에 따라 다른 전략이 도출될 수 있다.

하지만 고객 평가의 기준을 만들고 이를 적용하기 위해서는 기능을 쉽게 구현하고 적용해줄 수 있는 고객 평가 프로그램이 있어야 한다. 개인이 운영하는 소호몰에는 이런 프로그램을 구축하는 데에 많은 한계가 있다. 이런 방법은 대형 쇼핑몰에서 사용할 수 있는 방법이다.

② 고객 평가 방향

고객 평가 방향은 과거의 주문 패턴을 기준으로 현재의 고객모습을 평가하는 기술평가방식과 고객이 미래에 어떤 행동을 할 것인지 가능성을 평가하는 예측평가가 있다.

물론 고객을 평가하는 목적에 따라 진행을 선택해야 하지만, 두 가지 모두 혼용하여 과거의 주문 패턴을 분석해보면 미래에 어떠한 매출을 낼 수 있을 것인지를 예상해볼 수 있다.

가령, 과일을 사는 고객이 매일 1회 이상 로그인을 하는 단골고객이며 주당 1회의 주문을 하면서 평균 구매단가가 5만 원 정도하는 고객이 있다고 하자. 이 고객은 다음 주에도 그 다음 주에도 이와 비슷한 주문 패턴을 보일 확률이 클 것이다. 주문하는 제품이 재구매율이 높은 상품이라면 더더욱 예측을 하는 것이 용이할 것이다.

어느 10대 의류 쇼핑몰의 대표의 경우, 10대들의 생활패턴을 꿰고 있어서 매출주기를 잘 알고 있었다. 봄 소풍, 시험기간, 방학주기 등을 잘 알고 있어서 주로 어느 시기에 새 옷을 찾고 주문을 하는지를 패턴으로 분석해 알고 있다는 것이다. 그래서 주문이 없을 때는 원래 없는 때라는 것이다. 주문이 없을 때는 가령, 시험을 보는 시기라면 아예 편안한 마음을 먹고 쇼핑몰을 재정비하거나 재충전하는 시기를 갖는다고 한다.

만약, 초보 사장의 경우라면 장사가 잘 되다가 갑자기 주문이 없는 날이 오면 심리적으로 불안해져서 매출이 줄어드는 이유를 몰라 우왕좌왕하게 되고 종국에는 추가적인 광고비용만 쓰고 효과는 없는 상황을 만들기 쉽다. 고객을 예측한다는 것은 매우 중요한 것이다.

추가적으로, 예측 평가에는 부정적인 부분도 예측을 해볼 수 있다. 가령 고객이 이탈할 가능성은 얼마나 되는지 등을 추론해보는 것이다. 로그인의 횟수가 줄어들고 있고 로그인하는 시기의 격차도 몇 개월 단위로 커지고 있는 고객이라면 쇼핑몰에 방문하는 데에 매력을 못 느끼고 있다고 판단해볼 수 있다. 이런 고객에게는 왜 방문을 안 하게 되는지를 살펴보고 다시금 재방문을 활발히 할 수 있는 방법이 무엇인지를 고민하는 것이 중요하다.

이처럼 고객의 구매 패턴을 분석해보고 고객의 현재 모습을 아는 것은 사업의 성장에 매우 중요한 기준이 된다.

③ 고객 평가 시점

고객 평가 시점도 고객 평가에서 고려해볼 수 있는 요소이다. 특정 시점에서 고객의 모습을 평가하는 정적 평가가 있고 일정 기간 동안의 고객의 모습을 평가하는 동적 평가가 있다.

특정 시점이라는 것은 크리스마스와 같은 시즌에 고객들의 구매액과 주문 상품을 비교해보는 것이다. 일반적으로 평일 때의 매출액과 시즌 때의 매출액에 차이가 있을 수 있기 때문이다.

시즌 때에 어떤 상품들이 더욱 잘 나가는지를 살펴보고, 인기 있는 상품군의 리스트를 만들어두는 것이 좋다. 내년에 돌아오는 시즌 때에 이와 비슷한 상품들을 전략적으로 배치하면 하나의 좋은 시즌 전략을 만들 수 있기 때문이다.

혹은 1월부터 2월까지 기간을 따로 지정해두고 고객 평가를 해볼 수 있다. 예를 들어 의류몰을 운영한다면 해당 기간에 고객들이 어떤 의류를 주로 구입하고 반응을 보이는지를 알아둘 필요가 있다.

위에서 제시한 1월부터 2월 시기에는 겨울옷을 판매하는 시기이다. 하지만 이미 고객들은 방한용 겨울옷은 거의 다 구입을 마쳤을 테고, 그렇다고 봄옷을 사기에는 아직은 춥기 때문에 간절기용 의류를 구입할 확률이 높다. 가장 비수기가 되는 시기이기 때문에 매출보전을 위한 특별 조치가 필요한 때이므로 과거 고객매출분석을 통해 미리미리 대비하는 전략이 필요하다.

이처럼 고객 평가 시점을 두고 주기적으로 시행해보고 계속 분석해보는 마인드를 가진다면 쇼핑몰 운영에 있어 반드시 효과를 보게 될 것이다. 고객의 패턴을 아는 것, 바로 쇼핑몰의 성패가 갈리는 요소이다.

3) 마케팅 믹스, 인적 특성, 사용 행태, 구매 행태로 고객 세분화

쇼핑몰에 방문한 고객을 각 특징에 따라 세분화를 해보는 것도 중요하다. 고객 세분화는 어떤 기준을 적용하느냐에 따라 무수히 많은 집단으로 세분화가 가능하다. 대표적으로 고객 세분화는 마케팅 믹스, 인적 특성, 사용 행태, 구매 행태에 대한 세분화를 고려해볼 수 있다.

마케팅 믹스 세분화는 바로 4P라고 볼 수 있는 제품, 가격, 장소, 프로모션에 대해서 각각 고객을 세분화하는 것이다. 가령, 청바지와 정장바지에 따른 고객을 구분해보고 정장바지를 주로 주문하는 고객은 어떤 고객일지, 그들의 직업도 유추해볼 수 있다. 또는 고가격, 저가격으로 나누어 일정 가격대 이상을 주로 주문하는 고객은 소득 수준이 높은 고객으로 파악해볼 수 있을 것이다. 그리고 쇼핑몰을 개인 쇼핑몰과 오픈마켓을 두 장소로 나누어 판매를 하고 있다면 오픈마켓 고객을 따로 구분하고, 개인 쇼핑몰 고객을 따로 구분해 고객의 평가를 해볼 수 있다. 특정 이벤트에 따라 혹은 어느 공간을 활용한 광고였는지에 따라서도 고객의 반응을 나눠 세분화해볼 수 있다. 이벤트가 진행될 때에만 쇼핑몰에 들러 주문을 하는 고객도 있을 수 있기 때문에 이벤트 선호도가 큰 고객을 별도로 이벤트 기간에는 더욱 소식이 잘 전달될 수 있도록 홍보를 부가하는 것도 매출을 올리는 하나의 방안이 될 수 있다.

인적 특성인 나이, 성별, 지역 등의 기본적인 특성 자료를 가지고 세분화해볼 수 있다. 해당 연령대의 여성과 남성은 어떤 차이를 보이고 있는지, 혹은 강북과 강남 지역의 고객들 차이는 없는지 등을 살펴볼 수 있다. 쇼핑몰 방문자 분석을 해볼 때 가장 쉽게 접근해보는 고객 평가 기준이다.

사용 행태에 따라서도 고객을 세분화해볼 수 있다. 고객이 해당 제품을 얼마나 많이 이용하는지를 기준으로 한 세분화라고 보면 된다. 많이 사는 고객과 적게 사는 고객을 세분화해 볼 수 있다.

가령, 우유를 사는 소비자라면 우유를 얼마나 먹느냐에 따라 대량 사용자와 소량 사용자를 파악해볼 수 있고, 얼마나 자주 해당 브랜드 우유를 먹고 있느냐를 알아보는 제품의 기여도 측면에서 로열티를 분석해볼 수 있다. 또한 구매 행태라 볼 수 있는 구매 빈도와 구매량에 따른 기준으로 고객을 구분해볼 수 있을 것이다.

지금까지 살펴본 것처럼 쇼핑몰 운영자가 자사의 고객을 어떤 기준에서 어떤 방향성을 가지고 평가하고 세분화해보느냐는 쇼핑몰의 운영의 핵심이 된다. 1년을 넘게 쇼핑몰을 운영하면서 어떤 고객이 단골인지를, 그 단골은 한 달에 몇 번이나 로그인을 하고 있는지, 주문까지 걸리는 시간은 얼마나 되는 것인지 등을 한 번도 살펴보지 않는 운영자가 너무 많다. 온라인 쇼핑몰은 고객을 직접 대면하지 않고 거래가 성립

되는 방식이기 때문에 더욱 고객을 파악하기가 어렵다. 이에 운영자는 고객을 분석하고 파악하는 데 더욱더 노력해야 한다.

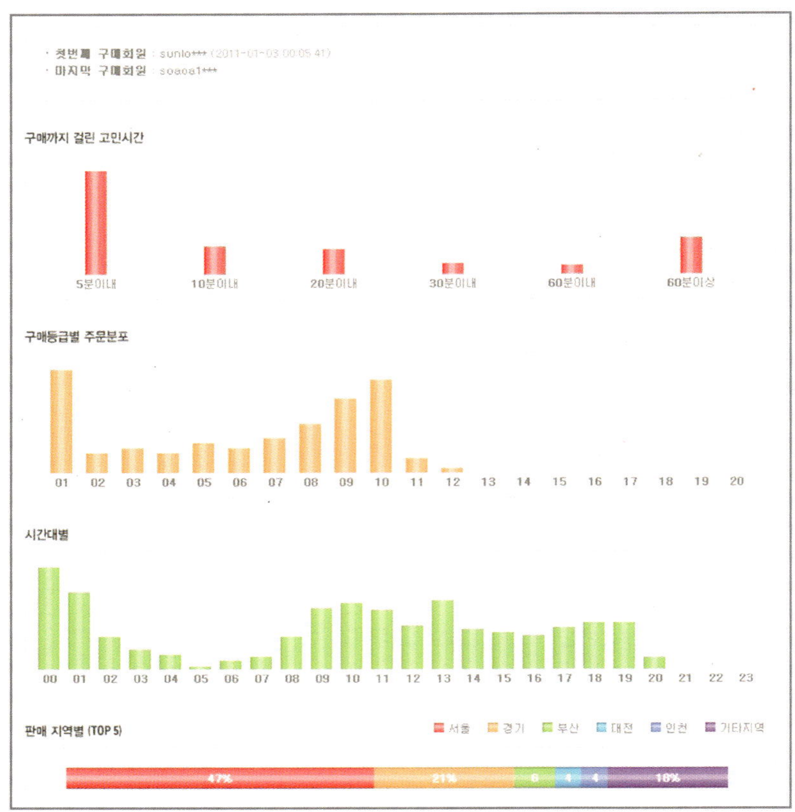

✚ **그림 2_** 원어데이(www.oneaday.co.kr)의 판매자 리포트 정보: 하루하루 해당 물건을 어떤 고객이 가장 빨리 사고 고객들의 평균적인 구매시간 은 어떻게 되는지 등 다양한 고객정보를 수집하고 보여주고 있는 사례

2. 고객을 왕! 대접하라

　지금까지 고객 관리를 위해서 고객을 평가하는 기준을 만들고 고객을 세분화해서 각 집단별 고객의 특징을 파악하는 데 운영자가 부단한 노력을 해야 함을 설명했다. 그렇다면 먼저 쇼핑몰 운영자는 쇼핑몰 내에서 고객들의 패턴을 알 수 있고 데이터를 얻을 수 있는 기능을 제공해야 한다. 그 결과로 우수한 고객의 행동을 보이는 고객에게는 그에 상응하는 보상을 해주어야 비로소 충성 고객이 되는 것이다. 이제 일반적으로 쇼핑몰에서 제공하고 있는 고객관리 기능들을 알아보고 고객관리를 어떻게 해야 할지에 대해 구체적인 계획을 세운다.

1) 차별화된 마일리지 체계를 만들어라

　쇼핑몰에서 고객들에게 기본적으로 제공하고 있는 기능 중 대표적인 것이 마일리지이다. 일명 적립금인데, 이는 고객으로 하여금 쇼핑몰에서 지속적으로 소비 활동을 하도록 유도하는데 효과적이다. 물론 마일리지는 쇼핑몰 입장에서는 비용이지만, 고객의 재방문을 높여 고객의 충성도를 향상시킬 수 있기 때문에 필수적으로 제공하는 기능이다.

　중요한 것은 고객에게 마일리지를 혜택이고 몰의 강점으로 느낄 수 있게 만들어주는 것이다. 예를 들어보자. 쇼핑몰 초기 가입 시 1,000원의 적립금을 주고 이 적립금은 구매 시 사용할 수 있게 해준다고 하자. 그런데 적립금을 5,000원이 되어야 쓸 수 있게 제한을 해버리면 고객 입장에서는 5,000원이 되기 전에는 사용할 수 없는 허수의 돈이 된다. 쇼핑몰 상품의 적립금 비율에 따라 한두 번의 구매로 5,000원의 적립금이 될 확률도 있지만, 대게 5,000원의 적립금이 쌓이기까지는 여러 번의 구매와 오

랜 시간이 걸리기 때문에 쇼핑몰에서는 제공하는 혜택이지만 고객의 입장에서는 생
색만 내는 형식적인 서비스로 보이기 쉽다.

어떤 쇼핑몰에서는 이런 소비자의 불만을 파악하고 적립금 사용을 5,000원 이상 시
사용하는 것에서 1,000원 단위로 언제든지 사용할 수 있게 기준을 낮추어 제공하여 좋
은 반응을 이끌어내고 있다. 또 다른 대형 쇼핑몰에서는 상품 구매 시 적립금이란 어차
피 지급되고 사용해야 할 비용이기 때문에 실제 구매 시 바로 적립금을 사용할 수 있도
록 해 획기적인 반응을 불러낸 바 있다. 이는 쌓인 적립금만큼 즉시 할인을 해주는 효과
가 있어 타 쇼핑몰과의 가격비교에서 우위를 차지하게 되는 측면이 있었다.

마일리지나 적립금을 다른 쇼핑몰 하고 비슷한 조건에서 유사하게 사용을 하면 차
별화가 되지 않는 기본적인 서비스만이 될 뿐이다. 작은 차이가 성공을 가늠하는 만
큼 하나하나 전략적으로 고민하고 기획한다면 큰 효과를 볼 수 있을 것이다.

2) 회원을 VIP로 모셔라

쇼핑몰에서는 회원 등급제를 운영한다. 대게 고객의 구매 금액 및 구매 빈도를 기
반으로 회원 등급을 결정을 하는데 몇 단계의 등급으로 나눌지, 등급에 따라 쇼핑몰
에서 제공하는 혜택에 어떤 차이를 둘 것인지 등을 결정한다.

유명 의류 쇼핑몰들은 VIP를 위한 별도의 쇼핑 공간을 마련하여, 로그인을 한 후
가격이 전혀 다르게 보이는 쇼핑몰을 제공하고 있다. 또 어떤 쇼핑몰은 회원의 등급
을 아이콘화하여서 회원이 글을 적을 때 회원 등급이 게시판에 표시되게 함으로써
고객 대응 시 참고하면서 대우를 한다.

✚ 그림 3_ 제이드 쇼핑몰의 게시판−회원등급기 아이콘으로 표시

이처럼 회원 등급에 따라 할인 행사나 이벤트를 차등적으로 적용하는 등 회원별 차별화된 서비스를 제공하는 것이 고객 관리의 한 방법이 된다.

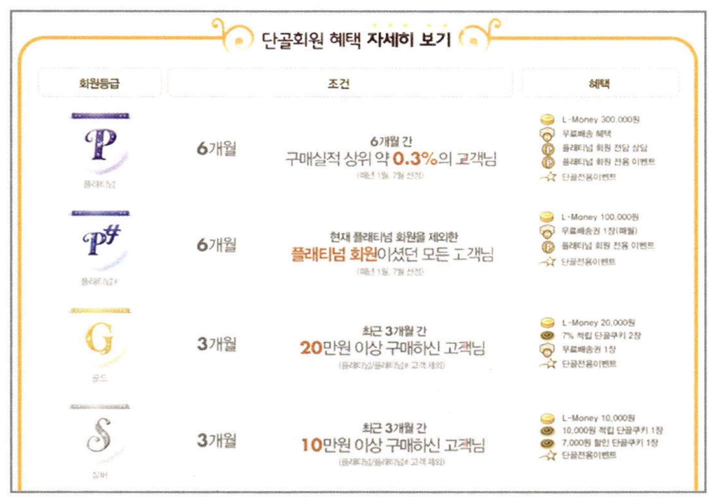

✚ 그림 4_ 롯데닷컴의 회원 등급

[창업 컨설팅 이모저모] 고객 패턴을 분석하는 로그분석 활용

쇼핑몰에 방문한 고객들의 방문 패턴을 어떻게 알 수 있을까? 이것은 바로 고객이 남긴 데이터로 분석이 가능하다. 서버에 접속한 고객이 어디로부터 접속을 했고 어느 정도 시간을 머물렀으며 주로 이용하는 콘텐츠는 어떤 것들인지를 알 수 있는 데이터이다. 이것을 로그 파일이라고 하며, 해당 파일을 한눈에 보기 쉽게 정리해서 알려주는 것이 로그분석 서비스이다.

이 로그분석은 고객을 실제 볼 수 없는 쇼핑몰에서는 고객을 가장 잘 알 수 있게 해주는 기본 데이터이다. 가장 효율적이고 간편한 고객관리 기법이라고 볼 수 있다.

일반적으로 로그분석에서 추출될 수 있는 정보들은 다음과 같다.

Who Visited?	누가 방문하는가?
When Visited?	방문 시간과 주요 요일은 어느 때인가?
Where did they come from?	어디를 통해서 방문하게 되는가? 주요 검색엔진은 어디인가?
What is there interests?	주로 방문하는 콘텐츠는 무엇인가? 어떤 메뉴가 인기가 높은가?
Why visited or exit?	검색엔진 방문 키워드는 무엇인가? 사이트 내부에서는 어떤 검색으로 무엇을 찾는가?
How did they navigate?	어느 페이지에서 빠져나가나? 방문객의 주된 이동 경로는 어디인가?

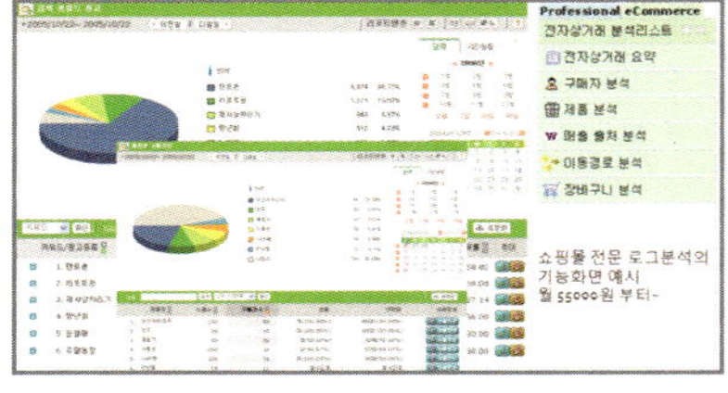

로그분석 서비스-에이스카운터

전자상거래 전용 로그분석 서비스도 많이 나오고 있는데 방문자 분석뿐만 아니라 구매자 분석까지 그 영역을 확장하여 구매자들은 어떤 회원들인지를 보여준다. 또, 장바구니에 담겼다가 실제 구매가 안 된 거래건수를 확인하여 결과를 보여주는 장바구니 분석 서비스도 제공한다. 그리고 매출 출처 분석, 제품 분석 등 보다 쇼핑몰 거래에 초점이 맞춰진 고객의 데이터를 정리해서 보여준다.

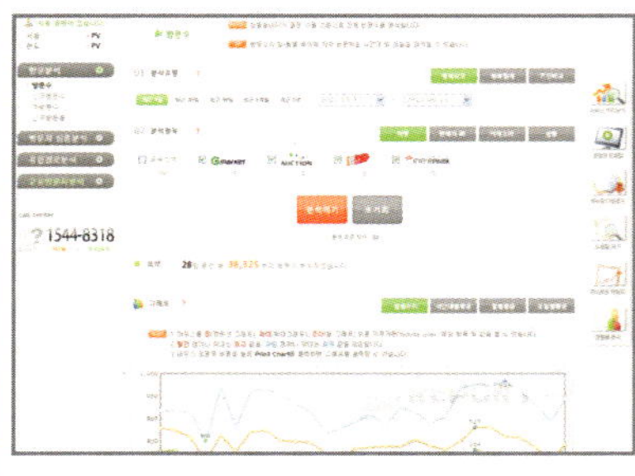

오픈마켓 로그분석 서비스-이셀러스 http://zr.esellers.co.kr

오픈마켓 전용 로그분석 서비스도 있다. 오픈마켓인 G마켓, 옥션, 11번가에 상품 등록을 하고 미니숍 등 딜러몰에 상품이 노출이 되면 실제적으로 고객이 얼마나 들어오는지 어디에서 들어온 것인지, 방문자에 대한 다양한 정보들을 보여주는 서비스이다. 개인 쇼핑몰 전용 로그분석도 있고 오픈마켓용 전용 로그분석 서비스도 있다. 이러한 로그분석을 통해 고객의 기본 데이터를 얻어 보다 효과적인 마케팅 전략을 세우고 적용해야 한다.

3. 신뢰를 줄 수 있는 고객센터를 만들어라

고객으로부터 신뢰를 얻기 위해서는 할인이나 사은품 제공뿐만 아니라 고객이 불편해하는 쇼핑몰 요소들을 원활히 해결해주는 것이 더 중요하다. 고객들의 클레임을 어떻게 효율적으로 바로바로 처리할 것인지도 중요한 고객관리인 것이다.

1) 클레임은 고객 만족의 척도

클레임(Claim)은 소비자가 품질에 대해 불평, 불만, 고충 등을 나타낸 것으로 클레임에 어떻게 쇼핑몰이 대응하느냐에 따라 실질적인 매출에 영향을 미친다.

클레임에 기민하게 반응을 못하면 고객들은 아무리 쇼핑몰의 디자인과 상품이 좋아 보여도 다시는 구매를 하지 않을 수 있다. 이는 매출 감소뿐만 아니라 브랜드 이미지에도 타격이 생기며, 결국 쇼핑몰을 접어야 하는 경우도 생긴다. 불만이 쌓인 고객은 그 불만을 지인들에게 빠르게 퍼트릴 가능성이 크고, 인터넷 환경에서는 그 불만이 순식간에 수많은 이들에게 퍼질 가능성이 높다.

더욱이 쇼핑몰의 경우 화면상으로 보이는 이미지만 보고 제품을 구입하기 때문에 쇼핑몰에서의 클레임 처리는 오프라인보다 훨씬 더 중요하며 보다 적극적으로 대응해야 한다. 일반적으로 쇼핑몰에서는 클레임에 대응하기 위해 기본적으로 고객센터, 1:1 상담코너를 두어 고객의 질문에 응대를 하고 있다.

2) 쇼핑몰 클레임의 4가지 파트별 유형

고객들은 여러 파트별로 클레임을 제기할 수가 있는데 고객들이 제기할 수 있는 클레임의 유형을 살펴보자.

① 회원가입 및 탈퇴 파트

회원가입과 탈퇴 부분에서 고객들이 클레임을 제기할 수 있다. 회원가입 시 약관의 내용이 개인정보노출로 불편하게 인식되거나 회사의 소식지를 강제로 e-mail이나 SMS로 받아봐야 한다든지, 타 제휴사와 함께 고객정보를 활용하는 데 동의를 요하는 등의 조항이 있다면 기피할 수 있다.

또한, 탈퇴를 하려고 하는데 탈퇴절차가 까다롭게 되어 있을 때 탈퇴를 해달라는 클레임이 생길 수 있다.

그리고 인터넷 이용 시 가장 빈번하게 일어나는 불편함은 아이디와 비밀번호가 생각이 나지 않을 때이다. 효과적으로 찾을 수 있게 해주는 것도 고객의 불만을 낮추는 방안이 될 것이다. 저자의 경우 한 호스팅회사에 오랜만에 로그인을 하려니 비밀번호가 생각이 나질 않아 당황했던 적이 있었다. 이때 해당 회사에서는 반드시 비밀번호를 이메일로만 받아보게 했는데, 회원가입 시 적었던 이메일이 현재 사용하지 않는 옛날 이메일 주소여서 이러지도 저러지도 못하고 매우 당황했던 기억이 있다.

회원가입과 탈퇴에서 발생할 수 있는 문제를 면밀히 검토해보자.

[자주 발생할 수 있는 문제]
▶ 회원가입 및 탈퇴 요령
▶ 회원 정보 변경
▶ 아이디 및 비밀번호 변경
▶ e-mail이나 SMS의 수신거부
▶ 회원 이용 약관 등 회원가입 및 탈퇴

② 상품 구입 파트

상품을 구입하면서 다양한 클레임이 발생할 수 있다. 상품의 정보가 부족해서 가령, 사이즈를 정확히 모르거나, 상품의 색이 정확지 않은 경우 상품 문의를 하게 된다. 상품 사진이나 모델 사이즈 등도 상세히 알려주어 고객이 최대한 궁금증이 안 일어날 수 있게 해주는 것이 중요하다. 그리고 반품이나 환불 조건, 배송문의 등이 자주 빈번하게 일어나는 질문들이다. 상품 정보 하단에는 반드시 배송과 교환, 반품에 대한 절차와 기준을 반드시 명시해놓아야 한다.

구입 후에는 주문 취소, 환불 절차, 상품 A/S 등 고객의 클레임이 제시될 수 있다. 주문 취소를 온라인상으로도 쉽게 처리할 수 있게 하고 환불도 명쾌하게 과정을 제시해야 한다. 사실 고객의 입장에서는 주문 후 물건을 다시 취소하게 되는 상황이 가장 불편하다. 택배사를 다시 섭외하고 배송비를 다시 소급해 돌려주는 과정도 불편하기 때문이다. 고객이 주문한 모든 상품을 취소하지 않고 일부만 반품하는 경우라면 해당 반품 배송비를 적절하게 조율해 할인해주는 곳도 있다.

그리고 고객 클레임은 이벤트 진행 시, 커뮤니티 운영 과정, 경품 지급 등 쇼핑몰 내에서 발생하는 모든 문의 사항이 클레임의 대상이 될 수 있다. 고객의 질문에 성실히 답하고 불만이 있을 만한 부분에서는 보다 적극적으로 해결해가는 자세를 갖추는 것이 중요하다.

> **[자주 발생할 수 있는 문제]**
> ▶ 상품의 사이즈 문의
> ▶ 색깔이나 재질에 대한 문의
> ▶ 복수 구매 시의 혜택 문의
> ▶ 배송 및 교환 문의
> ▶ 환불절차에 대한 문의
> ▶ 상품의 A/S에 대한 문의
> ▶ 이벤트 진행 시 경품지급 문의

③ 주문 및 결제 파트

쇼핑몰을 운영하면서 고객들의 전화를 가장 많이 받는 내용이 주문과 결제에 대한 것이다. 그중에서도 카드 결제에 오류가 생겨서 많아 왜 안 되는지에 대한 문의가 많다. 대게는 컴퓨터상의 보안등급 설정이나 윈도우 버전의 차이 때문에 생기는 문제이다. 이것을 해결하기 위해서는 운영자는 어느 정도 기술적인 부분에 대한 상식을 알고 있어야 한다.

또한 결제하고 나서 주문을 취소할 경우에 주문 취소가 제대로 되었는지, 카드결제는 언제 취소가 되는지를 묻는 전화가 많다. 보통 쇼핑몰에서 카드 결제 취소를 해주어도 실제 고객에게는 2~3일의 시간 뒤에 통보가 되기 때문에 사전에 이에 대한 안내가 필요하다.

그 외에도 주문할 때 쿠폰 사용을 해야 하는데 쿠폰 사용 방법을 몰라서 문의를 한다든지, 현금영수증 발급을 받고 싶은데 어떻게 해야 하는지 등 주문 및 결제와 관련된 클레임은 많이 일어난다. 이는 금전적인 문제와 직결되어 있어 고객들이 민감하게 반응하기 때문에 신속한 대처가 필요하다.

[자주 발생할 수 있는 문제]
▶ 결제오류에 대한 문의
▶ 주문취소를 확인하는 문의
▶ 쿠폰사용방법에 대한 문의
▶ 현금영수증 발급 등에 대한 문의

④ 배송관련 파트

배송과 관련된 클레임도 많다. 배송 오류로 인해 제품을 받지 못한 경우에 도착 시간이나 배송료, 제주도 및 도서 산간 지역에 배송이 가능한지 등 구입한 제품의 배송과 관련된 모든 사항이 고객의 클레임으로 제시될 수 있다. 배송에 대한 책임은 원칙적으로 배송업체인 택배사에 있지만, 배송에 문제가 생겼을 경우 쇼핑몰에 대한 평가로 돌아온다는 것을 알아야 한다.

이벤트 용품을 판매하는 쇼핑몰의 경우, 보통 사람들이 특별한 날에 이벤트를 선물로 주기 위해 용품을 구매하는 경우가 많다. 그렇기 때문에 반드시 해당 기일 전에 도착을 해야 하는데 간혹 도착이 늦어질 경우, 굉장히 난감한 상황에 처한다고 한다. 근거리일 경우, 급히 퀵 배달을 이용해서라도 배달을 해서 고객들의 불만을 잠재운다고 하소연하는 운영자의 얘기를 들은 적 있다.

본 저자는 과일 쇼핑몰을 하면서 간혹 제주도로 배송이 가능한지를 묻는 고객 전화를 접한다. 과일은 신선도에 문제가 있을 수 있어서 하루 이상이 걸리는 지역은 원칙적으로 배송을 하지 않고 있다. 토요일 배송을 안 하는 이유가 여기에 있다. 혹시나 있을 사고를 미연에 방지하고자 하는 것인데 아이템에 따라 배송지역을 선별해야 하는 경우도 생긴다.

이렇듯 배송은 고객이 쇼핑몰에 방문해 주문을 하고 제품을 받는 최종 단계에서의 고객과의 접점이 되기 때문에 마지막까지 고객을 위한 서비스를 해야 하는 부분이다.

> **[자주 발생할 수 있는 문제]**
> ▶ 배송 오류에 대한 문의
> ▶ 배송 날짜와 시간에 대한 문의
> ▶ 배송료에 대한 문의
> ▶ 배송 지역에 대한 문의

4. 고객의 마음을 사로잡는 노하우가 있다

쇼핑몰 운영에 있어서도 고객 중심으로 고객의 마음을 얻을 수 있는 운영이 되어야 한다. 이에 쇼핑몰들이 고객의 마음을 얻기 위해 준비해야 하는 운영 노하우를 살펴보자.

(1) 운영자의 인간미를 보여줘라.

(2) 게시판 활성화로 영업의 꽃을 피우자.

(3) 입소문(Buzz)을 만들어라.

(4) 지속적으로 고객과 커뮤니케이션을 해라.

1) 운영자의 인간미를 노출시켜라

성공한 쇼핑몰들의 공통적인 특징이 있다면 이는 바로 운영자를 드러내는 전략이다. 운영자를 드러낸다는 것은 운영자가 직접 고객들과 인터넷으로 대면한다는 의미이기도 하고, 운영자가 가지고 있는 심성, 인간미를 보여준다는 의미이기도 하다.

의류몰로 성공한 사례를 보면 대게 쇼핑몰 대표가 모델을 겸하고 있다. 예쁜 운영자의 모습과 패션 리더로서의 면모가 소비자로 하여금 눈길을 끌게 하고 대표라는 이미지가 겹쳐 더욱 호감이 커지게 되는 것이다.

패션 분야에서는 늘 연예인 따라잡기가 최대 유행 포인트가 되지만, 인터넷 세상에는 일반인도 얼마든지 연예인처럼 자신을 드러내고 유명해질 수 있는 기회가 생긴다. 일명 4억 소녀, 100억대의 아줌마 모델로 유명해진 펑키걸 대표 등 잘 알려진 인물들이 그 예이다.

어떤 쇼핑몰은 운영자가 자신의 일상을 자연스럽게 일기식으로 올려 고객들과 대화를 나눈다. 운영자의 마음 씀씀이가 웹이라는 디지털 매체에서 아날로그적인 감성이 전달되는 것이다. 고객에게 주문 시 자필로 편지글을 써서 동봉하거나 실시간 채팅 서비스를 제공함으로써 궁금증을 바로 해결해주는 서비스도 운영자의 감성이 전달됨으로써 고객들은 신뢰를 가지게 된다.

더불어 쇼핑몰에서 수익금을 어려운 이웃에게 나누는 훈훈한 모습을 보여준다면 소비자는 해당 쇼핑몰이 규모가 어떤 형태이기를 따지기 전에 좋은 이미지를 가질 수 있다.

✚ **그림 5_** 일구야닷컴–실시간 채팅서비스

✚ **그림 6_** G마켓의 후원쇼핑

쇼핑몰 운영자가 드러나지 않은 몰과 드러나 있는 몰과는 소비자의 신뢰에서 큰 차이를 보인다. 운영자가 자신의 얼굴을 내밀고 제품을 소개한다는 것은 그만큼 믿어달라는 호소이기도 하기 때문에 소비자의 반응이 달라질 수밖에 없는 것이다. 오프라인 매장이 있다면 매장 사진을 올려서 유령 회사가 아님을 보여주는 것이 필요하다. 농장이 있다면 농장 사진을 올려 실제로 어디서 어떻게 재배가 되고 있는지에 대한 신뢰를 주는 것도 쇼핑몰 매출에 매우 중요한 포인트이다.

어떤 형태로든 운영자가 쇼핑몰에 노출되어 고객들이 혹시 사기쇼핑몰이 아닌지를 걱정하지 않도록 자연스럽게 분위기를 이끌면 고객들은 훨씬 더 믿음을 갖게 될 것이다.

✚ **그림 7_** 빌리윌리-오프라인 매장에서도 보고 구입할 수 있다는 설명을 상품상세설명페이지에 삽입함으로써 신뢰도 상승

<u>**Key message**</u>
- 운영자가 제품의 모델로 등장해 호감상승
- 운영자의 일상 스토리 올려 친근감 증대
- 오프라인 매장 사진, 농장 사진, 채취 사진 등 생생한 현장 사진 제시
- 자필 편지 동봉 및 실시간 채팅상담서비스
- 나눔의 정신으로 훈훈한 감동 전달

2) 게시판 활성화로 영업의 꽃을 피우자

쇼핑몰에서 고객문의게시판은 고객들이 가장 먼저 살펴보게 되는 공간이다. 즉 쇼핑몰 이미지의 척도가 되는 곳이다. 본 저자도 한 쇼핑몰의 활성화 정도를 체크해보기 위해 가장 먼저 보는 곳이 게시판이기 때문이다. 게시판에 하루 올라오는 글의 양이 얼마나 되는지, 고객의 질문에 대응하는 관리자의 씀씀이는 어떠한지, 얼마나 빨리 고객의 질문에 답변을 하는지, 주로 어떤 질문들이 올라오는지 등등 게시판의 활성화 정도를 살펴보고 해당 쇼핑몰이 과연 잘 운영되고 있는지, 앞으로 잘 운영이 될 것 같은 곳인지 등 쇼핑몰에 대한 인상을 그리게 된다. 그렇기 때문에 쇼핑몰에서의 게시판은 반드시 활성화가 되어야 한다.

한 쇼핑몰은 가상의 경매 코너를 만들어 게시판 활성화를 만들어내었다고 한다. 경매는 저렴한 가격에 상품을 낙찰받을 수 있는 서비스이기 때문에 누구나 호기심에 참여할 수 있다는 점에 착안하였다. 신상품이면서 비교적 고가 상품을 경매에 붙여 최저가 1,000원부터 지원하면서 낙찰에 도전할 수 있는 코너를 만든 것이다. 고객들이 비싼 상품을 저렴하게 구매할 수 있는 기회이기 때문에 한 명 한 명 참여를 하게 되었고 뜨거운 호응을 만들어내었다고 한다. 한 번 이런 행사를 가지고 지속적으로 경매코너를 이벤트화했더니 어느새 고객들이 주기적으로 방문하는 선순환 구조가 만들어졌다고 한다.

하루에 한 가지를 판다고 해서 화제가 되었던 원어데이 쇼핑몰(http://www.oneaday.co.kr)은 하루에 한 가지만 파는 대신에 최저가로 판다는 것을 모토로 하고 심지어 다음 날 팔 물건을 공지하지 않는 전략으로 매일매일 고객들이 로그인을 하게 만든다. 이곳은 특이하게 상품판매토크라는 게시판을 운영하는데 해당 제품을 산 고객들이 서로 가벼운 토크를 하는 게시판이다. 하루 안에 상품토크에 몇 개의 게시물이 올라오느냐를 보면 해당 상품의 판매 인기도를 가늠할 수 있다. 다른 구매자의 글을 보면 왠지 나도 사야겠다는 마음이 들게 되는 부수적인 효과가 나타난다. 어떤 고객들이 원어데이 쇼핑몰에 중독이 되어 너무 카드결제비가 많이 청구된다는 우스운 글들도 많이 발견할 수 있다.

사실 쇼핑몰 운영을 해보면 100명이 방문한다고 가정했을 때 단 1% 정도만이 게시판에 글을 남길 정도로 잘 참여하지 않는다. 게시판을 활성화시키기가 그만큼 힘들다는 얘기이다.

처음부터 고객들의 반응만 기다리면 안 된다. 시간이 지난 후에도 아무런 반응이 없을 수가 있기 때문이다. 그래서 운영자는 "만약 질문이 없다면 만들어낸다"는 마음가짐으로 게시판 활성화에 사활을 거는 것이 필요하다. 게시판은 공짜 광고판이기 때문이다.

또한 게시판의 활성화를 위해서는 쇼핑몰만의 대화 스타일을 만드는 것도 중요하다. 가령 어떤 쇼핑몰을 보면 게시판에 답변을 하는 관리자의 아이콘도 남다르게 그려놓고 게시물의 첫 시작도 다르게 하곤 한다.

본 저자는 쇼핑몰을 운영하면서 항상 게시물을 올릴 때, 첫 문구가 "○○쇼핑몰의 ○○○입니다"라고 브랜드와 운영자의 이름을 걸고 답변을 달았다. 그랬더니 많은 고객들이 저자의 이름을 기억한다는 것을 알게 되었다. 이름을 알고 있으니 상담 시 훨씬 부드럽게 대화가 진행이 되고 쉽게 구매로 연결되는 것을 알 수 있었다.

게시판 활성화로 유명한 사례는 세스코다. 세스코는 바퀴박멸해주는 회사인데 이런 회사가 왜 게시판 활성화로 유명할까. 그 이유는 세스코 기업의 게시판에 담당자가 고객들과 대화하는 스타일이 독특하고 재미있었기 때문이다. 인터넷에는 '너무 재밌는 세스코 답변들'이란 제목의 누리꾼들의 글이 수없이 많다. 담당자의 재치 하나로 기업의 명성이 온라인상으로 널리 퍼지게 되었고 해당 기업의 인지도도 높아지면서 기업의 이미지가 긍정적으로 보이는 효과가 생긴 것이다. 이 사례야말로 쇼핑몰만의 게시판 대화 스타일을 만드는 것이 얼마나 중요한 고객활성화의 수단이 되는지를 가늠하게 되는 현상이다. 이처럼 게시판의 활성화를 전략적으로 만드는 고객중심의 운영을 해야 한다.

카페

세스코답변들ㅋㅋㅋㅋㅋ　2010.08.22　✓ 검색어표시
뜰는데 곱등이킹덤 생각도하기싫다 [이힝] 답변 세스코가 꼽등이를 처리하지 못한다는 근거 없는 말은... 훈훈한 세스코 ㅣㅁ1친세스코 잉여문제도 답변해주는 세스코 감동으1 세스코 ㅣ 훈훈한 세스코ㅋㅋㅋㅋㅋ
http://cafe.naver.com/twinternational/295　TalesWeaver, International,　카페 내 검색

너무나 웃긴 세스코 답변　2011.01.02　✓ 검색어표시
그 유명한 세스코 답변들 아시나요? 아신분들은 많겠지만 전 이제알아서 빵터졌답니다. ㅋㅋ 웃겨서 올립니다 2001/10/20(토) 09:41 오늘의 걸작 세스코 답변 : 아무래도 제 아내가 수상합니다. 내용 》 1999년 그녀는...
http://cafe.naver.com/jeanperson/14643　세상의모든자료진(眞)펼손,공구,드라마다시보기,영화...　카페 내 검색

아주 오래전 유명했던 세스코 답변들　2010.04.20　✓ 검색어표시
왜 가슴이 두근거릴까요.. [ㅅㅏㄹㅏㅇ] 답변 》 늘 행복한 세스코입니다. 사랑은 찬란한 오해의... 섬세한 답변 부탁합니다..!! [비밀] 답변 》 안녕하세요 세스코입니다. 벗겨진 유리구두의 주인을 찾는것은...
http://cafe.naver.com/raze/8422　『어우러짐』인맥과 재테크의 성공을 꿈꾸는 직장인...　카페 내 검색

카페 더보기 ›

> **Key message**
> • 활발한 게시판으로 공짜 광고를 해라.
> • 쇼핑몰만의 대화 스타일을 만들어라.

3) 입소문(Buzz)을 만들어라

쇼핑몰 내의 콘텐츠를 입소문이 날 수 있도록 기획하고 만들어내는 것이 필요하다. 우선적으로 훌륭한 콘텐츠를 쇼핑몰에서 제공하여 고객들이 데이터를 가져갈 수 있도록 해야 한다. 대게 일반적으로 쇼핑몰은 wallpaper, 멋진 사진, 코디웹진, 의류 촬영화보, UCC 등의 콘텐츠를 제공한다.

많은 고객들이 좋아하는 콘텐츠의 기준은 크게 두 가지로 나눠볼 수 있다. 바로 유머러스한 콘텐츠이거나 정보가 많이 담긴 콘텐츠를 좋아한다. 정보를 얻어가고 싶어서 해당 페이지를 자신이 운영하고 있는 블로그나 카페에 담아가고자 할 것이고, 혹은 너무 재밌는 콘텐츠여서 이 또한 다른 이들에게 알리고 싶은 욕구로 여러 다른 사이트에 옮겨간다. 이 두 가지 핵심을 찌르는 콘텐츠를 만들 수 있다면 금세 쇼핑몰은 입소문이 날 수 있다.

또한 외부의 커뮤니티를 적극 활용하는 것이 필요하다. 성공한 쇼핑몰을 보면 자체적으로 쇼핑몰 블로그를 운영하고 있거나 관련 카페를 관리하고 있거나 미니홈피와 연계를 하고 있는 등의 외부 커뮤니티를 별도로 운영하고 이를 쇼핑몰에 링크를 걸어두고 있다. 최근에는 소셜 커뮤니티가 대세를 이루고 있어서 트위터, 페이스북과 같은 많은 사람들이 공유하고 있는 커뮤니티를 활용하는 쇼핑몰도 많아지고 있다.

이는 쇼핑몰 방문자를 늘리는 방법이 된다. 무료이고 포털이 가지고 있는 잠재적 수요인 고객들과 커뮤니티를 형성해 쇼핑몰로 쉽게 끌어들일 수 있는 장점이 있다. 그리고 이미 쇼핑몰을 어느 정도 인지하고 있는 고객이 방문하는 것이기 때문에 쇼핑몰에 대한 로열티가 강화될 수 있다.

✚ **그림 9_** 트위터한글 http://twtkr.com/

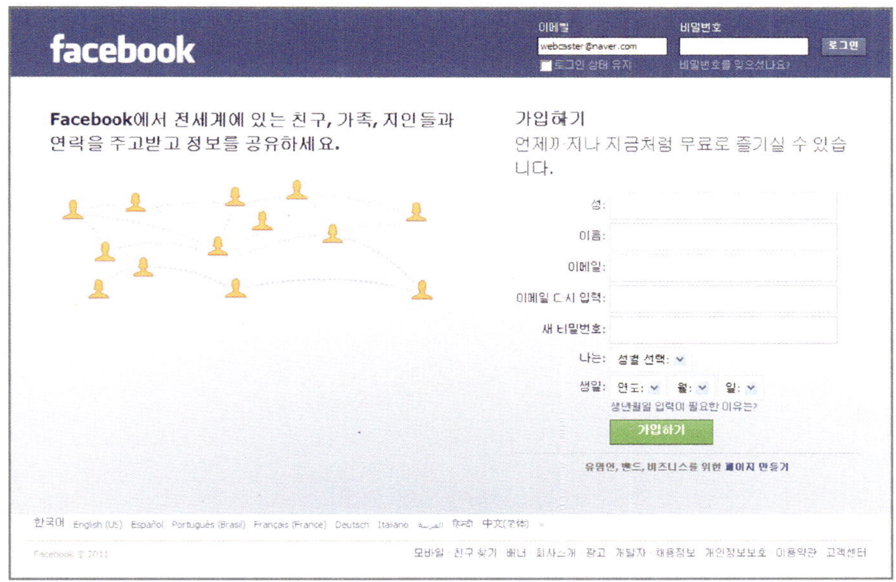

+ **그림 10_** 페이스북

쇼핑몰 내에서는 양질의 구매후기를 얻을 수 있도록 해야 한다. 쇼핑몰에서 구매를 하는 고객은 어떤 상품이라도 후기가 없으면 선뜻 구매를 망설이게 된다. 반대로 구매후기가 많은 상품은 큰 고민 없이 괜찮은 상품으로 인식하고 주문을 하게 된다. 그만큼 구매후기는 매출로 직접 연결해주는 매우 중요한 촉진제이다.

구매후기가 많으면 절로 입소문이 날 수 있다. 고객들이 많다는 의미가 되고 만족도도 크다는 결과이기 때문에 다른 지인에게 소개하기에 어려움이 없다. 어느 날, 어떤 상품이 좋았다는 글이 게시판에 올라오면 그날은 해당 상품이 매우 많이 팔리는 것을 볼 수 있다. 이는 구매후기의 효과이다.

다만, 좋은 구매후기를 얻기 위해서는 보상이 필요하다. 반드시 좋은 글이나 좋은 사진을 보내주는 고객에게 쇼핑몰에서는 일정한 보상을 해주는 것이 좋다. 좋은 후기를 달라는 식의 일반적인 멘트로는 효과적인 후기를 얻기가 힘들다. 구매후기를 얻는 것도 하나의 쇼핑몰 내의 제도로 승화하면 정기적인 이벤트도 되면서 고객과의 돈독한 관계가 만들어질 수 있다.

쇼핑몰 안에 입소문이 날 수 있게 도와주는 여러 장치, 좋은 콘텐츠, 구매후기, 외부 홍보매체와의 연계 등이 모두 원활히 돌아가야 쇼핑몰에 방문하는 고객들이 많아지고 만족도가 높아지고 성공을 하게 된다는 것을 명심하자.

<u>Key message</u>
- 펌질 가능한 콘텐츠를 기획하라.
  - 오락적이고 정보성(유용성)이 강한 콘텐츠 제작
- 쇼핑몰 블로그, 미니홈피의 활용(네트워크 효과)
- 양질의 구매후기를 얻어라.
  - 참여자에게 보상해주어라.

4) 지속적으로 고객과 커뮤니케이션을 해라

"한 번 고객은 영원한 고객이다."

쇼핑몰과 인연을 맺은 고객은 영원히 함께 한다는 마인드를 갖는 것이 중요하다. 한 명의 고객을 만나고 구매까지 하게 만드는 것은 결코 간단치 않다. 고가의 광고비를 지불하고 쇼핑몰에서의 상품기획, 디자인, 고객서비스가 모두 만족이 되었을 때 한 명의 고객이 만들어지는 것이다. 새로운 고객을 유치하는 것보다 기존 고객을 잘 관리해서 재구매를 하게 하는 것이 더 나은 전략이 될 수 있다.

고객과 꾸준히 커뮤니케이션을 하기 위해 주기적으로 이메일을 통해 소식지를 발간하는 방법을 사용해도 좋다. 이번 주 신상품이 무엇이고 어떤 이벤트가 진행이 되는지를 이메일로 보내주는 것이다. SMS 문자서비스를 통해 지속적으로 고객에게 이벤트를 안내할 수 있다. 정보를 지속적으로 보내야 해당 고객은 쇼핑몰을 기억하게 되고 다시금 재방문을 할 수 있게 된다.

한 번 구매한 고객에게 재구매를 할 수 있도록 유도하는 방법은 구매 고객에게 더욱 큰 혜택을 주는 서비스를 만들면 된다. 즉 회원의 등급을 만들고 구매 회원에게도 제품 판매 기여도에 따라 차등적인 서비스를 제공하는 것이다.

소개 마케팅도 진행해볼 수 있다. 구매 고객이 다른 고객을 추천했을 경우, 추천 고객이나 추천을 받고 구매한 고객이나 혜택이 돌아가게 한다면 구매 효과가 더욱 커질 것이다.

<u>Key message</u>
- 주기적인 이메일 웹진 발송
  - 개인화된 맞춤 이메일이면 더욱 좋음
- 구매고객에게 더 큰 혜택부여
  - VIP마케팅, 소개마케팅

[창업 컨설팅 이모저모] 양질의 구매후기를 얻는 쇼핑몰 운영 사례

① 감성 마니아제도
디자인 소품 전문몰인 텐바이텐(http://www.10x10.co.kr)에서는 감성 마니아 제도라는 행사를 했었다. 이는 고객을 선발, 텐바이텐의 감성 마니아로 임명을 하는 것이 다. 감성 마니아가 되면 활동 기간 동안에는 텐바이텐의 제품 구매 시 할인을 받게 되고 소정의 선물도 받게 된다. 그 대신 의무적으로 상품을 사면 상품 평을 남겨야 하는데 텍스트 상품평뿐만 아니라 포토 상품평도 남겨야 한다. 감성 마니아들은 텐바이텐으로부터 혜택도 받고, 의무도 다하는 그야말로 서포터즈 역할을 톡톡히 한 사례였다. 좋은 상품후기를 얻을 수 있어서 고객과 윈윈하는 제도였다고 생각이 된다.

② 적립금 환원
촛불 이벤트 업체 러브하니(http://www.lovehani.com)는 초를 가지고 다양한 이벤트를 해볼 수 있는 쇼핑몰이다. 이곳에는 특이하게 고객들이 보내준 실제 이벤트 상황 사진이 상품이미지이다. 사진으로 촛불이벤트를 어떻게 진행했는지를 알 수 있어서 고객들이 촛불 이벤트가 무엇인지를 이해하는 데 많은 도움을 준다.
러브하니 대표는 이벤트 사진을 보내준 고객에게 한 번만 보상을 하는 것이 아니라 해당 제품이 계속 팔릴 때마다 지속적으로 일정액 수수료를 고객에게 적립금으로 환원해준다고 한다. 고객이 실제 이벤트를 했던 사진을 보내고 이 사진을 상품으로 꾸며 계속 활용하며 꾸준히 보상하는 것도 고객과 좋은 윈윈 관계를 가지는 사례라고 볼 수 있다.

러브하니 상품사진

고객을 끌어들이는 인터넷 광고와 홍보 전략을 세워라

1. 인터넷 홍보와 광고 전략의 방향을 세워라

2. 나에게 맞는 인터넷 광고를 선택하라

3. 고객을 모으는 일등공신! 인터넷 홍보

쇼핑몰 구축이 마무리되면 본격적으로 쇼핑몰 광고와 홍보를 어떻게 체계적으로 진행할 것인가를 고민해야 한다. 인터넷 쇼핑몰은 전통적인 오프라인 광고매체를 활용한 프로모션보다는 인터넷상에서 정보 네트워크를 활용한 광고 및 홍보를 보다 적극적으로 해야 한다. 인터넷 쇼핑몰이 필수적으로 알아야 할 인터넷 광고방법과 다양한 홍보매체의 특징을 알아보자.

자신에게 맞는 프로모션 전략과 매체를 정하고 기간별로 예산별로 잘 진행을 해보자.

1. 인터넷 홍보와 광고 전략의 방향을 세워라

온라인에서 쇼핑몰로 성공하기 위해서 고객에게 매력적인 상품을 파는 것은 매우 중요한 일이다. 그래서 많은 쇼핑몰들이 상품소싱에 노력을 기울인다. 그러나 정작 쇼핑몰을 오픈하고 나서는 고객을 어떻게 만나고 쇼핑몰로 유인해야 하는지 프로모션 전략을 세우지 않아 낭패를 보는 경우가 많다. 특히 인터넷은 검색을 통해 쇼핑몰을 찾아내고 접속하기 때문에 나의 고객을 만나는 길목을 스스로 세울 수 있어야 한다. 이는 인터넷 활용에 대한 감각이 매우 필요한 부분이기 때문에 창업자 스스로 온라인 정보검색과 활용에 노하우를 가지고 있는 것이 중요하다.

우선 쇼핑몰 사업자가 프로모션 전략을 세울 때 알아두어야 할 것은 인터넷으로 광고를 할지, 홍보를 할지에 대한 기준과 방법을 세우는 것이다. 차이를 알아보자.

1) 인터넷은 정확한 타깃에 메시지 전달 가능한 매체

인터넷은 24시간, 전 세계를 대상으로 마케팅이 가능한 원론적 특징을 비롯해 원하는 타깃만 추출하여 광고 및 홍보를 진행할 수 있으며, 클릭률도 보고되어 정확한 효과 측정이 가능한 매체적 특성을 지니고 있다. 지면에 제약이 있는 오프라인 매체에 비해 온라인은 지면에 제약이 거의 없다. 얼마든지 페이지를 여러 장 만들어 홍보가 가능하다. 광고 진행 시 지출 비용도 단발성 광고에 큰 비용이 지출되는 오프라인 매체에 비해 클릭 한 번에 저렴하게는 몇 십 원 정도의 단가로 진행이 가능하기 때문에 계획적인 예산 집행도 가능하다. 또한 기존 매스미디어는 광고 제작 후 미디어에 노출되기까지 기간이 필요하지만 인터넷에서는 제작이 되어 올리면 바로 노출이 된다. 수정도 언제나 쉽게 바로바로 가능하다. 이것이 온라인이 광고매체로서 많은 기업들이 선호하는 이유이며 매년 높은 성장률을 보이그 있다.

인터넷 쇼핑몰 운영자는 고객들에게 회사를 알리는 풍부한 정보를 제공해야 하고 원하는 타깃을 정확히 골라내 집중 마케팅을 해야 한다. 일방적으로 메시지만 전달하고 그치는 것이 아니라 소비자의 클릭이나 방문 같은 실제적인 반응을 이끌어내기 위해 웹페이지 곳곳에 장치를 만들어내야 할 것이다.

2) 홍보와 광고는 비용의 유무로 쉽게 구분

흔히 마케팅영역에서 프로모션 부분을 설명할 때 함께 혼용하여 사용하는 것이 광고와 홍보라는 용어이다.

광고는 "기업이나 개인, 단체가 상품, 서비스, 이념, 신조, 정책 등을 세상에 알려 소기의 목적을 거두기 위해 투자하는 정보활동"으로 정의되고 홍보는 "기업, 단체 또는 관공서 등의 조직체가 커뮤니케이션 활동을 통하여 스스로의 생각이나 계획, 활동, 업적 등을 널리 알리는 활동"으로 정의된다.

정의를 잘 살펴보면 광고는 투자 활동으로, 홍보는 활동을 널리 알리는 것으로 이해가 될 수 있어 쉽게 이해하면 비용을 들여 빠른 시간에 눈길을 끌고자 하는 프로모션 활동은 대게 광고의 접근이고 장기적으로 회사가 고객들과의 대화채널의 하나로 소식을 알리는 활동으로 접근하는 프로모션은 홍보의 일환으로 생각하면 된다.

또한 단기간에 빠른 피드백을 얻을 수 있는 것이 광고라면 점진적으로 고객과 커뮤니케이션 하면서 로열티가 강한 고객을 만드는 과정은 홍보라고 볼 수 있다.

이 두 가지는 회사의 운영에 있어 필수불가결한 요소이다. 회사는 장기적으로 대외 홍보 채널을 운영하는 것이 필요하고 단기적으도 광고 전략을 세워 각각의 최적의 효과를 볼 수 있도록 해야 한다.

먼저 인터넷에서 광고를 진행하는 대표적인 방법을 알아보자.

2. 나에게 맞는 인터넷 광고를 선택하라

쇼핑몰 운영자들이 인터넷으로 광고를 진행할 때 선택할 수 있는 방법은 어떤 것일까? 인터넷 광고 중 일반적으로 가장 소호 쇼핑몰이 많이 선택하는 광고가 포털을 대상으로 한 검색키워드 광고이다. 가장 손쉬운 광고 방법이기 때문이다. 업종에 따라 다르지만 평균적으로 인터넷 쇼핑몰은 매출액의 10%를 적어도 광고비로 지출하고 있다고 보고되고 있다. 가령, 월 매출이 5,000만 원인 쇼핑몰은 적어도 500만 원의 광고비용은 지불을 한다는 의미이다.

1) 키워드 광고는 CPC(Cost per Click) 광고가 대표적

키워드 광고는 포털사이트(다른 말로 검색엔진)에서 고객이 검색창에 키워드를 입력하면 검색 결과로 관련 업체의 광고가 노출되도록 하는 광고 기법을 말한다.

검색키워드 광고는 두 가지 방식이 있다. 첫 번째는 클릭할 때마다 비용이 나가는 CPC(Cost per Click) 광고와 노출되는 횟수에 따라 비용이 책정되는 CPM(Cost per Mile) 광고이다. CPC(Cost per Click) 광고와 CPM(Cost per Mile) 광고의 차이는 다음과 같다.

	CPC(Cost per Click)	CPM(Cost per Mile)
비용책정	클릭당 비용	노출당 비용
순위결정	입찰가에 따른 실시간 변동	일정기간 동안 고정액 지불

＋ **표 1_** CPC VS CPM

CPC 광고는 클릭당 비용이 나가고 경쟁에 의해 실시간 노출 순위가 바뀌기 때문에 조회 수가 많아 클릭이 많이 되는 키워드는 광고비용이 높게 지불될 확률이 크다. 비교적 세분화된 키워드로 타깃에 정확히 소구하는 키워드를 공략하는 것이 바람직한 방식이다. 반면 CPM 광고는 클릭과는 상관없이 일정 기간 동안 노출이 되는 방식이기 때문에 클릭이 많이 일어나는 키워드에도 활용 가능하다. 하지만 대부분의 검색엔진에서 CPM광고는 비중이 크게 줄어 거의 활용이 되지 않고 있다. 결국 키워드 광고는 CPC, 클릭당 과금되는 광고가 대세를 이루고 있다고 생각해도 좋다.

2) 네이버 키워드 광고 시스템의 구조와 진행방식

키워드 광고는 고객유입이 많은 사이트라면 누구나 사이트 수입원으로 책정되는 광고방식이다. 그러나 소호 쇼핑몰은 대체로 가장 많은 고객들이 관문으로 사용하는 네이버, 다음, 네이트 같은 포털사이트를 통해 집행을 한다. 그중에서도 가장 검색엔진 점유율이 높다는 네이버를 사례로 들어 키워드 광고 시스템의 구조와 진행방식을 설명하고자 한다.

네이버 광고는 CPC 광고를 주축으로 한다. 일명 파워링크, 비즈사이트 영역이다. 네이버에서는 CPC 광고영역을 클릭초이스라고 부르고 있다.

✚ 그림 1_ 네이버 검색키워드 광고

① 광고주 신규 가입

키워드 광고를 진행하기 위해서는 먼저 광고주로 등록을 해야 한다. 광고주 등록은 회원가입과 비슷한 절차로 이루어지므로 쉽다. 광고주는 개인 광고주와 사업자 광고주로 분리가 되어 있다. 사업자 광고주는 세금계산서 발급을 받아야 하는 광고주이다. 처음 사업자등록증을 발급받기 전이라면 개인 광고주로 등록했다가 사업자 광고주로 추후 변경을 하면 된다.

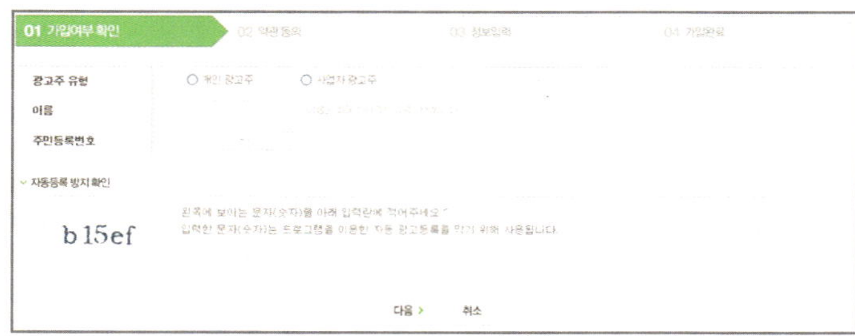

✚ 그림 2_ 네이버 광고주 신규가입

② 광고등록요소-제목, 설명, URL

네이버에 광고를 등록할 때는 제목과 설명, URL이 필요하다. 이들 제목과 설명, URL 등록 시에도 주의해야 할 포인트가 있다.

✚ 그림 3_ 키워드 광고 등록요소

첫째, 제목에는 반드시 노출을 원하는 광고 키워드를 삽입한다.

고객의 입장에서 보면 자신이 찾고자 하는 정보와 검색결과에 나타난 사이트에 동일한 내용이 있을 때 가장 먼저 클릭을 하게 된다. 검색엔진에서는 동일한 키워드가 있을 때 해당 키워드 부분은 진한 볼드체로 표시가 되어 더욱 눈에 띈다. 반드시 광고 키워드를 제목 맨 앞에 키워드를 넣자.

둘째, 사이트 설명에는 쇼핑몰의 강점을 부각시킬 수 있는 단어가 들어가야 한다.

설명을 적을 때에도 키워드와 연관성 있는 문구를 넣어야 한다. 특히 쇼핑몰의 강점을 부각시킬 수 있는 차별화된 메시지가 필요하다 가령 반값세일, 사은품증정 이벤트, 특가판매, 100% 보증, A/S 무료와 같은 혜택을 전달하는 메시지이거나, 바로 행동을 촉진할 수 있게 하는 1:1 상담 무료, 무료 소식지 제공, 오늘까지 한정, 내일 마감 등 행동촉진 문구 등을 넣자. 소비자의 클릭을 유도할 수 있을 것이다.

셋째, URL도 키워드와 연관된 상품을 바로 볼 수 있도록 링크를 걸자.

URL은 고객이 광고 제목과 문구를 클릭했을 때 접속하게 되는 랜딩페이지 주소를 말한다. 많은 쇼핑몰들이 키워드 광고를 하면서 대체로 메인페이지 주소를 링크시키지만 전문가라면 키워드별 세부 카테고리로 접속할 수 있게 링크를 건다. 그 이유는 소비자들은 빠른 검색으로 원하는 상품을 빨리 찾고 싶어 하기 때문이다. 상품을 바로 볼 수 있게 링크를 걸어야 만족도가 높다. 즉 체리를 찾는 고객에게는 광고등록 시 체리 상품으로 바로 링크를 걸어 연결시키는 것이 중요하다.

③ 네이버 클릭초이스에 등록하고 입찰하기

이렇게 지어진 광고제목과 설명, URL을 클릭초이스라고 하는 네이버 광고 시스템에 등록하고 광고를 집행하면 된다. 클릭초이스는 클릭당 비용이 나가는 네이버의 광고영역이다.

네이버 클릭초이스에서 광고를 등록하는 순서도는 다음과 같다.

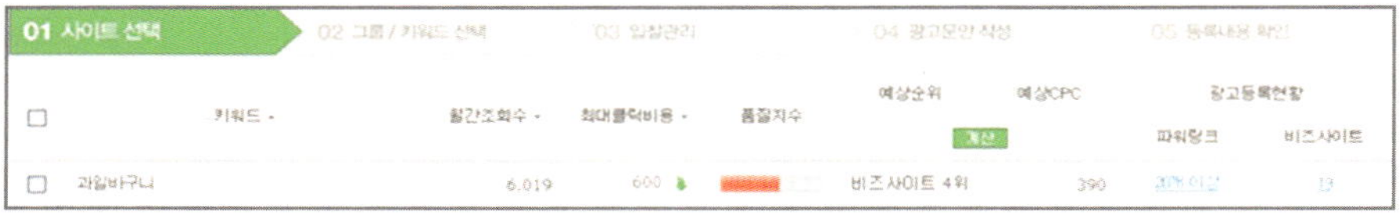

➕ 그림 4_ 클릭초이스

① 키워드 광고 진행 시 등록될 사이트를 먼저 선택한다.

② 개별적으로 광고 진행할 키워드를 찾고 등록을 한다.

③ 키워드를 제안해주는 툴이 있어 연관 키워드, 포함 키워드, 업종 키워드가 제공된다.

④ 입찰 관리에서는 키워드별 최대 클릭 비용을 산출을 통해 예상 노출 순위를 알 수 있다.

⑤ 상위에 노출하기 위해서는 최대 클릭 비용을 높이면 된다.

⑥ 광고 문안에는 각 키워드별 상세 설명 문구를 등록한다.

⑦ 최종 등록을 확인하면 1~2일 검수가 되고 광고가 시작이 된다.

네이버 광고는 최대클릭비용이라는 기능으로 입찰가를 적게 한다. 최대클릭비용은 최대한 광고주가 지불할 수 있는 금액의 상한선이다. 최대클릭비용이 높으면 높을수록 노출순위가 앞선다. 사실은 실제 광고주가 지불하는 실제클릭비용은 최대클릭비용과 다를 수 있다. 그야말로 최대클릭비용은 상한선일 뿐이다. 실제클릭비용은 차순위 광고주의 금액에 따라 최대클릭비용안에서 결정이 된다. 가령, 한 광고주가 클릭당 최대클릭비용을 2,000원을 입찰하고 차순위 광고주가 최대클릭비용을 1,000원으로 등록된 상태라면 광고주는 1,000원의 100분의 1인 10원만 더 내면 된다. 즉 1,010원을 실제 클릭비용으로 지불하게 되는 것이다. 참고로 클릭초이스는 최저 70원부터 입찰이 시작된다.

최대클릭비용에 품질 지수도 광고노출 순위에 영향을 주는 것으로 알려져 있다. 위 그림에서 빨간색으로 표시된 부분인데 품질지수는 '클릭률+키워드'와 '광고문안의 연관 정도(T&D)+키워드'와 '사이트의 연관 정도(랜딩페이지정도)+@'로 산정이 되며 이미지로 표시가 된다.

3) 네이버 지식쇼핑 입점도 또 하나의 광고매체

네이버에서는 지식쇼핑이라는 가격비교사이트를 서비스하고 있다. 원래 가격비교사이트는 많은 소비자가 제품을 선택할 때 한눈에 가격을 비교해보기 쉽기 때문에 많이 애용하는 사이트이다. 다나와, 에누리닷컴 등 큰 사이트도 많지만 소호 쇼핑몰에서는 네이버가 진행하는 지식쇼핑 가격비교를 광고로 주로 애용한다. 아무래도 네이버를 이용하는 소비자가 많은 상태에서 지식쇼핑도 네이버페이지에 함께 노출되는 광고이기 때문이다.

소호 쇼핑몰들은 지식쇼핑 입점이 비교적 간단하다. 개인몰이라면 대게 이용하는 쇼핑몰 솔루션사와 네이버 지식쇼핑이 제휴가 되어 있어서 쇼핑몰에 등록된 상품이 자동으로 지식쇼핑에 올라간다.

오픈마켓 입점몰이라고 해도 얼마든지 네이버 지식쇼핑에서 제품을 판매할 수 있다. 미니숍이란 이름으로 몰을 개설해 입점할 수 있도록 도와주는 대행사들이 있다.

지식쇼핑 입점도 광고이기 때문에 비용을 지불한다. 클릭초이스는 70원부터 광고가 시작되는 데 반해 지식쇼핑은 클릭당 대체로 40원 미만으로 지불된다고 알려져 있다.

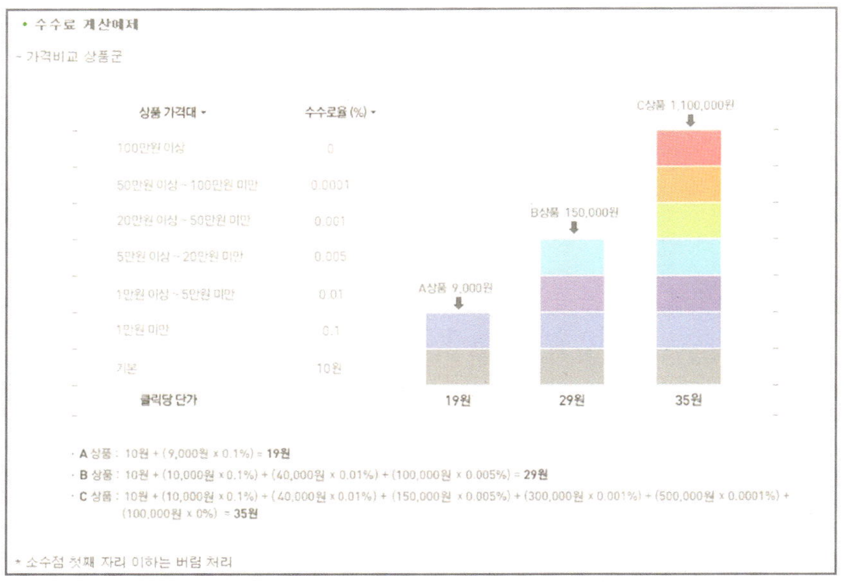

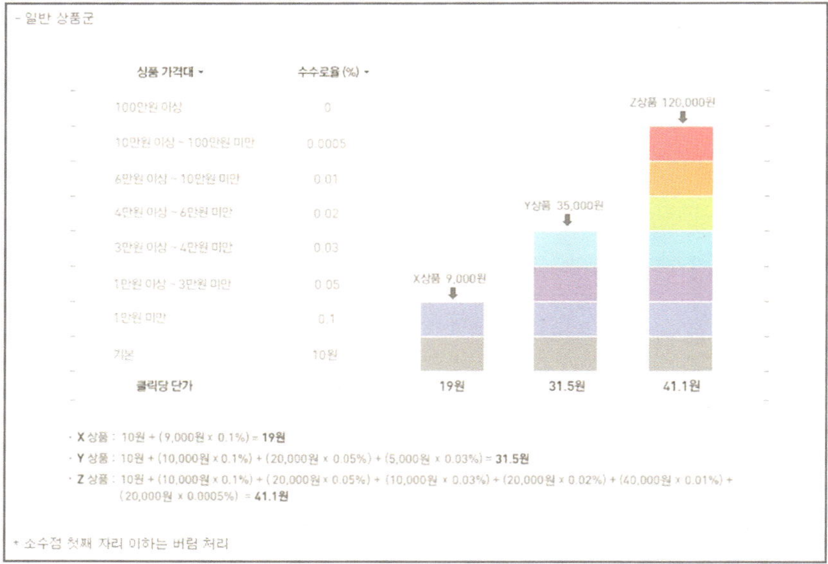

✚ **그림 5, 6_** 네이버 지식쇼핑입점 CPC 수수료가격 안내

4) 전통적인 네트워크 광고-제휴마케팅(Affiliate Marketing)

제휴마케팅은 세계 최대의 인터넷 서점인 아마존이 1996년 7월에 "Associates Program"이란 제휴 프로그램을 도입하면서 대중에게 처음 알려진 마케팅 방법이다. 인터넷 초창기에서부터 존재해온 전통적인 네트워크 광고라고 할 수 있다. 국내에서는 링크프라이스(www.linkprice.com), 아이라이크클릭(www.ilikeclick.com) 등의 중개 회사가 대행한다.

제휴마케팅은 머천트와 어플리에이트 간의 제휴모델을 이용해 광고를 진행한다. 인터넷에 수많은 웹사이트들은 모두 제휴를 맺고 광고를 진행할 수 있다.

쇼핑몰 운영자는 머천트(광고주)로서 중개회사를 통해 광고배너와 광고물을 등록하고 어플리에이트(웹사이트)에 지급해줄 수수료를 등록하게 된다. 즉 제휴를 요청하는 형식이다. 그 다음으로는 어필리에이트인 웹사이트들은 등록된 머천트의 광고물을 보고 자신이 운영하는 사이트 고객에게 충분히 인기를 끌 만한 광고라고 생각되면 자사의 웹사이트에 올린다. 승인이 되는 형식이다.

자사의 웹사이트에 광고물을 올리고 고객이 해당 광고를 통해 제품을 구입하는 등의 결과물이 생기면 광고주가 제시한 수수료를 지불받게 되는 것이다. 물론 중개회사도 중개료를 받는다.

+ 그림 7_ 아이라이크클릭의 제휴마케팅 모델

머천트의 입장에서는 포털이라는 커다란 사이트만이 아닌 중소업체의 수많은 사이트들과 제휴를 맺을 수 있어서 소위 게릴라 마케팅이 가능해지고 일반 키워드 광고처럼 방문에 대한 비용이 아닌 방문 후 실제 매출로 이어지는 건수에 있어서 수수료 지급을 하기 때문에 긍정적이다. 수수료 지급은 쇼핑몰 아이템마다 다를 수 있다. 중개 사이트에 등록된 동종의 쇼핑몰을 보고 적정한 선을 정하면 된다.

✚ 그림 8_ 제휴마케팅사 아이라이크클릭

3. 고객을 모으는 일등공신! 인터넷 홍보

많은 쇼핑몰 운영자가 오픈 후 즉시 매출을 일으켜야 하는 상황이기에 즉시 효과를 내는 광고를 채택하지만 장기적 관점에서 인터넷 홍보 활동도 계획을 하고 열심히 해야 한다. 인터넷으로 하는 홍보활동은 어떤 방법들이 있는지 살펴보자.

1) 검색엔진 등록으로 첫 홍보를 시작하자

검색엔진은 대게 포털사이트를 다른 말로 지칭하는 용어로 사용된다. 포털사이트에는 반드시 검색기능을 가지고 있기 때문이다. 포털사이트인 네이버, 다음, 네이트, 야후 등에 반드시 쇼핑몰을 등록해야 하는데 이것이 홍보의 첫 시작이다.

검색 등록은 검색엔진의 디렉토리상에 쇼핑몰 이름을 등록하는 것이다. 이렇게 되면 소비자가 쇼핑몰 브랜드를 검색창에서 입력하면 해당 쇼핑몰이 검색되어진다. 그렇기 때문에 많은 몰들이 '네이버에서 _______ 입력하세요~'라고 홍보를 한다. 등록은 무료이기 때문에 영구히 비용이 들지 않는다.

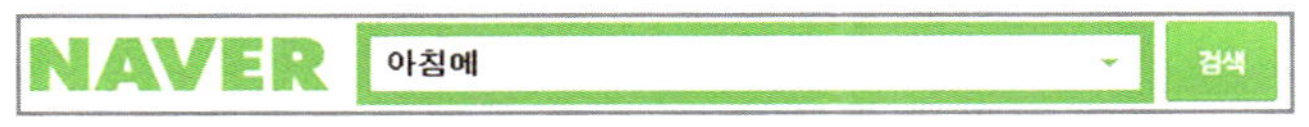

✚ **그림 9_** 네이버 등록 홍보화면

① 네이버와 다음의 검색 등록

✛ **그림 10_** 네이버 검색등록화면 https://submit.naver.com

✛ **그림 11_** 다음 검색등록 화면 https://register.search.daum.net

대게 검색등록은 신규 등록 버튼을 누른 후 등록정보를 기입하면 된다. 등록 신청이 이루어지면 일주일의 검수기간이 진행되고, 최종적으로 등록심사가 완료되면 이메일로 알려준다. 오프라인 매장이 있다면 지도 등록까지 가능하다.

등록 시 필요한 정보 기입란에서 '설명' 부분을 잘 활용해야 한다. 최대한 고객들이 입력할 수 있는 중요한 키워드를 잘 조합해서 넣자. 설명문구의 키워드도 검색에서 노출 확률을 높이고, 쇼핑몰의 이미지가 잘 전달될 수 있도록 설계하는 것이 중요하다. 네이버의 경우 총 60글자 내외에서 설명 문구를 넣을 수 있다.

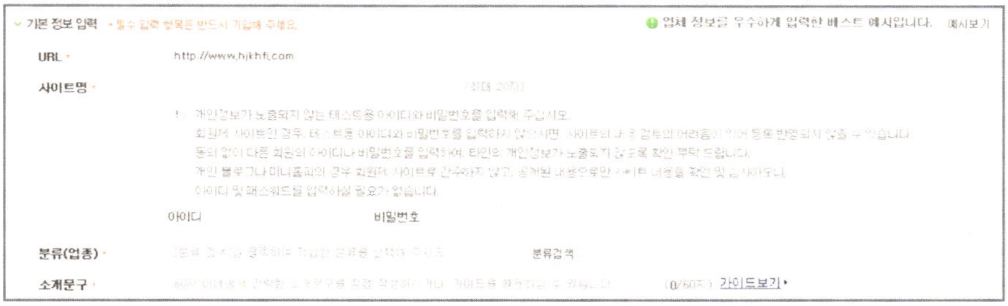

✚ **그림 12_** 네이버 검색등록 화면

- 등록내용
  - 사이트검색: URL, 사이트명, 분류, 설명, 등록자 정보
  - 지도검색: 대표 전화번호, 업체명, 주소, 분류, 설명, 등록자 정보

검색엔진에 등록을 할 때도 각 검색엔진마다 특수성을 감안하여 등록 요구사항을 반드시 읽고 준수해야 한다. 등록요건을 충족시키지 못했을 경우, 등록이 거부되기도 하기 때문이다. 대부분의 검색엔진은 고객이 입력하는 키워드와의 관련성, 키워드 사용빈도, 페이지 링크, 페이지 갱신 등에 따라 평점을 매겨 사이트 내에서도 순위를 결정하므로 등록현황을 검색엔진 동작에 맞게 수정하는 것도 바람직하다.

광고 효과를 제대로 보기 위해서는 주기적으로 등록 문구를 수정해보자. 각 시즌별로 이벤트를 강조하는 문구를 삽입하여 고객들을 유입하는 경로로 활용해야 한다.

+ **그림 13_** 사이트 검색결과

2) 오픈캐스트로 네이버 메인에 무료로 노출되자

인터넷 홍보의 목적이 최대한 쇼핑몰의 존재를 알리는 것이라면 검색엔진 특히 네이버 메인에 노출되는 것이 가장 효과가 높다고 할 수 있다. 네이버 메인에 노출되기가 쉬운 일은 아니지만 불가능한 일도 아니다. 네이버에서는 네이버를 이용하는 블로그 운영자들에게 메인 공간을 열어주고 있다. 바로 오픈캐스트영역이다.

+ **그림 14_** 네이버 오픈캐스트 영역

오픈캐스트는 열려진 신문사이다. 블로그 운영자 누구나 전문 블로거 기자로서 신문발행을 하고 독자를 많이 만나고 싶다면 오픈캐스트를 두드려 본다. 쇼핑몰 운영자도 쇼핑몰 아이템의 전문가로서 고객들을 만나는 전문지를 발행해볼 수 있다. 각 전문지를 캐스트라고 보면 된다. 쇼핑몰도 캐스트 발행으로 독자와의 커뮤니케이션이 더 활발해질 것이다.

캐스트 발간은 '캐스트 발간하기' 기능을 이용해 등록을 하면 되는데 추천 5인이 있어야 발간이 가능하다. 추천 5인은 지인을 통해 진행한다. 이미 캐스트에 등록된 예들을 보면 어떤 아이템으로 캐스트를 발간하는 것이 인기가 있을지 알 수 있다.

인기 있는 오픈캐스트의 캐스트들은 네이버 메인에 노출이 되고 노출 시 통상 하루를 기준으로 방문자가 2만 명 이상은 된다고 한다. 하나의 글만 잘 기획해서 써도 금방 알려지는 효과가 크다. 쇼핑몰에서 발간하는 누스 캐스트가 독자의 인기를 얻어 지속적으로 구독하는 이들이 많아진다면 로열티가 강한 고객을 만드는 데 일조할 것이다.

+ **그림 15_** 오픈캐스트

✚ **그림 16_** 오픈캐스트 활용–캐스트 발급하기

오픈캐스트 영역에는 개인들이 발간하는 캐스트도 있지만 네이버가 자체적으로 발행하는 캐스트도 있다. 가령 요즘 뜨는 이야기, 생활의 발견, 감성지수 36.5 등이다. 이들 캐스트에도 유명 블로그의 글들이 들어가 있는데 위 캐스트에 노출이 된다면 더 인기가 있을 것이다.

네이버의 자체 캐스트에 자신의 블로그 글이 선정이 되기 위해서는 하나의 팁을 안내한다. 바로 네이버 메인공식 카페에 자신의 글을 올리는 것이다. 해당 카페는 네이버 관리자가 직접 관리하며 네이버 메인화면에 노출될 블로그 글을 '나도 뜨고 싶어요' 게시판에 올리면 선정될 확률이 생긴다. 멋지게 만든 포스팅 글이 있다면 한 번 도전해보자.

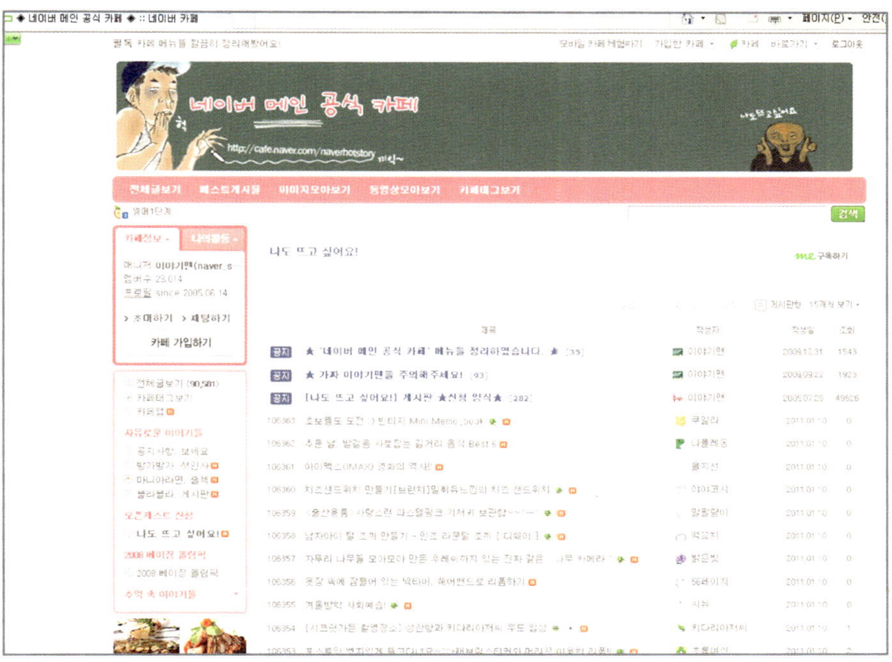

+ **그림 17_** 네이버 메인공식카페 http://cafe.naver.com/naverhotstory.cafe

3) 개인 미디어 매체 블로그로 홍보를 완결하자

개인 미디어 매체인 블로그를 운영하는 것은 인터넷 쇼핑몰이 할 수 있는 최적의 홍보방법이다. 블로그에 판매 아이템과 관련된 정보를 올리고 이들 정보가 네티즌들에게 유용하게 쓰이게 하는 것이다. 블로그는 개인 신문과도 같아서 정보를 주고 정보를 받는 이들이 독자가 되어 쌍방향 커뮤니케이션이 가능해진다. 또한 개인 블로그의 최대 장점은 브랜드 이미지 형성과 관리가 용이하다는 점이다.

한 블로그는 자신이 좋아하는 여행을 다니면서 멋진 사진들을 찍어 올렸는데 이를 멋지게 생각한 소비자가 들리면서 즐겨 찾는 이들이 생겼다. 이에 운영자는 사진들을 모은 다이어리를 제작, 자신의 브랜드를 입힌 상품을 개발하게 되었다. 제작된 다이어리는 다시 블로그에 올려져 주문이 일어났다.

그림 18_ 밤삼킨별의 http://blog.naver.com/bamsamkinbul

또 다른 블로그는 자신이 즐겨먹는 음식 레시피를 올려 주부들의 입소문을 얻게 되었다. 이 인기를 등에 업어 자신의 이름을 건 책을 출간했다. 출간한 책을 블로그에서 공동구매도 진행하고 수입도 올리게 되었다. 유명인이 된 것이다.

그렇다면 블로그는 어떻게 운영해야 좀 더 홍보에 효과적일까? 바로 노출전략을 세우는 것이다. 먼저 블로그에 글을 올릴 때도 노출을 생각한다면 키워드 전략을 세우는 것이 필요하다. 고객이 입력할 만한 노출 키워드를 리스트로 만들고 글의 제목과 본문을 적을 때 활용하는 것이 중요하다. 노출될 확률이 큰 세부키워드들은 따로 집중적으로 관리해 글을 적도록 하자.

두 번째, 파워 블로거를 검색해 이웃 맺기를 하고 함께 커뮤니케이션을 하는 것이 주요하다. 파워 블로거는 하루에 수천 명이 방문을 할 정도로 인기가 있는 블로그이기 때문에 방문자들에게 눈길을 끌만한 댓글을 달아 눈인사를 하기도 하고 파워 블로거와도 친해질 수 있도록 자주 들러 인사를 나누는 것이 좋다.

세 번째, 블로그 메타검색엔진을 이용하면 좋다. 블로그들만 전문적으로 소개하는 메타 사이트들이 있다. 일종의 블로그 포털사이트인 셈이다. 이곳에 자신의 블로그를 등록해놓고 새로운 글이 올라올 때마다 독자들을 더 간날 수 있게 한다.

자신이 운영하는 쇼핑몰의 아이템이나 쇼핑몰의 타깃 고객이 좋아하는 정보를 잘 섞어서 블로그를 운영해보자. 다른 곳에 있지 않은 나만의 독특한 콘텐츠를 잘 만들 수 있는 능력과 자신감이 있다면 금세 입소문을 퍼뜨릴 수 있다.

메타 블로그
– 다음 view: http://v.daum.net/user/join?tab=2
– 올블로그: http://www.allblog.net
– 블로그코리아: http://www.blogkorea.net
– 믹시: http://mixsh.com

4) 회원들과 함께하는 카페 활용 전략 세우기

내 쇼핑몰의 타깃이 모여 있는 카페와 제휴를 하거나 혹은 자신이 카페를 만들어 회원을 모집하고 관리해보는 일련의 활동은 인터넷 홍보의 또 하나 대표적인 방법이다. 대체로 쇼핑몰들은 카페를 직접 운영하는 사례코다는 타깃이 모여 있는 카페와 제휴를 통해 공동구매 혹은 이벤트를 진행하는 경우가 많다.

한 의류쇼핑몰은 정기 이벤트를 특정 카페와 제휴하여 실시하고 있다. 카페 회원들 중에 쇼핑몰 브랜드로 3행시를 적어내면 그중에 몇 명을 선정해 쇼핑몰에서 구입할 때 쓸 수 있는 5만 원 쿠폰을 주는 행사를 벌인다. 또 타 카페나 고객의 블로그에 쇼핑몰에 대한 링크나 소갯글을 달아주면 이에 대한 보상으로 쿠폰을 발급해주는 이벤트도 한다. 이렇게 카페와의 제휴 이벤트로 카페 회원들에게 쇼핑몰 홍보도 되고, 고객들을 끌어들일 수 있는 효과를 얻는다. 유명한 카페는 카페지기에 따라 고액의 광고비를 요구하는 경우도 있는데 중소 카페와 연합으로 제휴를 맺는 것도 괜찮은 방법이 될 수 있다.

쇼핑몰 운영자 중에는 쇼핑몰을 오픈하기 전에 먼저 카페를 만드는 케이스도 있다. 카페를 통해 회원을 일정 규모 이상 모으고 상거래가 진행될 수 있을 때 쇼핑몰을 창업하고 연계시키는 방식이다.

한편으로 타깃이 되는 동호회나 카페에 가입하여 부운영자 혹은 스텝으로 열심히 참여함으로써 카페 내 위치를 확보하는 것도 한 방법이다. 예를 들어, 등산용품을 판매하는 운영자는 등산모임 카페에 가입하여 주기적으로 산행을 함께 하면서 자연스럽게 쇼핑몰을 알릴 수 있는 것이다. 낚시용품 쇼핑몰 운영자도 낚시 동호회 활동을 하면서 꾸준히 쇼핑몰을 홍보할 수도 있다. 다만, 이때는 상업적으로 보이지 않도록 조심해야 한다.

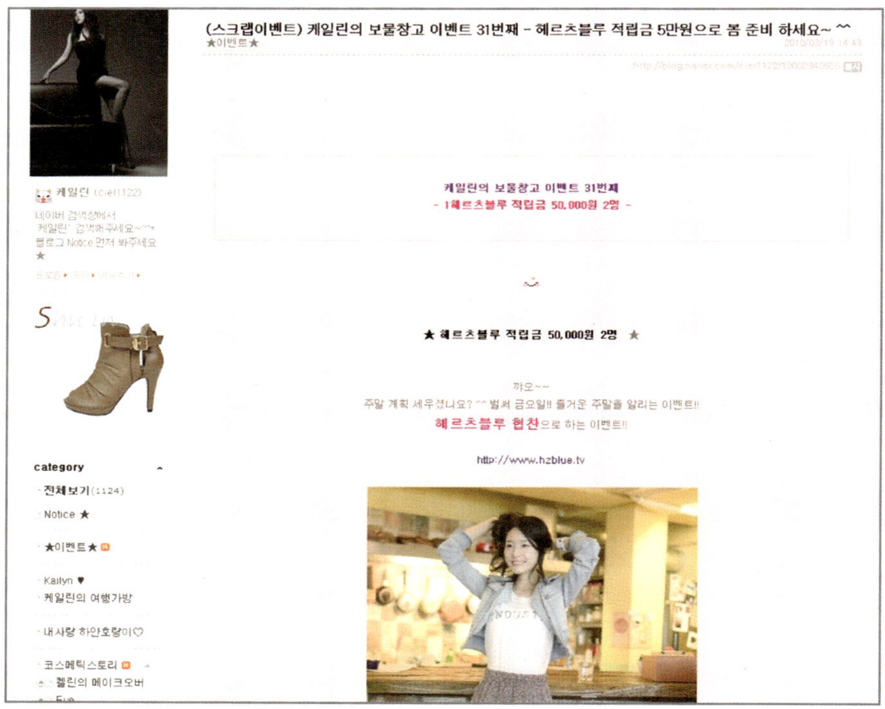

✚ **그림 19_** 헤르츠블루 쇼핑몰과 카페제휴 이벤트

[창업 컨설팅 이모저모] 네이버 바로가기 신청방법

네이버에서 브랜드 검색을 하면 '바로가기' 서비스가 눈에 띈다. 비용도 무료이면서 검색창 바로 위치해 쇼핑몰을 찾는 고객에게 좋은 서비스가 될 수 있다. 바로가기 서비스는 어떻게 신청하는 것일까? 홈페이지 제목과 사업자등록증의 상호가 동일해야 한다. 특히 홈페이지 하단 카피라이트에 기재된 주소와 사업자등록증의 사업장 소재지가 일치한지 체크해야 한다   이것은 회사명으로 바로가기를 신청하는 데에 반드시 지켜야 하는 것이다. 만약 브랜드로 바로가기 등록을 원하면 상표 등록증을 제시해야 한다.

1. 네이버 고객센터 1588~5896로 전화한다.
2. 0번을 눌러 상담원과 통화를 한다.
3. 사업자등록증 또는 상표 등록증 사본을 네이버 팩스(6008~3830)로 보낸다.
   이때 사업자등록증 또는 상표 등록증 사본 상단에 〈사이트주소(URL주소)/상호(또는 상표명)/제목: '바로가기 신청합니다'〉를 기재해서 보내면 좋다.
4. 팩스를 보내고 네이버 고객센터(1588~5896)로 확인 전화를 한다.
5. 신청 결과를 기다린다(심사 진행).

쇼핑몰을 춤추게 하는 이벤트 전략을 세워라

1. 판매 촉진활동의 의미를 이해하라

2. 가장 기본이 되는 쇼핑몰 이벤트의 유형을 파악하라

3. 이벤트, 철저한 준비가 필요하다

판매 촉진을 위한 이벤트 전략은 쇼핑몰의 생명과도 같다. 쇼핑몰을 살아 숨 쉬게 하기 때문이다. 판매 촉진의 개념과 필요성을 알아보고 쇼핑몰에서 할 수 있는 다양한 이벤트 유형과 사례들을 살펴보며 새로운 이벤트 기획을 세워본다. 그리고 이벤트를 기획하고 실행하는 전반적인 과정을 알아본다.

1. 판매 촉진활동의 의미를 이해하라

판매 촉진이란 소비자들에게 제품이나 서비스를 구매하도록 유도하기 위해 제품 정보를 제공하고, 제품을 구매할 경우 추가적인 인센티브를 제공하는 활동이다. 즉 소비자에게 제품구매를 유발시키기 위한 단기적인 처방으로 일반적으로 할인행사나 마일리지 적립 같은 활동에 해당된다.

1) 판매 촉진활동은 매출 향상을 도모하기 위해 진행

판매 촉진활동은 매출의 향상을 도모하기 위한 목적을 가진다. 이를 위해 고객을 확보하고, 고객 충성도를 높이기 위한 여러 가지 장치를 마련하는 것이다. 잘 짜인 판매 촉진 계획은 소비자의 제품 구매 행동에 직접적인 영향을 끼치며 즉시 수요를 발생시키는 효과적인 활동이 된다. 타사 또는 경쟁사 제품과 차별화를 만들어낼 수 있고 지속적인 구매유도를 통해 충성도 높은 고객을 확보할 수 있다는 것도 중요한 목적이 된다. 이러한 판매 촉진활동이 계속적으로 경쟁력 강화수단이 되어 안정적인 매출을 유지하는 데 원동력이 되어주기도 한다.

오프라인 할인점이나 온라인 대형쇼핑몰들을 보면 계속적으로 할인 행사를 벌이는 것을 볼 수 있는데 판매 촉진에 대한 긍정적인 효과 때문에 많은 기업들이 늘 사용하고 있다. 아마도 판매 촉진활동이 멈추는 때는 1년 중 하루도 없을 것이다.

다만 판매 촉진의 방법들을 장기간에 걸쳐 진행했을 경우 고객들이 습관적으로 인식하게 되어 그 효과가 떨어지게 되기도 한다. 가령 상시 50% 할인 행사를 자주 행하는 의류브랜드가 있다면 고객은 할인을 받았다는 생각보다는 옷 가격에 이미 가격이 할인을 고려해 책정되어 있다고 생각하기 쉽다.

이는 궁극적으로 브랜드 이미지 손상이라는 큰 손실로 나타날 수도 있으므로, 할인과 같은 판매 촉진수단을 고민할 때는 신중하게 결정하는 것이 필요하다. 명품 브랜드는 브랜드 관리 차원에서 재고가 남아도 쉽게 판촉행사를 하지 않는데 그 이유도 여기에 속한다.

2. 가장 기본이 되는 쇼핑몰 이벤트의 유형을 파악하라

인터넷 쇼핑몰은 간접적으로 고객을 만나는 구조이기 때문에 보다 더 적극적으로 판매 촉진활동인 이벤트를 열심히 기획하고 진행해야 한다. 쇼핑몰이 유기적으로 살아 움직이는 느낌을 고객에게 전달을 해야 고객들은 자주 방문해서 관심 있게 상품을 살펴보고 주문을 할 수 있다. 많은 쇼핑몰들이 대표적으로 시행하는 이벤트 유형을 정리해본다. 쇼핑몰 운영자는 일반적인 이벤트 유형에서 더 발전된 자신만의 쇼핑몰 이벤트를 열도록 계속적으로 고민을 함께 하는 것이 매우 중요하다.

1) 신상품 출시 이벤트로 시선 주목

고객은 항상 신제품에 대해 관심을 갖고 있다. 그렇기 때문에 쇼핑몰에서는 시즌별로 지속적인 신제품의 업데이트가 이루어져야 한다. 그러나 신제품을 개발하면서 과연 이 제품이 소비자에게 사랑받을까 하는 염려를 하게 된다. 또한 맞춤형 소량 생산을 하는 추세에 있기 때문에 출시 후 빠른 시간 내에 고객의 반응을 테스트하는 것이 필요하다.

많은 쇼핑몰들이 신상품 출시 기념 이벤트를 통해 다양한 인센티브를 제공함으로써 고객에게 신상품을 홍보하고, 상품의 판매를 촉진하게 만든다. 즉 신상품에 대한 고객 반응을 얻기 위해서 특정기간에 신상품 할인 이벤트를 하는 예이다. '오늘의 신상 5% 할인' 등과 같은 형식으로 진행된다.

대게 철 지난 제품을 판촉 제품으로 생각하는 것이 일반적이지만 역발상으로 신제품을 이벤트에 내놓음으로써 소비자의 반응을 빨리 캐치하고 쇼핑몰의 이미지를 쇄신하며 고객을 유인하는 것도 좋은 예가 될 수 있다.

✚ **그림 1_** 신상품 할인 이벤트 http://www.e-jade.co.kr/

2) 본 상품보다 더 시선이 가는 사은품 이벤트

최근 많은 쇼핑몰들이 실제 판매되는 본 상품보다 더 눈길을 끄는 사은품으로 상품 판매를 촉진하고 있다. 한 홈쇼핑은 일정 기간 내에 홈쇼핑에서 주문하는 고객들을 대상으로 추첨을 통해 명품가방을 주는 사은품 행사를 해서 많은 여성소비자의 구매를 촉진시킨 바 있다.

대부분의 쇼핑몰에서는 매월마다 계절별로 이벤트를 진행하면서 사은품 이벤트를 많이 진행한다. 특정 제품을 구매하는 고객에게만 해당되는 사은품 행사도 있고 구매금액에 따른 사은품을 증정하는 행사도 일반적이다. 점점 단순 구매를 대상으로 사은품을 주는 것에서 착용후기나 댓글을 얻기 위해 사은품을 제시하는 경우도 많아지고 있다. 주문 고객의 콘텐츠가 첫 방문 고객에게 중요한 구매결정요소가 되기 때문에 양질의 구매후기를 얻기 위한 방법으로 사용한다.

✚ **그림 2_** 사은품 이벤트 바나나포켓 유아복

3) 가장 효과 빠른 대박! 할인 이벤트

할인 이벤트는 판매 촉진 이벤트로서는 가장 대중적이며 쉽게 채택할 수 있는 방법일 것이다. 그리고 가장 효과가 빠른 것이 할인 이벤트이다. 가격적인 부담이 작아지기 때문에 할인 시즌을 기다리는 고객들도 많다.

할인 이벤트는 상품 판매액에 직접적으로 할인율을 적용해 판매하는 유형과 캐시백과 같은 포인트를 적립해 할인 효과를 제공하는 유형이 있다. 주로 도서 쇼핑몰에서 책을 구입할 때 포인트를 지급해 할인효과를 주고 있다. 또한 각 카드사들이 카드 매출확보를 위해 별도의 추가할인 정책을 펴기도 해 소비자 입장에서는 상품할인도 받고 카드할인도 받는 이중 할인 이벤트를 자주 만나게 된다.

이러한 할인 이벤트는 특별한 시기에 더욱 효과를 발휘할 수 있다. 어떤 인터넷 쇼핑몰에서는 평일보다 매출이 하락하는 주말에 매출을 유지하기 위한 방편으로 주말 할인 등과 같은 특정 이벤트를 펼치기도 한다.

✛ **그림 3_** GSeshop의 할인 이벤트

4) 언제나 열려 있는 정기 이벤트 기획

쇼핑몰은 멈춰 있어서는 안 되기 때문에 꾸준히 진행하는 정기 이벤트를 기획하는 것도 한 방법이다. 어떤 쇼핑몰은 매주 수요일 특가전을 해서 수요일만 되면 특정 상품을 할인해준다. 고객들은 수요일 이벤트를 기억하게 되고 그날 구매를 원했던 상품이 생기면 바로 주문으로 이어지는 것이다.

성공한 쇼핑몰 중에는 매일매일 단 하루만 특가에 해당되는 제품을 파는 이벤트가 쇼핑몰 사업모델로 자리를 잡아 성공한 예가 있다. 유행처럼 '하루만 특가'라는 형식이 많은 쇼핑몰에서 사용되었다. 매일매일 새로운 상품이 그날에만 특가로 제공된다는 컨셉이다.

졸업, 신학기, 결혼시즌, 명절, 이사철 등의 특정 기간에 이벤트를 개최할 수도 있다.

5) 생생한 체험 이벤트로 고객과 공감대 형성하기

인터넷 쇼핑몰이라고 해서 고객과의 커뮤니케이션을 늘 온라인에서만 해야 한다고 생각하는 것은 오산이다. 쇼핑몰 운영을 해보면 고객들이 오프라인 매장에 직접 와서 보고 구입을 하고 싶어 하는 예도 참 많다. 고객과 한 번이라도 대면해 커뮤니케이션을 하게 되면 그 고객은 쇼핑몰을 더 잘 기억하게 되고 운영자와 친분도 생겨 로열티 강한 고객이 될 확률도 커진다.

이러한 고객과의 오프라인 만남을 보다 체계적으로 이벤트화시키는 방법이 체험 마케팅을 활용한 체험 이벤트이다. 주로 쇼핑몰의 아이템이 체험을 할 수 있는 종류이면 더 좋다.

주말농장 이벤트가 가능한 쇼핑몰이거나 유아용품몰이어서 엄마들의 체험기가 매우 중요한 쇼핑몰이라면 반드시 체험과 연계된 이벤트를 여는 것이 매우 효과적일 것이다.

온라인 쇼핑몰은 비대면 방식으로 실제 고객과의 만남에 제한적일 수밖에 없는 단점을 체험이라는 특성으로 극복한다.

✛ 그림 5_ 배랑농원의 수확체험 http://www.verang.co.kr/

✚ **그림 6_** 매일유업에서의 체험이벤트

6) 알뜰 고객에게 매우 유용한 쿠폰 이벤트

소비를 효율적으로 하려는 소비자에게 쿠폰처럼 유용하게 쓰이는 인센티브 이벤트도 없을 것이다. 온라인에서도 많은 쇼핑몰이 회원들에게 등급별 쿠폰을 발행하거나 제품의 구매 금액순으로 상이한 쿠폰을 발행하는 등의 다양한 방식으로 쿠폰을 지원하고 있다. 알뜰 소비자가 늘수록 쿠폰을 챙기는 고객도 많아질 것이다. 쿠폰을 이용한 판매 촉진 방법은 고객에게 직접적인 인센티브를 제공하므로 반복구매 등 다른 방법에 비해 효과가 높게 나타나는 편이다.

쿠폰은 일반적으로 유통업자가 발행하는 쿠폰과 제조회사가 발행하는 쿠폰으로 나눌 수 있다. 즉 쇼핑몰 매장에서 자체적으로 쿠폰을 발행할 수도 있고 도매상이나 제조사에서 판촉을 위해 쿠폰을 지원할 수도 있다. 협력업체와의 관계를 돈독히 하면서 공동으로 이벤트를 기획해볼 수도 있다.

쿠폰이 가장 효과를 발휘하게 되는 경우는 제품 간에 브랜드 차이가 미미하고 상품의 퀄리티도 구별이 쉽지 않을 때 제품 선택 시 주요한 영향을 미치게 된다. 쿠폰이 있으면 할인을 받을 수 있기 때문에 쿠폰 있는 상품을 구매하게 되는 것이다.

한 대형 쇼핑몰에서는 고객들의 장바구니 분석을 통해 장바구니에 담긴 제품을 바로 구매하지 않고 담아만 둔 고객을 검색해서 해당 고객에게 특별 할인 쿠폰을 제공하는 이벤트를 진행했었다. 여러 쇼핑몰의 제품을 비교 검색하느라 최종 구매결정을 못하고 있었던 고객은 보너스 쿠폰을 받음으로써 곧바로 구매결정을 하게 되는 셈이다. 다양한 고객 분석을 통해 적절한 쿠폰 활용을 진행한다면 매우 효과적인 판매 촉진의 방법으로 활용할 수 있다.

+ **그림 7_** 온라인 쇼핑몰의 쿠폰 발급사례-롯데닷컴

7) 어려운 이들을 돕는 기부 이벤 트로 쇼핑몰 이미지 UP!

계속적으로 기업들의 사회적 책임을 강조하는 소비자들이 늘고 있다. 기업의 이윤을 어려운 이웃들과 함께 나누는 기업에 소비자들의 호감이 커지는 것이다. 소위 기부 활동은 최근 가장 성장하고 있는 판매 촉진 방법이다.

기존에는 기업이 직접 비영리 단체에 현금을 기브하는 정도의 활동이 전부였다. 점차 많은 쇼핑몰들이 제품의 판매와 연결시켜 판매액의 일부를 자동으로 재단에 기부하는 형태로 보다 적극적으로 기부 이벤트를 활용한다.

이러한 사회 기부 활동을 온라인상에서 효과적으로 홍보화해서 성공한 모델이 있다. 바로 G마켓의 후원 쇼핑이다. G마켓에는 많은 사업자 딜러가 입점해서 사업을 하고 있는데 G마켓에서 이들에게 판매액의 일부를 기부받아 불우이웃이나 도움을 필요로 하는 재단에 연결시켜주는 활동을 하고 있다. 대신 판매액을 기부하는 딜러에게는 노출 가중치를 주어 좀 더 G마켓 안에서 제품이 더 노출될 수 있도록 돕는다. 판매자는 노출도 더 많이 되면서 좋은 일도 하고, 소비자에게서 긍정적인 브랜드 이미지를 가질 수 있는 메리트가 있다. 더불어 G마켓도 기업으로서의 사회적 책임을 더하는 일이 되어 기업의 이미지가 상승되는 효과를 보는 정책이었다.

매출액의 일부나 물물을 기부하는 이벤트를 소비자에게 적극적으로 알린다면 이에 참여하는 소비자에게 쇼핑몰 이미지가 제고되는 효과가 있을 것이다.

✚ **그림 8_** G마켓의 후원쇼핑

3. 이벤트, 철저한 준비가 필요하다

오프라인에서는 쿠폰 지급이나 샘플링과 같은 작업도 원치 않는 고객에게까지 발급되어 막대한 비용이 낭비되기도 하지만 온라인에서는 원하는 사람에게만 다운로드하도록 하고 필요한 경우에만 사용되게 적절히 조율이 가능하기 때문에 적은 비용이 소요되는 특징이 있다. 쇼핑몰에서 이벤트를 실시하기 위해서 어떤 준비과정을 거쳐야 하는지를 살펴보자.

1) 이벤트 시행준비 첫 단계는 시장분석

쇼핑몰 이벤트 과정은 기획단계, 진행단계, 분석단계로 이루어진다.
- 기획단계: 시장분석을 통해 영업 준비 활동을 하고 구체적으로 기획안 작성을 한다.
- 진행단계: 완성된 이벤트 기획안에 따라 이벤트 페이지를 제즈하고 상품을 매입하고 포장하는 등의 이벤트 진행 마무리 작업을 수행하는 단계
- 최종 분석단계: 이벤트를 통한 매출과 순이익, 이벤트 참여 고객에 대한 분석

먼저 기획 단계에서는 어떤 이벤트를 하는 것이 효과를 극대화할 수 있는 것인지를 알아보기 위해 시장분석을 한다. 이벤트를 추진하는 시기가 어느 때가 적절한지의 여부를 판단해야 하는 것이 첫 결정이다. 대부분의 이벤트가 제품을 할인하는 것이니 제품 판매주기 및 시장의 가격동향을 살펴봐야 한다. 가령 주얼리 같은 경우 매일 금 시세가 바뀌기 때문에 오름세가 있을 때 이벤트를 진행하는 것은 수익률 하락이 된다. 과일의 경우도 매일매일 경매가가 결정되기 때문에 설이나 추석 선물 시즌을 앞두고 이벤트 행사에 들어가는 데에 매우 조심스러운 예측을 할 수밖에 없다. 또한 매출 추이를 파악한 후 진행하는 것도 필요하다. 쇼핑몰에서 주말 이벤트를 하는 경우는 평일과 주말에 매출이 확연히 차이가 나기 때문이다.

두 번째로 현재 유행하고 있는 상품이나 앞으로 유행할 상품을 파악하여 가장 독창성 있고 시장 상황에 맞는 상품을 선택하는 것도 중요하다. 아무리 세일 이벤트 행사라고 해서 5년 전 재고를 판다든지 하는 것은 매우 위험한 선택이다. 고객들은 신뢰를 기반으로 구매하고 단골 고객이 되기 때문에 값싼 물건을 할인해서 팔게 되면 오히려 반감을 사기 쉽다.

세 번째로 경쟁사에서 진행 중이거나 추진하려고 하는 이벤트를 파악하여 그에 대처하는 것도 좋은 전략이다. 뒤처지는 이벤트를 하는 것도 효과가 떨어지며 경쟁사와 동일한 패턴으로 이벤트를 하는 것도 신선함이 없어서 인기를 끌기 어렵다.

네 번째로 자사의 쇼핑몰 고객이 어떤 층인지도 파악해야 한다. 남녀의 비율, 구매수준 등을 면밀히 보고 어떤 상품을 얼마에 어떻게 진행하는 것이 최종적으로 바람직한지를 결정해야 한다.

2) 두 번째 단계는 기획안 작성

다음으로는 이벤트를 실시할 제품을 선정하는 과정을 거친다. 이벤트 기간 동안 판매할 제품을 공급자를 통해 매입하고 가격을 조정해야 하므로 제품 선정, 공급자 선정, 가격 결정을 한다.

제품 선정 시에 도매상이나 제조사에서 지원하는 상품을 선택하는 것도 한 방법이다. 주력 상품으로 판매가 되길 원하는 상품이 있는 경우, 판촉비를 지원하거나 사은품을 별도로 지원할 수도 있기 때문에 거래처와 조율을 해보는 것도 필요한 방법이다.

기획안 작성도 반드시 해야 한다. 이벤트 진행을 위한 기획안을 작성하여 시행과정을 구체화시키고 목표를 이루기 위한 판매 전략을 세우는 것이다. 이는 이벤트 컨셉 설정-이벤트 프로모션- 일정 계획수립과정이 필요하다.

이벤트 컨셉은 무엇보다 이벤트를 시행하고자 하는 목적이 잘 표현되도록 해야 한다. 가령 신규 회원을 유치하기 위한 이벤트를 한다면, 신규 회원에게 무조건 3,000원 할인 쿠폰을 제공한다거나 신규 고객이면서 5만 원 이상 주문한 고객에게는 사은품을 덤으로 주거나 하는 기획을 한다. 만약 겨울 멋쟁이 되기 프로젝트 이벤트를 한다면 겨울 멋쟁이가 될 수 있게 도와주는 이벤트 컨셉이 분명히 전달되어야 한다.

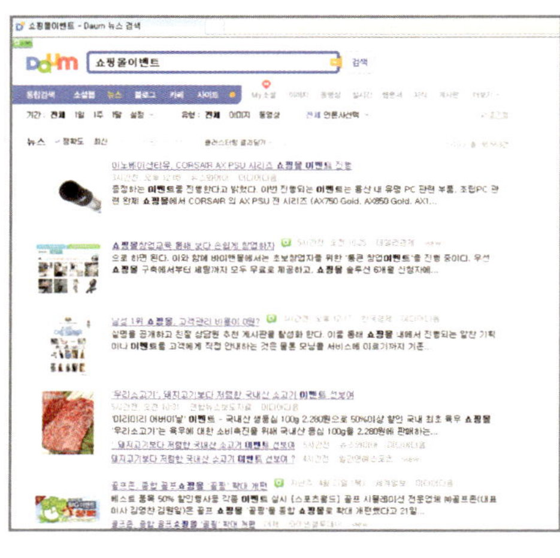

그림 9_ 쇼핑몰 이벤트로 검색한 결과화면

3) 이벤트 페이지 제작, 상품 매입, 발송 그리고 분석

이제 완성된 이벤트 기획안에 따라 이벤트 페이지를 제작하고 상품을 매입하고 포장하는 등의 마무리 작업을 수행한다. 이벤트 상품 준비가 미비하면 이벤트 기간 중

제품이 품절되는 현상이 발생할 수도 있고, 배송에 차질이 생겨 고객의 불만을 살 수도 있으므로 준비에 만전을 기해야 한다. 또한 각 프로모션 매체별로 이벤트 프로모션이 정확하게 이루어지고 있는지를 파악하는 것도 중요하다.

이벤트가 끝난 후에는 이벤트를 통한 매출과 순이익, 이벤트 참여 고객에 대한 분석 작업도 이루어져야 한다. 실제 이벤트가 매출에도 긍정적이었든지 또는 기대에 못 미치는 결과가 나왔다면 그 원인은 무엇인지 살펴야 한다. 이벤트에 참여한 고객의 연령, 성별, 지역, 구입금액 등 고객정보는 미래에 추진될 이벤트의 규모, 일정, 매출 추정 및 기타 이벤트 컨셉 및 타깃을 설정하는 데 중요한 자료로 사용한다.

완결편!
쇼핑몰 사업계획을 마무리하라

1. 정확하게 쇼핑몰 사업자 준비를 마치자

2. 쇼핑몰 창업 예산계획을 꼼꼼히 세우자

3. 쉽게 한눈에 들어오는 쇼핑몰 사업계획서를 작성하자

4. 쇼핑몰로 성공하기 위한 자격을 갖추어라

최종단계로 쇼핑몰 사업자가 되기 위해 필요한 신고절차와 작성해야 할 서류들에 대해 알아본다. 이어 쇼핑몰 창업예산을 고려할 때, 어느 항목에 얼마나 자금이 필요한지 창업비용을 가늠해본다. 이렇게 산출된 창업예산을 바탕으로 쇼핑몰을 창업하기 전 반드시 작성해야 할 사업계획서를 작성해보자. 쇼핑몰 사업계획서에는 들어가야 할 필수적인 항목을 설명한다.

1. 정확하게
쇼핑몰 사업자
준비를 마치자

쇼핑몰을 창업하기 위해 사업자가 갖추어야 할 신고는 단 두 가지이다. 첫 번째는 사업자등록 신청서이고 두 번째는 통신판매업 신고서이다.

1) 사업자등록 신청서는 관할 세무서에서 처리

* 등록처: 관할세무서
* 등록 시기: 사업 개시일로부터 20일 이내
  아직 사업을 시작하기 전이라면 예정일이나 신고하는 날을 개시일로 작성
* 사업자등록에 필요한 준비서류
  - 사업자등록 신청서 1부(세무서 비치)
  - 주민등록증 등본 1부(개인사업자)
  - 임대차 계약서 1부(사업장을 임대한 경우)
  - 통신판매업 신고증(간이과세자 신청 시 선택사항임) 사본 1장
  - 동업계약서(동업 시), 도장, 신분증

사업장의 소재지 내의 관할 세무서에 가면 1층에 민원실이 있다. 민원실에는 사업자등록 신청서를 상시 비치해놓고 있으며 담당 세무직원들이 친절히 신청서류 접수를 도와준다.

사업자등록 신청서에 필요한 항목들을 기입해 넣으면 되는데 사업장이 자택인 경우는 아주 간단하다. 대표 개인 신분증과 도장만 가지고 가면 쉽게 처리된다. 만약 임대 사업장이 별도로 있는 경우라면 임대차 계약서도 가지고 가야 한다.

사 업 자 등 록 증

(간이과세자)

등록번호 :

상   호 :

성   명 :   주민등록번호 :

개업 년월일 :

사업장소재지 :

사업자의주소 :

사업의 종류 : 업태 소매   종목 전자상거래

교 부 사 유 : 신규

공동 사업자 :

2003 년   월   일

강동세무서장

➕ 그림 1_ 샘플 사업자등록증

사업자등록을 할 때는 세부 항목으로 업종, 업태를 기입하고 과세자 선택과 사업

개시일을 적어야 한다.

먼저 사업 개시일은 사업 시작 전에도 사업자등록은 먼저 할 수 있기 때문에 원하는 날을 기입하면 된다. 통상 쇼핑몰 오픈 때에도 사업자등록증은 PG사와의 계약 시 기본적으로 필요한 것이어서 실제 개시일보다 조금 일찍 등록을 하게 된다. 다만 단서조항으로 주의할 것이 있다. 사업자등록증은 실제 사업을 개시하는 날에서 20일 이내 등록을 하는 것을 원칙으로 한다는 것인데 여기서 20일 이내라는 단서가 붙는 것은 매입세액을 공제받을 수 있는 기준이 되기 때문이다. 즉 초기 쇼핑몰 오픈을 위해 초도 물품을 구입할 때 이 비용을 매입세액으로 인정받으려면 매입세금계산서 발급일은 사업 개시일로부터 20일 이내에 발급된 것이어야 한다는 의미이다. 가령, 사업 개시일은 1월 30일로 되어 있는데 매입세금계산서를 발급받은 날이 1월 1일이면 사업 개시일로부터 20일 이전이 되기 때문에 비용으로 증빙받을 수 없다.

쇼핑몰 창업에서 업종은 대체로 '소매'로, 업태는 '전자상거래'로 작성하는 게 일반적이다. 물론 각각의 사업에 따라 조율을 하면 된다.

과세자 기준은 일반과세자, 간이과세자, 면세과세자 중 선택을 하는 것이다. 소호는 대게 간이과세자로 시작한다. 간이 과세자는 영세한 사업자이기 때문에 부가가치세가 일반과세자에 비해 매우 낮은 세율이 적용되기 때문에 세금부담을 덜고자 하는 쇼핑몰 창업자는 간이과세자를 선호하기 마련이다. 판매하는 제품에 따라 면세사업자로 적용하는 것이 유리한 경우가 있으니 사업자등록 전에 세무서 담당자에게 상담을 해보는 것이 좋다.

다음은 각 과세자를 비교한 표이다. 대상에 맞는 과세자를 정하고 사업자등록 신청서를 작성할 때 체크를 하면 사업자등록증이 발급된다. 업종에 따라 세무서에서는 사업자등록 발급 절차를 달리할 수 있으나 쇼핑몰의 경우는 특별한 사유가 발생하지 않으면 바로 사업자등록증이 발급된다.

간이과세자	일반과세자	면세과세자

연 공급대가가 4,800만 원 미만인 사업자 대상
 	
* 간이과세자 적용 제외자
  – 광업, 제조업(과자점, 떡방앗간, 제분업, 양복, 양장, 양화점은 가능)
  – 도매업(도, 소매업 겸업 시 소매업 포함)
  – 부동산 매매업, 변호사업, 법무사업, 세무사업 등
* 거래증빙: 간이영수증 발행
* 간이과세자는 1.5~4%의 낮은 세율이 적용
  단, 매입세액의 15~40%만 공제받을 수 있음
	1년간의 공급대가가 4,800만 원 이상인 사업자 대상
	
	* 간이과세를 포기한 사업자
	* 거래 증빙: 세금계산서 발행
	* 일반 과세자는 10%의 세율이 적용
	* 물건 등을 구입하면서 받은 매입세금계산서상의 부가가치세액 전액 공제받을 수 있음
		부가가치세는 내지 않고 사업실적에 대해 소득세만 내는 사업자
		
		* 연간 수입이 3,600만 원 이하인 영세사업자
		* 변호사, 의사 등의 고소득 자유직업종사자
		* 자료과세자 등 3종류로 분류

+ **표 1_** 과세자 기준

기초생활품수품	– 가공되지 아니한 식료품(쌀, 채소, 육류, 어류, 건어물 등) – 우리나라에서 생산된 식용이 아닌 농산물, 축산물, 수산물, 임산물 – 수돗물, 연탄, 여객운송용역(항공기, 고속버스, 택시 등 제외)
국민후생용역	– 의료보건용역(의료용역, 장의용역 등) – 교육용역(정부의 인가 또는 허가를 받은 학원, 교습소 등) – 주택(국민주택 규모 이하)
문화관련 재화 · 용역	– 도서, 신문, 잡지, 방송(광고 제외)
생산요소	– 토지(토지의 임대는 과세) – 인적용역 – 금융 · 보험용역
기타	– 우표, 판매가격이 200원 이하인 담배 등

+ **표 2_** 부가가치세가 면제되는 재화와 용역

2) 통신판매업 신고서는 관할 구청에서 처리

통신판매업 신고서는 전기통신매체, 광고물 등을 통해 소비자와 직접 상거래가 이루어지는 통신판매업을 하는 사업자가 내는 서류절차이다. 온라인 쇼핑몰도 이에 해당되므로 반드시 신고필증을 가지고 있어야 한다. 통신판매업 신고 번호 또한 쇼핑몰 메인 하단에 기록을 해두어야 한다.

통신판매업 신고는 면허세로 사업자로 신고를 할 때 비용을 내게 되고 그 후 매년 1월이 되면 면허세가 다시 나온다. 간이과세자를 제외한 일반과세자와 면세과세자는 모두 면허세를 내야 한다. 관할 구청에 신고를 한다 해도 실제 발급은 3일 뒤에 나온다.

세무서나 구청 모두 사업자등록증 사본과 통신판매업 신고필증을 필요로 하기 때문에 우선적으로 구청에서 통신판매업 신고필증을 발급받은 다음 신고증을 가지고 세무서에 가서 사업자등록증을 내고 다시 1개월 내에 구청에 사업자등록증 사본을 제출하는 것으로 모든 쇼핑몰 사업자 신고 서류가 마무리가 된다.

다음은 통신판매업 신고서 양식이다.

[별지 제1호서식]   (앞 쪽)

□ 통신판매업신고서		처리기간
		3일

신고인	①법인명 (상호)	I
	②소 재 지	(전화번호 :)
	③대표자 (성명)	서명 ④주민등록번호
	⑤주 소	(전화번호 :)
	⑥전자우편주소	
	⑦인터넷도메인이름	
	⑧호스트서버소재지	(웹호스팅업체에 확인하여 기재합니다)

참고사항	⑨ 판매방식	TV홈쇼핑( ), 인터넷( ), 카다로그( ), 신문잡지( ), 기타( )
	취급품목	종합몰( ), 교육/도서/완구/오락( ), 가전( ), 컴퓨타/사무용품( ), 가구/수납용품( ), 의류/패션/잡화/뷰티( ), 레저/여행/공연( ), 건강/식품( ), 성인/성인용품( ), 자동차/자동차용품( ), 상품권( ), 기타( )

전자상거래등에서의소비자보호에관한법률 제12조제1항, 동법시행령 제13조 및 동법시행규칙 제8조제1항의 규정에 의하여 위와 같이 신고합니다.

년   월   일

신고인 :   (서명 또는 인)

※ 위 신고인과 동일인이 아닐 경우에만 기재합니다.

귀하

※ 구비서류	수수료
1. 사업자등록증 사본 1부(신규로 통신판매업 신고를 하는 경우에는 신고증 교부일부터 30일 이내에 제출합니다)	없 음
2. 법인등기부등본 1부(법인인 경우에 한합니다. 다만, 법인의 설립등기 전에 신고를 하는 경우에는 발기인의 주민등록표등본 1부를 제출합니다)	

210mm×297mm(신문용지 54g/㎡(재활용품))

+ **그림 2_** 통신판매업 신고서

통신판매업 신고서를 작성하면서 체크해야 할 부분은 크게 2부분이다.

① 인터넷 도메인 네임

통신판매업 신고서 난에는 인터넷 도메인 네임을 적는 난이 있기 때문에 미리 인터넷 도메인 등록을 마치고 해당 주소를 적을 수 있게 해야 한다.

② 호스트서버주소지

신고서 난에 호스트서버주소지를 적는 난이 있는데 이곳에 무엇을 적어야 할지 혼란스러워하는 경우가 있다. 이는 쇼핑몰 상품등록이나 모든 데이터 관리를 해주는 호스팅업체의 오프라인 사업장 주소를 적는 난이다.

쇼핑몰의 경우에는 일반적으로 쇼핑몰 솔루션회사가 프로그램 관리와 함께 호스팅을 공동 관리해주기 때문에 솔루션사의 주소지를 적는 것이 일반적이다.

[창업 컨설팅 이모저모] 자본금 1억 이상의 쇼핑몰이라면 부가통신사업자신고 필수!

쇼핑몰 사업자로서 자본금이 1억 원 이상인 경우는 부가통신사업자신고도 필수 신고절차이다. 자본금이 1억 원 이하인 경우는 신고 면제 대상이다. 해당 신고도 면허세를 내며 연간 45,000원이다. 신고는 체신청에서 접수를 받는다.

2. 쇼핑몰 창업 예산계획을 꼼꼼히 세우자

본격적인 쇼핑몰 사업을 위해 철저한 사전준비단계를 거쳐야 하는데 반드시 필요한 절차는 사업계획서를 작성하는 것이다. 사업계획서를 작성할 때 필수적으로 고려되어야 할 부분이 바로 창업예산을 책정하는 일이다.

1) 쇼핑몰 창업 시 예산책정리스트를 만들자

다음은 쇼핑몰 창업 시 필수적으로 들어가는 비용항목이다. 일반적인 소호 쇼핑몰 창업을 염두에 두고 각 항목에 들어갈 비용리스트를 만들어보자.

초도물품구입비와 광고비는 아이템마다 다르기 때문에 얼마의 비용이 들어갈지를 감안하기 어렵고 나머지 쇼핑몰을 실제 구축하는 데 들어가는 제반 비용은 대략 표와 같이 계산된다.

<창업 시 예산책정리스트>

1. 초도 물품구입비
2. 도메인 등록비
3. 사업자 신고비
4. 쇼핑몰 솔루션 구입비
5. 촬영 장비 구입비(카메라, 조명 등)
6. 디자인 제작비
7. 카드 결제 시스템 세팅비
8. 명함 제작비
9. 포장 재료비
10. 기타 광고비

* 사무실임대비, 컴퓨터, 팩스, 스캐너, 전화, 인터넷비용 등 제외

[창업예산 산출 예시]
〈창업 시 항목별 대략의 예산비용〉

항목	창업 시 예상되는 대략의 소요비용
초도물품구입비	아이템별로 차등
사업자 신고비	간이과세자는 무료. 일반과세자는 45,000원(통신판매업 신고비)
쇼핑몰 브랜드 선정	도메인 등록비 개당 2만 원 내외
쇼핑몰 솔루션 구입비	임대형 솔루션 세팅비, 월 사용료 최대 6만 원 내외 (독립형 솔루션은 비교제외)
디자인 제작비	맞춤제작 시 200만 원 내외 스킨 디자인 30만 원대 내외
상품 사진촬영 장비 구입비	카메라 구입 및 조명, 소품구입비 통상 200만 원 내외
카드결제 시스템 세팅비	무료에서 20만 원 내외
포장 및 명함제작비	10만 원 미만
포털 광고비	아이템별로 차등

비교적 디자인 제작비와 사진촬영을 위한 장비 구입비가 가장 많이 들어가는 비용인데 이 또한 비교적 저렴하게 계획을 짤 수 있다. 디자인 제작도 스킨 디자인으로 제작하면 30만 원 내외로 비용이 들 수 있으며 카메라와 조명세트도 임대해 사용하거나 일시적으로 빌리는 등의 융통성 있는 방안을 생각해낸다면 비용을 줄일 수 있다.

위에 제시된 창업요소의 각 항목을 자세히 살펴보고 자신이 창업한다고 했을 때 최대한 아낄 수 있는 항목은 아껴서 창업 준비를 한다.

2) 오픈 전 단기적 운영자금을 포함해 자금계획을 세운다

쇼핑몰 창업자본금을 계획하면서 주의해야 할 점은 오픈 초기 필요한 운영자금을 사전에 준비를 해야 한다는 것이다. 적어도 6개월 정도의 운영자금은 고려가 되어야 한다. 초기에는 사업이 온전히 돌아가지 않기 때문에 수익이 적고 지출이 많은 시기이다. 예비 준비금이 절실해지는 기간인 셈이다. 간혹 초보 창업자는 가지고 있는 모든 자금을 초기 구축하는 데 전부 소진해 정작 오른 이후 운영자금이 없어서 대출을 받는 등의 어려움을 호소한다. 상품을 재구매하고 운영이 되기 위한 필수 여유 자금을 조금이라도 떼어놓아야 한다.

그리고 쇼핑몰 운영을 하다 보면 초기에는 창업자가 많은 업무를 함께 처리하기 때문에 실제 얼마나 수익을 내고 있는지에 대해 관리를 소홀히 하게 된다. 혼자서 상품소싱, 모델, 코디, 상품 등록, 마케팅, 고객 상담 등 해야 할 일이 너무 많기 때문에 자금 관리를 하기가 쉽지 않지만 앞으로 남고 뒤로 밑지는 장사가 되지 않으려면 더욱 꼼꼼히 챙겨야 한다. 창업자가 재무관리전문가가 아니고서는 현실적으로 하루하루 매출대비 수익을 계산하는 일련의 활동을 하기 어려운 것이 사실이다. 결국 열심히 파는 것에만 총력을 기울여 막상 한 달이 지나 결산을 해보면 한 달 운영을 어떻게 했는지 자금흐름을 알기 힘든 경우가 많다. 힘이 들더라도 하루하루 매출액을 파악하고자 노력을 해야 하고 원가 대비 수익률이 얼마나 나오는지를 체크해야 하며 비용 지출이 어느 항목에서 되고 있는지도 운영자는 알고 있어야 한다.

또한 거래처마다 거래액이 얼마 만큼인지 개별 산정해 리스트를 정리해둔다. 매입계산서를 거래처별로 받아야 하기 때문에 개별로 거래액 관리를 해두면 매입계산서 증빙을 얻는 데 용이하다.

3. 쉽게 한눈에 들어오는 쇼핑몰 사업계획서를 작성하자

쇼핑몰 사업계획서는 실제 창업을 하기 전 반드시 작성해야 한다. 어떤 창업자는 창업에 대한 계획을 자신의 머릿속에서만 그려두는 경우가 있는데 이는 정확지 않은 그림이 될 확률이 크다. 사업계획서를 만들어봐야 실제 사업에 대한 전체적인 구도가 그려지게 되며 복잡한 비즈니스 환경에서 의사결정에 대한 방향을 세울 수 있다. 즉 사업계획서는 추진하고자 하는 사업에 대한 설계도이며 자금 조달이나 전문 인력 유치 등의 다양한 용도로도 활용된다.

1) 쇼핑몰 사업계획서가 갖추어야 할 3가지 요건

사업계획서는 다음의 질문에 대해 창업자의 준비된 답변이 있어야 한다. 그리고 답변에는 사업계획서가 갖춰야 할 3가지 요건이 잘 정리되어 있어야 한다. 사업계획서가 갖추어야 할 3가지는 타당성, 현실성, 완전성이다.

- 구상 중인 사업은 무엇인가?
- 고객은 누구이며 제품의 구매 동기는 무엇인가?
- 제품 및 서비스를 고객들에게 어떻게 알릴 것인가?
- 경쟁자는 누구이며 차별성은 무엇인가?
- 어떻게 운영해 나갈 것인가?
- 경영자의 자질은 경쟁력이 있는가?
- 장기적 전망은 어떠한가?
- 재무계획은 어떠한가?
- 운영에 필요한 비용은 얼마이며 얼마나 마련할 수 있는가?

첫 번째, 타당성은 구체적이면서 객관적인 데이터와 전문가의 의견이 첨부되어 사업계획서의 계획된 사업의 전반적인 가정과 예상 결과에 대해 제3자가 봐도 거부감 없이 동의할 수 있도록 만들어져야 한다는 의미이다.

두 번째, 현실성은 현실적으로 가능한 계획을 세워야 한다는 의미이다. 다양한 사업계획서를 살펴보다 보면 설명된 사업이 과연 순탄하게 진행될 것인가에 대해 의구심이 들고 자본금의 계획이 터무니없는 경우가 많다. 투자자나 동업자들의 흥미를 끌기 위해 현실성이 부족한 내용을 사업계획서에 포함되면 안 된다.

세 번째, 완전성은 사업계획서에 들어갈 모든 항목이 빠짐없이 포함되어야 하고 각 항목들이 유기적으로 연결되어 있어야 한다는 의미이다.

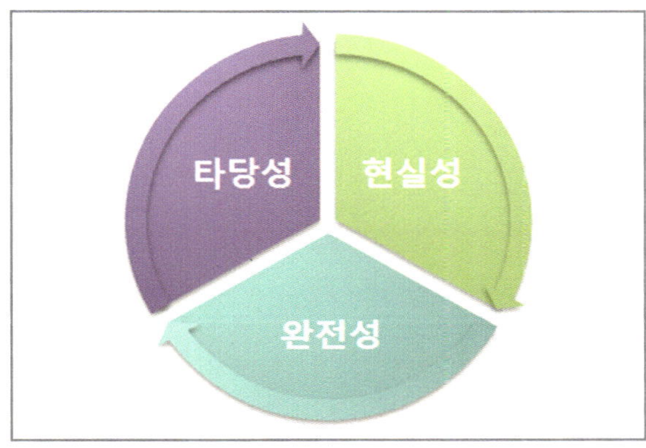

＋ 그림 3_ 사업계획서 요건

2) 쇼핑몰 사업계획서 작성 실무에 도전해보자

그렇다면, 쇼핑몰 사업계획서에는 구체적으로 어떤 항목을 넣으면 될까? 정해진 항목이 있다기보다는 사업을 준비하고 사업이 단계적으로 성장해가는 데 필요한 모든 내용이 보기 쉽고 정리된 형태로 만들어지면 된다.

기본적으로 포함될 쇼핑몰 사업계획서 항목을 정리해본다.

사업 개요	상품화 계획	재무계획	시장 환경분석	경쟁력 분석
* 사업의 아이템 소개, 비전 * 사업장, 조직 구성, 역할도	* 상품매입계획, * 재고계획 * 상품 가격정책 * 마진 및 수익 고려	* 초기 자본금 계획 * 자기자본, 타인 자본 여부 * 필요한 시설마련 계획	* 시장 규모 * 타깃 분석 * 온라인 수요시장 분석 * 온라인 경쟁 몰 분석	* SWOT * STP * 4P * 세분화를 통한 타깃설정 * 차별화전략 도출
쇼핑몰 목표설정	쇼핑몰 구축형태에 따른 예산비용	쇼핑몰 구축전략	마케팅전략	사업추진계획
* 일 방문자 수 * 목표 회원 수 * 일 매출규모	* 솔루션 비용 * 카메라장비 비용 * 호스팅 비용 * 디자인 비용 등	* 브랜드 * 디자인 * 콘텐츠 * 커뮤니티	* 이벤트 * 제휴 * 광고 * 홍보	* 사업일정

✚ 표 3_ 쇼핑몰 사업계획서 개요

① 사업 개요

먼저 어떤 사업을 할 것인지를 소개하는 기본적인 항목으로 사업 아이템 소개, 사업의 비전과 목표설정, 사업장 위치 및 조직도 등을 적는다. 보통은 회사 소개라는 항목으로도 사업계획서 안에 표현되어 있다.

② 상품화 계획

상품을 구체적으로 어디서 공급을 받고 어느 만큼의 수량을 초도 마련할 것인지의 계획, 상품의 가격은 어떻게 책정할 것인지에 대한 계획을 적는다. 상품의 가격책정에는 마진과 수익률에 대한 고려가 있어야 한다.

③ 재무계획

초기 사업시작 때 자본금을 얼마나 계획하고 있는지, 자기자본인지 타인자본인지 여부 등을 전반적으로 설계해놓는다. 만약 창업 시 사무실이나 별도로 필요한 시설을 마련해야 한다면 시설준비 자금도 포함해 적는다.

PART 13

④ 시장 환경분석

사업에 대한 시장성을 보여주는 파트이다. 아이템 시장규모, 타깃 분석 등이 정리되어야 하고 온라인 사업이기 때문에 온라인상에서의 키워드 분석을 통한 고객 수요 파악, 경쟁 몰 분석 등이 이루어져야 한다. 즉 사업으로서의 시장성과 성공가능성을 뒷받침하는 자료들을 기록하는 곳이다.

⑤ 경쟁력분석

자신의 사업이 타사에 비해 어떤 경쟁력을 갖추고 있는지를 적는 난이다. 전략 도출을 위해 SWOT, STP, 4P 등의 방법론을 대입, 사업의 포지셔닝을 고민한다. 핵심 포인트는 세분화를 통해 보다 정확한 타깃을 설정하고 이들에게 소구할 차별화전략을 세우는 일이다.

⑥ 쇼핑몰 목표설정

구체적인 목표치를 세우는 것이 중요하다. 원대한 목표만 있고 목표를 이룰 방법이 적혀 있지 않다면 무용지물이다. 중단기적으로 어떤 목표를 어떻게 이룰 것인지 큰 그림 속에서 완성해보자. 하루 방문자 수, 목표 회원 수, 하루 매출규모 등을 목표로 세우고 도전의식을 갖는다.

⑦ 쇼핑몰 구축형태에 따른 예산비용

세부적으로 쇼핑몰을 구축하는 데 들어갈 비용을 적어놓는다, 앞서 재무계획에 자본금을 적었다면 이 자본금 중 일부 운영자금을 제외한 쇼핑몰 구축비용을 보다 세세히 적어놓는 항목이다. 구체적으로 들어갈 비용은 솔루션 사용비용, 카메라장비 구입비용, 디자인 제작비용 등이다.

⑧ 쇼핑몰 구축전략

쇼핑몰 구축에도 전략이 필요하다. 타깃을 정확히 하고 차별화 방안을 도출했다면 이 전략이 쇼핑몰 기획에 녹아들어야 한다. 브랜드 선정, 디자인 기획 안에 반드시 쇼핑몰만의 독특한 컨셉이 표현되어야 하므로 상세하게 만들어본다. 쇼핑몰 내의 콘텐츠, 커뮤니티와의 연계 방향도 세운다.

⑨ 마케팅전략(프로모션 전략)

쇼핑몰 구축 후 마케팅전략을 세밀히 세운다. 마케팅은 거래를 촉진시키는 모든 활동으로 쇼핑몰에서는 상품화 계획, 채널확보, 프로모션인 이벤트 전략, 제휴 전략, 온라인 광고 전략, 홍보 전략 등이 포함이 될 수 있다. 광고, 홍보 활동은 온라인에 한정하지 않고 TV, 신문, 잡지 등도 적극적으로 활용할 수 있도록 계획을 세운다.

⑩ 사업추진계획

마지막으로 지금까지 계획한 것들을 어느 시점까지 완성시킬 것인지 사업일정 계획을 잡는다.

[창업 컨설팅 이모저모] 어느 쇼핑몰(닛폰 스타일 의류 쇼핑몰)의 마케팅계획

어느 닛폰 스타일의 의류 쇼핑몰 창업자가 쇼핑몰 초기 오픈 마케팅계획을 세운 내용들이다. 대부분의 창업자가 사업계획서 내에 마케팅계획을 세우면서 대충 포괄적으로 세우는 경우가 많은데 마케팅계획은 실전에 바로 쓰일 수 있도록 구체적으로 실행가능하게 짜는 것이 매우 중요하다.

실현 가능한 마케팅계획안을 세우기 위해서는 여러 아이디어를 모아 잠정적인 마케팅 프로그램 목록을 작성하면서 적어도 20~60개의 가능한 프로그램 목록을 만든다. 그다음 A, B, C로 나눠 시기를 적는다.

A: 처음 6개월 이내 시작할 마케팅활동
B: 1년 이내 시작할 마케팅활동
C: 그 이후에 진행될 마케팅활동

대략 구체적으로 세울 수 있는 마케팅활동 범주는 다음과 같다.
– 매체 광고

– 카탈로그
– 웹사이트 활용
– 할인쿠폰
– 전시회
– 광고전단
– 새로운 포장과 디자인
– 단골고객 우대 프로그램

예시: 어느 쇼핑몰(닛폰 스타일 의류 쇼핑몰)의 마케팅계획

– 회원가입 유치 프로모션
– 회원에게 판촉물 우편 발송
– 포털 키워드 광고
– 전문 코디 게시판 운영
– 구매후기 이벤트(고객의 미니홈피나 블로그 활용)
– 젊은이들이 모이는 거리에 나가 스티커와 회사소개 책자 나눠주기
– 타깃층 모이는 거리에 현수막 걸기
– UCC 콘텐츠 제작
– 컨셉에 맞는 제휴처 탐색
(닛폰 스타일을 찾는 자유분방한 사람들의 취향인 록음악, 클럽, 오토바이, 일본문화 코드 등등의 카페,
동호회 모두 섭외)

4. 쇼핑몰로 성공하기 위한 자격을 갖추어라

모든 창업자는 성공한 쇼핑몰이 되기를 꿈꾼다. 그렇다면 성공한 쇼핑몰들이 갖추어야 할 조건들을 갖출 수 있는지 살펴보자. 본 저자가 10년 가까이 실제 쇼핑몰 운영을 하고 컨설팅을 하면서 만나왔던 쇼핑몰들의 성공조건을 정리해보았다.

1) 제1조건: 정확한 타깃에 집중해 성공을 이끈다(Concentration-집중화전략)

쇼핑몰이 성공하기 위해서는 반드시 집중화전략을 세워야 한다. 집중화는 두 가지로 나눠볼 수 있다. 하나는 정확한 타깃에 집중을 하는 방법이고 다른 하나는 단일 제품군에 집중하는 방법으로 두 가지 방법 모두 전문 쇼핑몰로서의 입지를 굳히는 전략이다.

Segmentation+Target+Concept

먼저 정확한 타깃에 집중하는 방법은 시장세분화를 통한 타깃설정을 통해서면 가능하다. 정확한 타깃에 소구하면 마니아가 집결하는 쇼핑몰이 될 수 있다. 가령, 커플을 타깃으로 한 커플티만을 파는 전문 쇼핑몰이나 키가 작은 남자만을 타깃으로 하는 쇼핑몰이나 신혼부부를 타깃으로 한 비치웨어만 파는 쇼핑몰 등은 그 예이다.

다른 방법으로 단일 제품 집중해서 전문몰로 성공한다는 것은 소호몰이라는 조건을 십분 살린 전략이다. 소호는 대형몰에 비해 자본과 인력이 모두 적은 상태이기 때문에 작은 단일 아이템시장에서의 전문성을 키워 공략해야 성공할 수 있다. 경쟁력이 없는 상태에서 취급하는 제품군을 너무 넓게 책정하면 망하기 쉽다. 성공한 몰 중 수제 쿠키만 파는 쇼핑몰, 재래된장만을 파는 전문몰, 촛불 이벤트 몰 등은 하나의 제품군을 전문화시킨 예이다.

2) 제2조건: 제품, 가격, 콘텐츠, 서비스의 차별화 우위전략으로 성공을 이끈다(Differentiation-차별화전략)

쇼핑몰로 성공하기 위해서는 다른 쇼핑몰들과의 차별화가 전제되어야 한다. 이를테면 쇼핑몰 제품의 차별화, 가격의 차별화, 콘텐츠의 차별화, 서비스 차별화로 살펴볼 수 있다.

　제품(Product)의 차별화는 흔하지 않고 독특한 상품으로 우위를 점하거나 트렌드에 맞춘 발 빠른 상품 구색으로 성공하는 전략이다. 독특한 씨앗을 판매하는 사이트인 나만의 씨앗(http://www.myseed.biz)처럼 흔하지 않은 상품으로 차별화를 할 수 있다면 성공할 수 있다.

　그러나 나만의 아이템으로 성공한다는 것이 쉽지 않기 때문에 후자인 트렌드에 발맞춰 다른 쇼핑몰보다 조금이라도 빨리 업데이트하는 쇼핑몰로서의 제품차별화를 이루어도 성공할 수 있다.

✚　**그림 4_** 나만의 씨앗

　가격(Price) 차별화도 중요하다. 인터넷 쇼핑몰은 가격경쟁이 심화되어 있기 때문에 가격 차별화를 가질 수 있다면 분명 성공한다. 쇼핑몰에서는 수익을 높이면서 경쟁자와의 가격우위를 가지기 위해 도매상보다는 제조, 산지 등과의 계약에 더 집중하게 된다. 수입품이라면 최대한 외국 브랜드 본사와의 직거래 등으로 원가를 줄이는 전략을 세운다.

콘텐츠(Contents) 차별화도 매우 중요한 조건이다. 제품사진의 컨셉이나 상세설명페이지 차별화가 실제 쇼핑몰의 매출격차를 견인한다. 이것이 유명 의류 쇼핑몰이 상품사진을 멀리 해외에까지 가서 촬영하는 이유이다. 비단 상품에 대한 콘텐츠뿐만 아니라 상품후기와 같은 구매촉진 콘텐츠를 전략적으로 마련하자. 한 쇼핑몰은 해외 유학생의 착용사진으로 대박이 나는 경험을 했다고 한다. 쇼핑몰에서는 아주 작은 차이가 큰 성공을 견인하기도 한다.

서비스(service) 차별화도 중요하다. 자필 서명이 담긴 메시지카드를 동봉하거나, 고급 포장서비스를 제공한다거나, 구입 후 1년간 무상 A/S를 해준다거나 하는 일련의 서비스를 제공하는 서비스 차별화가 고객을 유치시킨다. 시즌별 다채로운 테마별 이벤트기획도 고객참여를 이끄는 최고의 방법이다.

3) 제3조건: 감성 마케팅으로 소비자의 신뢰를 얻어 성공으로 이끈다 (Reliability-신뢰도전략)

쇼핑몰이 성공하기 위해서는 반드시 소비자의 신뢰를 얻어야 한다. 개인 쇼핑몰에서 소비자의 신뢰는 매우 절실하다. 동네 작은 미용실을 찾는 소비자의 마음을 읽어야 한다. 쇼핑몰은 소비자에게 감성 마케팅 전략을 세워야 하며 입소문을 만들 수 있는 기획을 마련해야 한다.

쇼핑몰에서의 감성(Emotion)전략은 디지털 세상에서 아날로그 만남을 갖는 매개이다. 운영자의 사진, 일기를 올리거나 게시판에서 친근한 글투로 인사나누기, 다양한 이모티콘을 통한 대화 스타일 등 작은 부분도 아날로그 감성을 느끼게 한다. 오프라인 매장이 있다면 매장 사진도 올려 고객에게 신뢰를 얻는 수단으로 사용할 수 있다. 체험마케팅도 고객과의 직접적인 접점이 될 수 있기 때문에 신뢰를 얻는 최적의 방안이 될 수 있다.

　기존 고객을 단골 고객으로 만들고 신규 고객을 보다 쉽게 유치하기 위한 방안으로 입소문(Buzz) 창구도 마련을 해두어야 한다. 쇼핑몰에서 펌해 갈 수 있는, 퍼가고 싶은 콘텐츠를 생성해야 하며 블로그, 카페 등의 매체들을 제휴처를 찾아 연결고리를 만들어 쇼핑몰의 상품이나 정보가 널리 퍼질 수 있도록 해야 한다.

4) 제4조건: 운영조직의 체계적인 시스템화로 성공을 이끈다 (Systematization-시스템화전략)

　쇼핑몰이 소호에서 시작해 중견기업으로 성장해 가기 위해서는 반드시 운영의 시스템화가 만들어져야 한다. 초기에는 소호 쇼핑몰의 경우, 작게 시작하기 때문에 부업으로도 충분히 운영이 가능하다. 하지만 매출이 빠르게 늘고 조직의 규모가 커지게 되면 더 이상 부업이 아닌 사업으로서의 접근이 필요해진다. 창업자의 비즈니스 마인드가 매우 중요해지는 순간이 오는 것이다. 창업자는 장기적으로 회사를 성장시키고 고용 창출을 하며 조직을 키워 사회에 이바지한다는 의식을 가져야 한다.

　큰 회사로 성장하기 위해서는 조직을 잘 관리해야 한다. 무엇보다 주먹구구식의 운영이 아닌 쇼핑몰 업무의 모든 프로세스가 체계적으로 시스템적으로 관리가 되어야 한다. 상품소싱(MD) 파트, 쇼핑몰운영 개발 파트, 마케팅 파트, 재무 파트, 물류 파트, 고객관리 파트 등 조직을 업무에 따라 세분화시키고 전문성을 부여해야 하며 필요한 부분은 전문 프로그램을 도입해 시스템으로 돌아갈 수 있게 해주어야 한다. 또한 인사관리도 필요해 직원의 복리후생도 규모에 맞게 시행되어야 하며 직원에게 회사의 미래 비전을 알려주고 신사업의 계획 등 장기적 플랜을 공유해야 한다. 큰 사업으로 필요한 영역을 차근차근 마련하고 준비해 나가는 과정이 훌륭히 이루어져야 비로소 쇼핑몰로 성공한 사업자로 자리매김할 수 있다.

황윤정 교수

국내 1호 인터넷 쇼핑몰 창업컨설턴트로서 10여 년의 인터넷 쇼핑몰 대표 경력을 가진 성공 CEO이다. 현재 국내 최초 4년제 창업학사 학위과정을 가지고 있는 열린사이버대학 창업학과 학과장 및 창업연구소 소장으로 재직 중이다. 열린사이버대학교 창업연구소는 소상공인진흥원 성공창업패키지 우수 교육기관으로 활발히 예비창업자에게 창업교육 사업을 진행하고 있다.

본 저자는 동국대학교 사범대학을 거쳐 숙명여자대학교에서 e비즈전공 석사와 마케팅전공 경영학 박사학위를 취득하였다. KBS 〈아침마당〉에 차세대 여성 경제계 리더로 선정된 바 있으며 SBS 〈김미화의 U〉, 〈돈이 보인다〉, EBS 〈살림의 여왕〉, 한국경제TV 〈생방송, 비즈니스 현장〉, 원음방송 〈아침의 향기〉 등에서 쇼핑몰 창업 컨설팅을 했다. 또한 서울시 산업통상진흥원 청년창업센터, 장년창업센터에서 창업가들에게 컨설팅 활동을 활발히 하고 있으며 주요 정부기관(대한상공회의소, 중소기업청, 중소기업연수원, 중소기업진흥공단, 한국산업인력관리공단, 신용기금보증재단, 소상공인진흥원, 한국정보문화진흥원, 여성능력개발원, 노사공동전직센터 등등)에서도 인터넷 쇼핑몰 대표 전문가로 활동 중이다.

대표 베스트셀러 저서로는 『나 인터넷에 가게 차렸어』, 『나 인터넷에 가게 차려 성공했어』, 『G마켓에서 10억 벌기』 등이 있다.

학력 및 경력
– 동국대학교 사범대학 역사교육학과 졸업('99.2)
– 숙명여자대학교 테크노경영대학원 e비즈 석사(2007.2)
– 숙명여자대학교 일반대학원 경영학과 마케팅 전공 박사(2011.8)
– 매경mbnTV '테크노2000' 프로그램 MC진행(1998.10〜2001.1)
– EBS '컴퓨터정보광장', '인터넷이 생활을 바꾼다' 프로그램 패널진행(2000.2〜2000.12)
– (사)교육소프트웨어진흥센터 IPCT(인터넷실용능력자격인증시험)출제위원(2000.1〜2001.6)
– 인터넷 주얼리 쇼핑몰 대표(2002.8〜2008.12)
– 인터넷마케팅컨설팅 법인 써드브레인 대표(2006.1〜2007.9)
– 숙명여자대학교 취업경력개발원 외래교수(2006.6〜2009.12)
– 한양여자대학교 인터넷정보과 겸임교수(2006.9〜2007.8)
– 인터넷 과일쇼핑몰 대표(2007.2〜2009.12)
– 동양미래대학교 인터넷비즈니스학과 겸임교수(2008.1〜2009.9)
– 열린사이버대학교 창업학과 전임교수(학과장)(2009.1〜현재)
– 열린사이버대학교 창업연구소 소장(2010.9〜현재)

주요 연구실적 개요

1. 교육기획관련 컨설팅 수행

- 인터넷 쇼핑몰 창업특강 교육과정 교안개발보고서(소상공인진흥원, 20¯0)
- 인터넷 SOHO 쇼핑몰 창업과정 2회(소상공인진흥원, 2010)
- 오픈마켓 딜러 창업과정 2회(소상공인진흥원, 2011)
- 소셜커머스 창업과정(소상공인진흥원, 2011)
- 인터넷 SOHO 쇼핑몰 창업과정 2회(소상공인진흥원, 2012)
- 사회적 기업 창업과정 2회(소상공인진흥원, 2012)

2. 논문

- 「하이테크(High–Tech) 신제품의 포지셔닝전략이 소비자 제품태도에 미 치는 영향: 브랜드 명성과 속성 중요도 차원을 중심으로」(박사학위논문)
- 「온라인 쇼핑몰 소비자의 방문행동특성에 대한 실증연구」(석사학위논둔)

3. 저서

- IPCT 인터넷실용능력자격인증시험 문제집(2000. 4)
- 테마로 떠나는 인터넷 알짜 여행(2000. 11)
- 나, 인터넷에 가게 차렸어(2002. 9)
- 나, 홈페이지로 돈 벌었어(2002. 12)
- 나, 인터넷에 가게차려 성공했어(2004. 3)
- 애키우면서 쇼핑몰 사장되기(2004. 11)
- G마켓에서 10억벌기(2006. 8)

언론 및 기업자문

1. 언론활동

- 전자신문사 〈황윤정의 사이버테마여행〉 칼럼니스트 활동(2001.1~2001.8)
- 중앙일보 주간지 〈iweekly〉 칼럼(2004.1~2004.4)

• 한국경제TV 〈생방송, 비즈니스현장, 돈이 보인다〉 쇼핑몰 창업컨설턴트 출연(2004.4∼2004.11)

• 중앙일보 주간지 〈Biznet Times〉 칼럼(2004.9∼2005.3)

• KBS 〈아침마당〉, '세계 여성의날 기념, 차세대 경제계 여성리더 황윤정' 출연(2005.3)

• 원음방송 89.7mhz, 〈아침의 향기〉 쇼핑몰 창업컨설턴트 방송(2005.10∼2006.3)

• 소비자TV, 〈소비자경제교실〉 쇼핑몰 창업컨설턴트 방송(2010.11∼2011.4)

• EBS, 청년창업오디션 〈브레인빅뱅〉 창업심사위원 방송(2011.9∼2012.12)

• 산업통상진흥원, 온라인 하이서울창업스쿨 창업칼럼 및 튜터(2012.6. 이후부터)

2. 기업등 자문 및 컨설팅활동

• 대구 영진대학 ECRC 쇼핑몰활성화지원사업 자문위원(2005∼2006)

• (사)사회연대은행 창업자문위원(2005년 이후부터 현재)

• 소상공인진흥원 자영업컨설턴트(2006년 이후부터 현재)

• (사)한국기업경영학회 이사(2007∼2008)

• 현대차미소금융재단 쇼핑몰 창업컨설턴트(2010.9∼2011)

• 서울시 산업통상진흥원 강남청년창업센터 창업코치(2011년 이후부터 현재)

• 소상공인진흥원, 이러닝 콘텐츠개발 및 위탁운영 제안기관 기술평가위원회(2010.3∼2011.2)

• 소상공인진흥원, 시니어 창업스쿨 수행기관 선정 평가위원회(2010.8)

• 소상공인진흥원, 강사 POOL 개발 및 도입방안 연구에 대한 TF팀 자문위원(2010.9∼11)

• 소상공인진흥원, 시니어 창업스쿨 수행기관 선정 평가위원회(2010.8)

• 소상공인진흥원, 소상공인교육 효율화 추진 협의회 자문위원(2010.11)

• 정보통신산업진흥원, e러닝 품질인증시스템 평가위원(2010.11)

• (사)한국취업진로학회 상임이사(2011∼2012)

• 소상공인진흥원, 소상공인방송 아카이브시스템구축용역기술평가위원(2011.3)

• 소상공인진흥원, 시니어 공동창업모델 발굴사업 경진대회 평가위원(2011.11)

• (사)노원시각장애인복지관, 창업자문위원 위촉(2012.4∼2013)

• 서울시 산업통상진흥원 장년창업센터 입주기업 심사위원(2011∼2012)

• 서울시 산업통상진흥원 "청년창업 1000 프로젝트" 심사위원(2011∼2012)

• 소상공인진흥원, 시니어창업교육기관성과지표개발 자문위원(2012.5)

초판인쇄 2012년 10월 5일
초판발행 2012년 10월 5일

지은이 황윤정
펴낸이 채종준
펴낸곳 한국학술정보(주)
주소 경기도 파주시 문발동 파주출판문화정보산업단지 513-5
전화 031-908-3181(대표)
팩스 031-908-3189
홈페이지 http://ebook.kstudy.com
E-mail 출판사업부 publish@kstudy.com
등록 제일산-115호(2000. 6. 19)

ISBN 978-89-268-3819-8 13320 (Paper Book)
978-89-268-3820-4 15320 (e-Book)